德修身

技立业

高职院校文化建设与文化育人丛书

铁色长虹

陕西铁路工程职业技术学院编写组　编

西北大学出版社
·西安·

图书在版编目(CIP)数据

铁色长虹 / 陕西铁路工程职业技术学院编写组编.—西安：西北大学出版社，2022.11
ISBN 978-7-5604-5053-7

Ⅰ. ①铁… Ⅱ. ①陕… Ⅲ. ①陕西铁路工程职业技术学院—校史 Ⅳ. ①G719.284.13

中国版本图书馆 CIP 数据核字(2022)第 216484 号

铁色长虹

TIESE CHAGNHONG

陕西铁路工程职业技术学院编写组　编

出版发行　西北大学出版社

(西北大学校内　邮编：710069　电话：029-88302621　88303593)

http: //nwupress.nwu.edu.cn　E-mail: xdpress@nwu.edu.cn

经　　销　全国新华书店
印　　刷　陕西博文印务有限公司印刷
开　　本　787 毫米×1092 毫米　1/16
印　　张　25.75

版　　次　2022 年 11 月第 1 版
印　　次　2022 年 11 月第 1 次印刷
字　　数　342 千字

书　　号　ISBN 978-7-5604-5053-7
定　　价　56.00 元

《铁色长虹》
陕西铁路工程
职业技术学院
编写组

组　长　王　晖　王　津　焦胜军
副组长　车绪武　李林军　祝和意
成　员　（按姓氏笔画排序）
王　闯　王庆东　王凯平　亢新河
刘明学　刘超群　孙　斐　杨云峰
李　婧　李运通　李崇智　李新萍
吴海光　宋德军　张玉鹏　张金坡
张学钢　陈明明　陈彦军　周荣亚
郑毅刚　孟红松　姜东亮　姜留涛
贺建锋　曹喜龙　蒋平江　黎　炜
魏　彬

前　言

为深入学习习近平新时代中国特色社会主义思想，贯彻落实全国职业教育工作会议精神，全面梳理和科学总结我国高职院校在文化育人理论研究与实践探索上取得的成绩、得到的经验，教育部职业院校文化素质教育指导委员会启动了《高职院校文化建设与文化育人丛书》（第二批）（以下简称《文化育人丛书》）编写工作，我校入选编写成员单位。我校立即成立了《文化育人丛书》编写工作组，开始梳理总结近 50 年来我校文化育人的理论与实践成果。编写组成员经过近 3 年的努力，终于将《铁色长虹》呈现在读者面前。

《铁色长虹》全面总结了陕西铁路工程职业技术学院近 50 年来的铁路特色文化育人脉络、育人体系、教师文化、学生文化、专业文化、校友文化等内容。编写文化育人书籍，一是为了系统挖掘和提炼我校富有时代特色、高职特色和铁路特色的文化育人案例和经验，明确我校在未来发展中的使命与责任；二是为了激励广大师生发扬学校“吃苦奉献，拼搏争先”的精神，积极投身铁路特色校园文化建设，助力学校“双高计划”建设；三是可以为全国职业院校文化育人工作提供参考与借鉴。

本书第一章由陈明明和周荣亚编写，第二章由孟红松和李崇智编写，第三章由姜留涛和孙斐编写，第四章由张玉鹏和姜东亮编写，第五章由李新萍、李运通、王凯平和李婧编写，第六章由刘明学、宋德军和魏彬编写，第七章由陈彦军和曹喜龙编写，第八章由吴海光和张金坡编写。本书编写人员在写作过程中参考了大量的研究成果，尤其是学校建立近 50 年来出版的一系列著作和研究成果，在此向相关研究人员和作者表示感谢！

本书的编写工作得到了教育部职业院校文化素质教育指导委员会《文化育人丛书》专家委员会专家的悉心指导和大力帮助。特别是左家奇教授、马庆发教授和黄道平教授，他们亲临我校参加师生座谈会，调研学校的文化育人工作，并细致认真地指导本书的编写思路、提纲和内容等的确定,又多次指导修订书稿,为本书的编写做出了重要贡献。

由于编者水平有限，本书难免有不妥之处，真诚接受广大读者的批评指正。

目 录

第一章

潜心职教

——铁路特色文化育人脉络

陕西铁路工程职业技术学院（简称“陕铁院”）创办于 1973 年，坐落在秦川厚土之上，依于渭水河边，傍于秦岭脚下，因铁路而生，倚铁路而长，伴随着中国铁路纵深推进、绵延拓展而快速发展。学校的蓬勃发展，得益于三秦大地浓厚的人文滋养和来自铁路行业的文化熏陶。办学至今 49 年来，学校在时代的潮流中不断向前，虽历经校址变迁、校名变更、隶属关系变化、办学层次提高，但扎根三秦大地，根植铁路，奉献铁路的初心未改，始终坚持服务铁路的办学特色，始终坚持与国家、地区的发展同频共振，始终坚持与中国职业教育发展同向同行。

第一节　探索孕育，成长成熟，艰苦创业

陕铁院的前身——第一铁路工程局职工学校，在其成立前后，担负着两项光荣而艰巨的使命：一是筹建铁路工程学校，二是开展职业技术培训。在学校党委的领导下，全体教职员工齐心协力，经过 10 年（1973—1983）的艰辛努力，几经反复，不辱使命，使新建的学校初步具备了招生条件。这一时期，学校充分发挥企业办学的优势，发扬“严字当关，铁的纪律”的优良传统，把“为教学服务，为学员服务”作为每位职工的基本职责，完成了 46 个种类 71 个班次的各种职业技术

培训，共计培训 2749 人次，不仅为提高企业职工素质做出了积极贡献，也为陕铁院的诞生和崛起奠定了坚实的基础。

一、蹒跚起步，筹建工程学校与成立职工学校

（一）工程学校筹建的背景

从 1970 年开始，基于铁路运输生产和建设对后备人员的需要，以及对新招收工人素质要求的提高，全国 25 所铁路中等专业学校、20 所技工学校相继恢复了招生。1973—1975 年，经交通部批准，各铁路局、工程局、设计院、工厂新建了 16 所铁路中等专业学校和 20 所铁路技工学校。

1970 年 12 月，交通部决定以第一铁路工程局（简称“铁一局”）运输指挥部为基础组成乌鲁木齐铁路局，将铁一局工程建设部分由新疆乌鲁木齐迁往陕西西安。铁一局搬迁至西安后，承担着新建阳（平关）安（康）线、西（安）延（安）线、太（原）西（安）线等多条铁路新线建设的重任，职工队伍也由 2 万多人猛增到 8 万多人，面临着工程技术人员数量不足、管理人员素质不高的新问题。

（二）工程学校筹建一波三折，职工学校应运而生

1973 年冬，根据交通部〔1973〕交人字第 2286 号《关于在陕西新建一所铁路中等专业学校的通知》，批准铁一局在陕西成立一所中等专业学校，规模 1000 人，培养铁路施工专业技术力量。铁一局成立了西安铁路工程学校筹建处，由武金钊同志负责，共计 10 人着手进行学校的筹建工作。1974 年 8 月 10 日，交通部以〔74〕1862 号文件，向国家计划委员会报请工程学校招生计划。国家计划委员会自 1974 年起，连续两年下达了工程学校的招生指标。

1973 年以后，铁一局多次向陕西省革命委员会（即陕西省人民政

府）基本建设委员会、计划委员会、教育局等部门及省革委会领导就成立工程学校进行请示，交通部、铁道部也曾多次与省革委会有关部门联系，但当时有关部门对是否成立工程学校持不同意见，使得学校的筹建工作无法顺利开展。当时省革委会的意见是面向社会招生的工程学校不予批建，可成立对在职职工进行培训的职工学校。根据省建委的意见，铁一局以铁一革〔1973〕216号文件报请省建委，拟在省革委会批复和建成工程学校之前，先利用铁一局华县铁中部分校舍，成立第一铁路工程局职工学校（以下简称“职工学校”），主要任务是培训本局在职工人和干部。

陕西省建委陕革建发（1974）177号《关于成立第一铁路工程局职工学校的批复》（图1–1–1）称：“你局关于设立职工学校的请示报告收悉，经请示省革命委员会同意你局利用华县铁中部份（分）校舍成立‘第一铁路工程局职工学校’（县团级），采用走上海机床厂培训技术人员的道路，轮训在职职工，规模五百人，教职员工暂定八十人。”1974年10月，第一铁路工程局职工学校在陕西华县挂牌成立，原设在西安负责筹建西安铁路工程学校的人员撤回华县，随即转入职工学校开学准备工作。由于当时一套人马承担职工培训与工程学校筹建的双重任务，工程学校的筹建工作进展缓慢。

第一铁路工程局职工学校每年度的培训计划是先由铁一局的各业务处提出本部门年度培训方案，再报局教育处汇总后编制而成。培训计划与生产任务一起，在征得职工学校同意后，由铁一局统一下达，职工学校和局内各单位遵照执行。学员由列入培训计划的相关业务处进行选拔。培训方案由相关业务处与职工学校共同编制。各业务处须提供职工学校缺乏的必要师资，提供相应的实习、实训场所及设备。职工学校与各业务处密切协作，共同完成铁一局下达的年度职工培训计划。即便在1976年唐山大地震后全国防震的特殊困难时期，职工学校通过搭建防震棚，保证师生在防震棚内上课长达数月，也没有中断

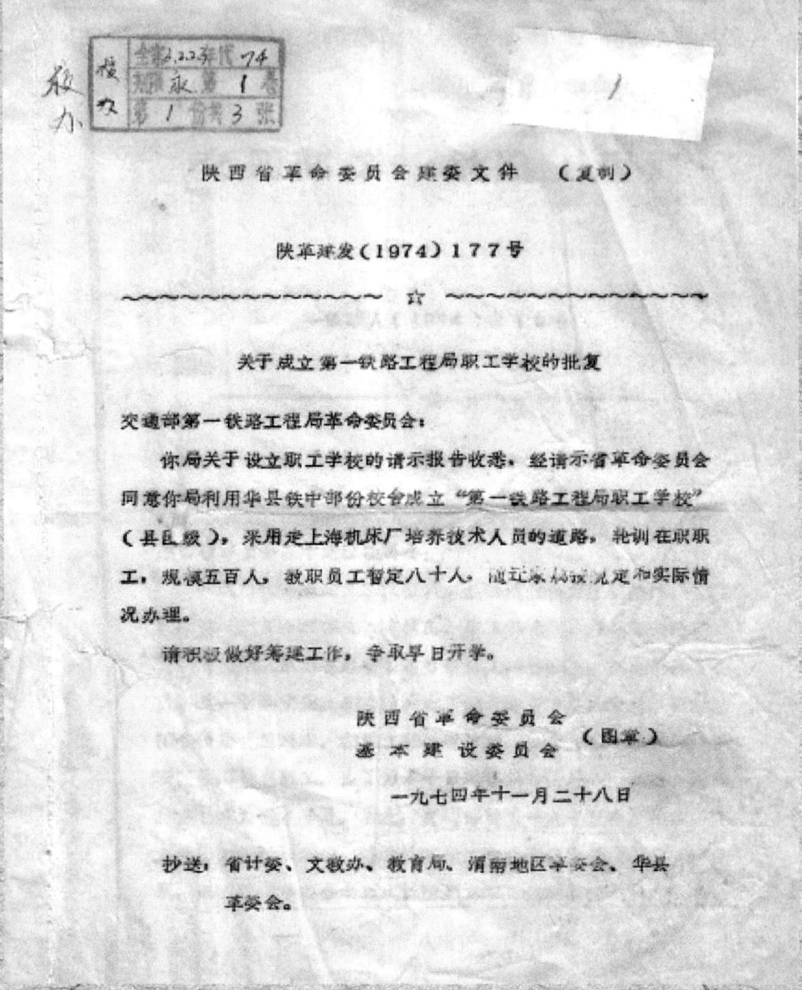

陕西省革命委员会建委文件　（复制）

陕革建发（1974）177号

关于成立第一铁路工程局职工学校的批复

交通部第一铁路工程局革命委员会：

你局关于设立职工学校的请示报告收悉，经请示省革命委员会同意你局利用华县铁中部份校舍成立“第一铁路工程局职工学校”（县区级），采用走上海机床厂培养技术人员的道路，轮训在职职工，规模五百人，教职员工暂定八十人，[illegible]规定和实际情况办理。

请积极做好筹建工作，争取早日开学。

陕西省革命委员会
基本建设委员会（图章）

一九七四年十一月二十八日

抄送：省计委、文教办、教育局、渭南地区革委会、华县革委会。

图 1–1–1　陕西省革命委员会建委陕革建发（1974）177 号《关于成立第一铁路工程局职工学校的批复》文件

职工培训。

职工学校借用铁一局华县铁中的部分校舍，充分利用在华县的铁一局中心医院、汽车队、给水队、桥梁预制厂、金属结构配件厂等兄弟单位的资源，在铁一局财务处、机械处、卫生处、教育处、公安处、工会、体协等部门的大力配合下，以多种形式开放办学，为企业培养、培训了数千名职业技术人才。（表 1–1–1）

表 1–1–1　1975—1983 年第一铁路工程局职工学校技术业务培训种类一览表

序号	培训种类	开班期数	培训总人数	序号	培训种类	开班期数	培训总人数
1	安全质量	1	41	18	西医、中医	1	37
2	药剂	1	38	19	篮球裁判	1	32
3	财务会计	7	305	20	施工安全	1	36
4	中学教员	1	19	21	工程调度	1	43
5	生活供应	2	79	22	体育训练	1	17
6	机械管理	6	212	23	工程机械	1	14
7	地质	1	39	24	水暖工	1	43
8	锅炉工	2	90	25	统计	1	39
9	铁道工程（中专）	1	29	26	电力工	2	76
10	筑路机械（中专）	1	40	27	中学语文	1	38
11	内燃钳工（中专）	1	36	28	爆破技术	1	190
12	机电电力（中专）	1	31	29	定额管理	1	40
13	干部	2	61	30	小学教师	4	111
14	轨道车司机	1	27	31	领工员	3	107
15	公安	2	74	32	团干部培训	1	46
16	人事	2	80	33	企业管理	1	62
17	英语教师	1	32	34	医士	1	47

续表

序号	培训种类	开班期数	培训总人数	序号	培训种类	开班期数	培训总人数
35	锅炉司炉	1	23	42	卫生防疫	1	41
36	文化教员	1	20	43	工程基础理论（大专）	2	87
37	铁道工程中专	1	43	44	工班长	1	38
38	医学检验	1	34	45	护士	2	78
39	环境保护	1	34	46	中师班	1	43
40	马列理论专修（大专）	1	39	合计	—	71	2749
41	劳动保护	2	58	—	—	—	—

职工学校从无到有，从小到大，发展迅速。职工学校采用开放的办学模式，充分利用企业的人才和资源。一开始为解决师资不足问题，学校陆续从施工现场调入 6 名老工程师，从其他相关单位调入 5 名老教师，又从几所高校引入 20 多名大学毕业生到校任教，迅速组建了能够满足教学需要的教师队伍，较好地满足了企业人才培训的需要。为使新入职大学毕业生较快适应教学工作，经职工学校联系，将新入职大学毕业生安排到陕西师范大学、兰州铁道学院（今兰州交通大学）、长沙铁道学院（今中南大学铁道校区）、西安外国语学院（今西安外国语大学）、天津工程技术学校等本科、专科高等院校进修，并到相关教研室见习约 1 年。这些学习锻炼均取得了良好的效果。

在学员管理中，实行教务科领导下的班主任制度。各班都配备班主任，党支部、团支部也都建在班上。班主任一般由具有相当管理水平及资历的干部或教师担任，有的班是铁一局业务处的领导担任班主任。例如，铁道部在职工学校办的爆破班，由副校长王应达担任班主任；多期财会班，由铁一局总会计师刘怀敏担任班主任；铁一局干部部办的干部班，由干部部部长马鸿昌担任班主任。这些班主任绝大部分是共产党员，班主任同时兼任班级党支部书记，便于对学员进行教育和管理，也能够及时了解学员的思想动态，做好学员的思想政治工作。

“严字当头，铁的纪律”是铁路的路风，也是职工学校的校风。职工学校对学员进行严格的考勤管理，并严格执行请假制度，使班级管理井然有序。每学期末或培训结束时，班主任都要认真填写学员的学籍卡片，认真撰写对每位学员的鉴定评语。学员的学业考核成绩及学籍卡片，作为单位对学员选拔任用的依据，极大地提高了培训考核的权威性，推动学校把“严字当关，铁的纪律”落到实处，增强了培训效果。学员把学校当成自己的家，把班主任和各任课教师当成自己的朋友，师生是“一个战壕的战友”。每期培训结束后都有学员在学校流连许久，和班主任、教师有说不完的话。曾在学校培训过的学员回归单位后仍心系学校，关注学校的发展。

（三）工程学校筹建恢复，职工中专成立

1977 年，工程学校的筹建又被提上日程。中央召开铁道部、公安部工作会议，经部领导与陕西省革委会协商同意成立工程学校。

1978 年 4 月 5 日，铁道部又以铁人〔1978〕391 号文件，重申“在陕西西安市新建一所中等专业学校，校名为西安铁路工程学校，规模为 1000 人，内设铁路工程、铁路施工机械、工业与民用建筑等三个专业”。但是，在铁道部下发此文件的同时，国务院下达了国发〔78〕13 号文件，规定“今后凡百万以上人口的城市，一般不再新建单位，要发展中小城市”。根据此文件精神，陕西省建委征得铁一局同意后，于 1978 年 12 月以陕革建城发〔1978〕362 号文，将工程学校设于渭南。

1978 年冬，渭南铁路工程学校筹建处重新组建，办公地点设在铁一局华县铁中。1980 年，在渭南市人民政府的大力协助下，达成了征地协议。学校征地 129.13 亩，随即进行了勘测设计、土地平整与施工准备工作，确定了建设蓝图。同年铁道部下达文件，将学校正式命名为渭南铁路工程学校。

1980 年 7 月，铁道部下发〔80〕铁计字 1097 号《关于渭南铁路工程学校计划任务书的批复》。同年 7 月 28 日，铁一局以铁一计〔80〕字第 494 号转发该批复，并通知渭南铁路工程学校筹建处，在渭南建校，总规模按在校生 800 人考虑，核定总建筑面积 10000 平方米，总投资 250 万元以内，分期建设。

渭南铁路工程学校于 1981 年完成设计工作，1982 年启动建设，前期投资 60 万元。学校筹建处的同志们克服了重重压力和困难，本着一边建校、一边办学的主导思想，先后完成了部分教学楼、1 栋学生宿舍楼、1 座食堂和 1 栋教职工住宅楼的建设任务，使学校初步具备了开学条件。

1983 年，全国成人教育发展形势逼人。根据铁道部〔83〕教字 865 号文件及第 510 号文件决定，在铁一局职工学校的基础上，成立了铁道部第一工程局职工中等专业学校（以下简称“职工中专”）。铁一局决定在华县铁一局职工学校校址开办职工中等专业学校，由职工学校承担职工中专办学和职工学校培训的双重任务。职工学校挂两块牌子，由一套班子统一管理，开始办学。1983 年职工学校开始了职工中专的招生工作。

几经周折和几拨人的辛苦筹建，1983 年 8 月 25 日，由铁道部批准，隶属于铁道部基本建设总局（今中国中铁股份有限公司），由第一工程局代管，培养现代化铁路建设技术人才的普通中等专业技术学校——渭南铁路工程学校正式成立，同时撤销渭南铁路工程学校筹建处。学校设置铁道工程、桥梁与隧道、工业与民用建筑 3 个专业，规模 800 人，学制 4 年。

二、一波三折，职工学校与职工中专的分合之路

（一）两校分家

随着铁一局职工中等专业学校办学规模的扩大和教育的正规化、学历化，以及管理体制的变革，学校的办学空间越来越不够用。1983年在成立渭南铁路工程学校时，铁一局下发文件，提到将职工中专与渭南铁路工程学校分开。1983 年 9 月 8 日，铁一局办公会议决定，将原本位于华县的铁一局职工学校、职工中专迁往蒲城县，利用铁一局原汽车四分队及家属基地办学，学校规模不变，每年轮训 500 人。

1984 年 1 月 3 日，由铁一局人事处、教育处主持，将原铁一局职工学校、职工中专的一半教职员工划分给渭南铁路工程学校，以充实渭南铁路工程学校教职工队伍。至此，铁一局职工学校、职工中专和渭南铁路工程学校筹建处多年来“几块牌子，一套班子，共同借助华县铁中院子”的历史宣告结束，开始了渭南铁路工程学校和铁一局职工中专（包含职工学校）的新阶段。这就是校史上的两校分家。

据学校退休干部于美兰老师回忆，1984 年，渭南铁路工程学校和铁一局职工中专（包含职工学校）正式分家。当时，原本属于铁一局职工中专（包含职工学校）的 30 多名教职工来到渭南铁路工程学校。刚到时，大家都很诧异：这哪是学校呀！既没有校门，教学楼也只盖了不到一半，更不用说食堂和商店了。整个沋河滩（学校所在地）上只有 1 栋楼，全校 30 多名教职工都在这里办公和休息（临时）。为了解决教职工的吃饭问题，学校临时搭建了 20 多平方米的伙房。由于家属楼没有盖好，从华县过来的 30 多名教职工，每天早起晚归坐火车往返于华县和渭南之间。

（二）两校合并

渭南铁路工程学校和铁一局职工中专（包含职工学校）分开办学两年多后，1986 年 8 月，根据铁道部关于“集中办学、联合办学、专业定点、提高效益”的要求，以及调整教育体制并将渭南铁路工程学校下放铁一局管理的指示精神，铁道部基本建设总局为调整学校布局，改善学校管理，提高职工中专（包含职工学校）教育质量，批准铁一局职工中专（包含职工学校）并入渭南铁路工程学校，校名改为渭南职工中等专业学校，实行两块牌子、一套班子的管理体制，由铁一局职工中专（包含职工学校）校长费学声和渭南铁路工程学校书记张云西两位同志负责整合。

（三）职工中专的更名

1988 年 12 月，铁道部以铁教函〔88〕字第 109 号文变更铁一局职工中专（包含职工学校）校名为渭南铁路成人中等工程学校。

三、艰苦创业，向国家级重点中等专业学校迈进

（一）艰苦创业，夯实基础

创业期（1984—1990）：1984 年，渭南铁路工程学校首次面向全国招生。同年 9 月，第一批招收高中毕业生 153 人，开设铁道工程、铁道桥梁与隧道 2 个专业，学历层次为中专，学制为 2.5 年。

1986 年 9 月 5 日，铁道部基建总局下达“五定”方案，重新核定渭南铁路工程学校规模为 800 人，学制 4 年，年招生 200 人，增设工程地质专业；同时统一了学校机构，严格按照要求控制编制定员，充实教师队伍。

1988 年 1 月 13 日，铁道部下发基建总局系统职大中专调整方案通知：渭南铁路工程学校、铁一局职工中等专业学校（包含职工学校）

学生总规模 1040 人,其中普通中专学生 800 人,职工中专学员 240 人。

1986 年 9 月 5 日,渭南铁路工程学校首届职代会审议通过学校第一个五年发展计划（1986—1990），确立了这一时期的主要奋斗目标：

（1）分期、分批完成学校的基建项目，使各项办学设施尽快形成体系，发挥效益。计划基建项目：综合教学大楼、餐厅、学生宿舍、教职工住宅、图书馆、体育场等。这些基建项目使学校总建筑面积达 35721 平方米，能容纳 1000～1200 名在校生。

（2）建设一支结构合理、水平较高、符合现代化要求的师资队伍。5 年内配齐教师，培养学科带头人。

（3）建设一支忠于党的教育事业、熟悉教学规律、精通学校管理、尽职尽责、精明强干的职工队伍。

（4）力争到 1993 年为国家培养 1060 名合格的中等技术人才。

（5）发扬求实创新精神，开创学校的新局面。把学校办出特色，争取 5 年内跨进同类先进学校的行列。

学校的“一五”计划是以两校合并后，办学已进入正常阶段，各项工作均已开展为基础，为尽快尽早提高学校的办学水平而制定的。

（二）发展提高，在中等专业学校办学水平评估中获得优秀

发展期（1991—1995）：这一时期处于学校的第二个五年发展计划期间。“二五”计划特别强调了教师队伍建设，明确提出教师队伍结构要适应教学发展的需要。要求中级以上职称的教师达到教师总数的 45%以上，其中高级不少于 8%；本科以上学历的教师达到教师总数的 80%以上，平均教龄大于 10 年，老、中、青教师数量比为 1∶2∶1；专业教师专业实践平均年限大于 3 年；教师配备率大于 90%；为提高学生的动手能力，“二五”计划特别强调实验设备完好率和实验开出率均要达到 90%以上，同时建立 3～5 个稳定的实习实训基地。

“二五”计划期间，学校在师资力量、教学设备、教学手段、班级

建设、教学质量等方面都得到了稳定发展，学校也成功跻身省部级重点中专行列。1986 年学校接受铁道部基本建设总局的委托，牵头为铁路系统中专技校制定并推行了“抓管理、抓质量、上等级”即“达标上等级”的检查评比办法。此后又先后施行了铁道部、陕西省中等专业学校办学水平评估指标体系。这一系列办法的实施，为 1992 年陕西省教委下达的国家教委关于开展普通中等专业学校办学水平评估工作打下了良好而坚实的基础。

1990 年 10 月，为确保顺利通过普通中等专业学校办学水平评估，学校专门成立了以校长、书记为正副组长的评估工作领导小组，下设评估办公室，负责具体评估工作。1992 年，学校接到铁道部委托陕西省教育委员会评估的具体通知后，全校师生立即投入了紧张的准备工作。学校办学水平评估自查整改工作历经 2 年多时间，至 1993 年 1 月中旬，终于向陕西省教育委员会呈交了学校办学自评报告。

1993 年 3 月 4 日—6 日，陕西省教育委员会到学校进行了为期 3 天的普通中等专业学校办学水平评估。评估结果为 A 级，得分为 90.12 分。学校随后被陕西省人民政府命名为“省部级重点普通中等专业学校”。同年 10 月 4 日，陕西省人民政府以陕政函〔1993〕200 号文件，将评估结果报教育部备案，学校跻身省部级重点普通中等专业学校行列，这为学校的进一步发展奠定了基础，增强了信心。

（三）奋勇前进，跻身国家级重点普通中等专业学校行列

奋进期（1996—2002）：1995 年 4 月 8 日，学校第四届五次职工代表大会审议通过学校“三五”（1996—2000）发展计划，明确了“三五”奋斗目标：保持省级文明单位、卫生先进单位、造林绿化先进单位和铁道部教育先进单位的荣誉称号，在 A 级办学水平的基础上，再上新的台阶，进入国家级重点中等专业学校的行列。“三五”计划提出

了20条主要任务：

（1）学校规模达到2000人。

（2）增设企业及社会急需专业1～2个；创办高职班。

（3）完成上级下达的成人中专教育任务，逐步扩大调节性计划指标，主动举办各种形式的培训班，在实施“人才素质工程”中发挥应有的作用。

（4）扩大学校占地面积25亩（约16667平方米），达到生均占地面积45平方米、学校总占地面积90000平方米。

（5）扩大校舍面积14350平方米，达到生均校舍面积24平方米、总校舍面积48000平方米。

（6）图书馆藏书16万册；学生阅览座位数超过176个，面积超过264平方米；教师阅览室座位数超过24个，面积超过75平方米。

（7）增添教学设备，保证必要的设备组数，使普通课实验自开率达到100%，专业基础课实验自开率达到90%以上，实习设备完善率达到95%以上。

（8）完善电教设备，使电教室座位数超过240个，五项设备齐全，达到能自制音像教学资料的水平。

（9）建成稳定的校内外实习基地2～3处。

（10）建成一支数量充足、素质良好、结构合理的师资队伍。

（11）建成以能力培养为基础的教学体系，使学生德智体全面发展，95%以上的毕业生受到用人单位的欢迎。

（12）营造浓厚的学术气氛，提高学术水平，形成优势专业和重点学科，在同类学校中居于牵头地位，办出学校的特色。

（13）把学校领导班子建设成团结务实、勇于开拓、廉洁勤政的好班子。

（14）加强德育工作和精神文明建设，形成“团结、勤奋、求实、创新”的良好校风。

（15）深化学校内部体制改革，增强办学活力，形成具有自主办学、自我组织、自我约束、自我发展能力的办学机制。

（16）扩建和改建与学校规模相适应的生活及后勤服务设施。

（17）改革后勤管理，在做好服务的前提下，逐步实现学校后勤工作企业化、社会化。

（18）改善职工福利，使职工收入年增长率在 15%以上，人均住房面积也有所扩大。

（19）发展校办企业，挖掘办学潜力，拓宽经费来源，5 年内使计划外收入占总经费的 30%以上。

（20）进入国家级重点中等专业学校行列。

"三五"计划中的一些指标主要是依据国家关于中等专业学校的办学标准和要求而制定的。"三五"期间，全校教职员工以省部级重点中等专业学校的建设为基础，以争创国家级重点中等专业学校为目标，继续团结奋斗，开拓进取，在办学规模、教育质量、内部改革与管理、基本建设及精神文明建设等方面取得了显著的成绩。

1999 年 9 月，根据陕西省教育委员会陕教职〔1999〕69 号文《转发教育部〈关于调整国家级重点中等职业学校的通知〉的通知》精神和要求，学校抓住机遇，在铁道部和铁一局的大力支持下，向跻身国家级重点中等专业学校行列的目标发起冲刺。

1999 年 12 月 15 日—17 日，陕西省教育工作委员会中等专业学校办学水平评估复评组在学校自评的基础上，对学校进行了全面的复评。学校以 95.31 分的较好成绩，在参评的 15 所学校中名列第四。

2000 年 5 月，教育部以教职成〔2000〕6 号文《关于公布首批国家级重点中等职业学校名单的通知》批准，认定渭南铁路工程学校为"国家级重点中专学校"。

（四）划归地方，实现中等职业教育向高等职业教育的过渡

2000 年 3 月，根据国办发〔2000〕11 号文关于调整部委所属大中专学校隶属关系精神，学校由铁道部划归陕西省管理。2002 年 6 月 24 日，根据省政府领导批示，陕西省教育厅厅长办公会决定将渭南铁路工程学校交由陕西省教育厅管理，同时完成了人事（编制）、党群组织关系、经费及固定资产等相关手续的移交。至此，学校告别了近 30 年隶属铁路的岁月。

2000 年 5 月 18 日，陕西省教育工作委员会以陕教职〔2000〕19 号文《关于在部分重点中专学校举办 5 年制高等职业教育有关事项的通知》批准学校举办 5 年制高等职业教育。

2001 年 4 月，渭南铁路工程学校第六届二次职工代表大会提出了学校升格为高等职业学校的奋斗目标，开始在全校范围内动员教职工奋斗申办高等职业学校。2002 年 7 月，学校正式着手申办高等职业学校程序的实质性工作，全力以赴进行筹备。

2003 年 1 月 8 日，陕西省教育厅专家组预评审通过学校申办高等职业学校。

四、协同发展，奠定高等职业院校申报基础

（一）校园文化建设

学校的精神文明建设工作，可以简括为：旨在“四有”，绩在“共建”。“四有”就是培养有理想、有道德、有文化、有纪律的社会主义现代化建设事业接班人；“共建”就是物质文明和精神文明一起抓，军民团结共建文明学校。学校的精神文明建设目标是成为陕西省文明单位。

1985 年 5 月 15 日，学校制订了创三优文明集体规划。三优文明建设活动给学校带来了“五个促进”的可喜变化：一是促进了学校的

改革和教学水平的提高；二是促进了教职工思想道德素质和服务质量的提高；三是促进了校容校貌的显著改观；四是促进了教职工和学生的集体福利设施和文化生活的改善；五是促进了内部治安秩序的大为好转，综合治理成效显著。

1987 年 1 月 19 日，陕西省渭南市“五讲四美三热爱指挥部”对学校“五讲四美三热爱”建设进行验收，学校受到通报表扬。1987 年 1 月 20 日，铁一局发出《关于命名 1986 年度三优文明单位的决定》，授予学校 1987 年度三优文明建设先进单位的称号。1987 年 3 月 6 日，学校深入开展两个文明建设活动，要求实现四个目标：一是政治思想、学生管理、教学质量、教学管理、校容校貌、后勤服务等明显提高；二是 90%以上科室在双文明活动中达标上等级；三是创建先进职工之家；四是学校进入总局系统同类学校先进行列。建设文明校园是优化育人环境，促进良好校风、学风形成，建设和谐校园的有效途径，也是学校整体办学水平、综合管理水平的重要体现。

1988 年 2 月，学校荣获 1987 年度陕西省文明单位称号（图 1–1–2）。

1992 年 7 月，学校进一步做出精神文明建设工作安排，在全校师生员工中开展全方位创优活动，积极树立良好教风学风，倡导高尚文明行为习惯，营造健康浓厚文化氛围，创造整洁安全校园环境；要求围绕教学中心，加强政治学习，提高师生员工政治素质；突出“两德”教育，着力提高人的思想道德素质；立足本职岗位，深层次开展学雷锋活动；搞好校园美化，创造优美育人环境，着力培养有理想、有道德、有文化、有纪律的一代新人。

在校风方面，强化教师的教书育人责任感，在管理部门强化管理育人意识，在后勤服务方面强化服务育人功能，形成全校齐抓共管的格局。

学校每年开展创建文明宿舍、文明科室、文明个人、三好学生、优秀学生干部、学雷锋先进的评比活动，大力表彰尊师爱生、敬老爱

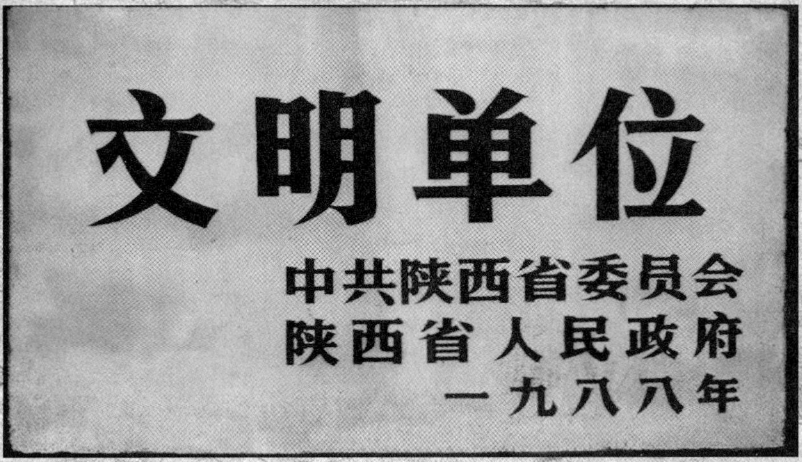

图 1–1–2　渭南铁路工程学校荣获 1987 年度陕西省文明单位称号

幼、关心集体、热爱学校、忠于职守、见义勇为等好人好事，旗帜鲜明地批评、制止校园内各种不文明现象，形成了良好的道德风尚和道德舆论环境。

校园文化活动丰富多彩，如广泛开展的学术小论文撰写比赛、科普知识竞赛等学生活动。坚持加强学生的体育锻炼，如每年举办学校田径运动会、趣味运动会、职工越野赛及其他体育单项比赛。学校还定期举行歌咏比赛、文艺晚会等文艺活动。这些不仅极大丰富了师生业余生活，而且活跃了校园文化，提高了师生员工的整体素质。

学校时常邀请战斗英雄人物和全国劳动模范来校做报告。1987 年 9 月 1 日，荣立一等战功的战斗英雄马权斌、李奥、徐良来学校做老山前线英雄事迹报告。1996 年 1 月 10 日，全国特级教师呼秀珍来学校讲演，讲演深受师生员工欢迎，在校园产生热烈的反响。学校还多次邀请优秀毕业生回校做报告，以身边人物感召学生，极大地增强了学生的进取心和自豪感。学生中流传着这样的口号：今天我以渭铁校为荣，明天渭铁校以我为荣。

1998 年，学校开展了讲文明树新风活动，进行了中专生礼仪仪容规范教育、社会公德教育，大力倡导爱护公物、保护环境、遵纪守法、维护秩序。

2002 年 10 月，学校按照陕西省教工委高校管理制度化、规范化、科学化的要求，制订了创建“文明校园”三步走规划，经党委扩大会议通过后下发文件予以实施。通过“文明校园”创建活动，学校校风、学风进一步强化，促使学校在连续 15 年保持省级文明单位称号的基础上再上了一个新台阶。

（二）校园建设成果（表 1–1–2）

表 1–1–2　1986—2000 年渭南铁路工程学校校园建设成果

表彰时间	荣誉称号	授予单位
1986 年 12 月	模范职工之家	第一铁路工程局
1987 年 3 月	三优文明建设先进单位	第一铁路工程局
1987 年 11 月	渭南市文明单位	中共渭南市委员会、渭南市人民政府
1987 年 12 月	学校管理先进单位	铁道部基本建设总局
1988 年 1 月	陕西省先进团委	陕西省团委
1988 年 2 月	陕西省文明单位	中共陕西省委员会、陕西省人民政府
1989 年 3 月	卫生先进单位	陕西省爱委会
1991 年 3 月	渭南市绿化先进单位	中共渭南市委员会、渭南市人民政府
1992 年 3 月	渭南市双拥工作先进单位	中共渭南市委员会、渭南市人民政府
1992 年 3 月	渭南市学雷锋标杆集体	中共渭南市委员会、渭南市人民政府
1992 年 3 月	陕西省造林绿化先进单位	陕西省人民政府
1993 年 10 月	陕西省重点普通中等专业学校	陕西省人民政府
1994 年 6 月	铁道部教育先进单位	铁道部
1997 年 6 月	园林式单位	渭南市人民政府
2000 年 9 月	国家级重点中专学校	教育部

第二节　改制升格，抢抓机遇，示范引领

1994 年，第二次全国教育工作会议明确提出“通过现有的职业大学、部分高等专科学校或独立设置的成人高校改革办学模式，调整培养目标来发展高等职业教育。仍不满足时，经批准利用少数具备条件的重点中等专业学校改制或举办高职班作为补充来发展高等职业教

育”。这就是高等职业教育发展历史上著名的“三改一补”。1996年，国家颁布了《中华人民共和国职业教育法》，指出“职业学校教育分为初等、中等、高等职业学校教育，高等职业学校教育根据需要和条件由高等职业学校实施，或由普通高等学校实施”，从法律上确立了高等职业教育的地位和作用。1999年《中共中央国务院关于深化教育改革全面推进素质教育的决定》指出，“高等职业教育是高等教育的重要组成部分，要大力发展高等职业教育，培养一大批具有必要的理论知识和较强实践能力，生产、建设、管理、服务等第一线和农村急需的专门人才”。2000年，教育部把高等职业技术学院审批权下放给地方，高等职业技术学院办学规模迅速扩大。

1983—2003年，渭南铁路工程学校历经20年的建设与发展，由小到大，从弱到强，克服了重重困难，从建校初创、合并办学到获评省部级重点中专、国家级重点中专，闯出了一条“以规模促效益，以质量求生存，以改革谋发展”的发展新路子，开创了学校建设的新局面，实现了学校办学事业的跨越式发展。2003年，学校抢抓职业教育发展历史机遇，顺势而为，拾级而上，开启了申办高等职业教育的历史新阶段。

一、新的起点，改制升格高等职业教育

2003年1月，陕西省委教育工委、教育厅任命了新一届学校领导班子。2月9日，学校正式将申办高等职业学院的材料报送陕西省教育厅。3月4日，陕西省高职设置委员会评审会在阎良举行，渭南铁路工程学校申报材料获得评审专家全票通过。3月15日，陕西省教育厅厅务会议研究决定，同意渭南铁路工程学校改制为陕西铁路工程职业技术学院，并报送陕西省人民政府审批。

2003年，陕铁院的上级主管单位划转陕西省人民政府后，陕西省

教育厅加强了学校领导班子的力量。学校新一届领导班子年富力强、朝气蓬勃，大刀阔斧进行校内改革，先后三次开展全校教育思想大讨论，明确了办学理念和办学定位，建立健全了各种规章制度，加大教学基础设施建设的投入，密切校企合作，强化实践教学环节，推行双证书制度，积极引入优秀教师，深入开展教育教学研究。

2003 年 4 月 9 日，陕西省人民政府以陕政函〔2003〕67 号文批准建立陕西铁路工程职业技术学院，同时撤销渭南铁路工程学校建制。学校升格为专科层次的高等职业学校，由陕西省教育厅负责管理，实行党委领导下的校长负责制；学校暂定规模 5000 人，根据社会需求可保留一定的中等职业教育规模；首次开设 5 个专业，即铁路工程、建筑工程、工程监理、公路与桥梁、计算机应用技术；从 2003 年开始招生；学校办学经费由陕西省财政按照高等专科学校的有关规定划拨。

渭南铁路工程学校正式迈进了高等职业教育的行列，这值得全校教职员工永远铭记。从此，学校的发展进入一个崭新的时期，开始谱写新的历史篇章。（图 1–2–1）

2003 年 5 月 8 日，教育部以教发函〔2003〕145 号文下发陕西省人民政府，批准备案陕铁院。至此，渭南铁路工程学校申办高等职业学校的所有工作全部结束。

2003 年 9 月，学校提出了“以严治校，质量立校，服务兴校，科研强校”建设高等职业学校的四项方针，全面推动学校高等职业教育的各项建设工作。2004 年 2 月，学校提出了三年内达到合格高等职业学校的建设目标。学校经过一年半的努力，基本完成了向高等职业学校的过渡。自 2004 年下半年起，在进行硬件建设的同时，学校的工作中心向内涵建设转移。按照高职高专院校人才培养工作水平评估要求，教学系统改造旧专业，开发新专业，实行分类教学，稳步推行学分制。

学校党政领导紧抓西部大开发战略和国家发展高等职业技术教育

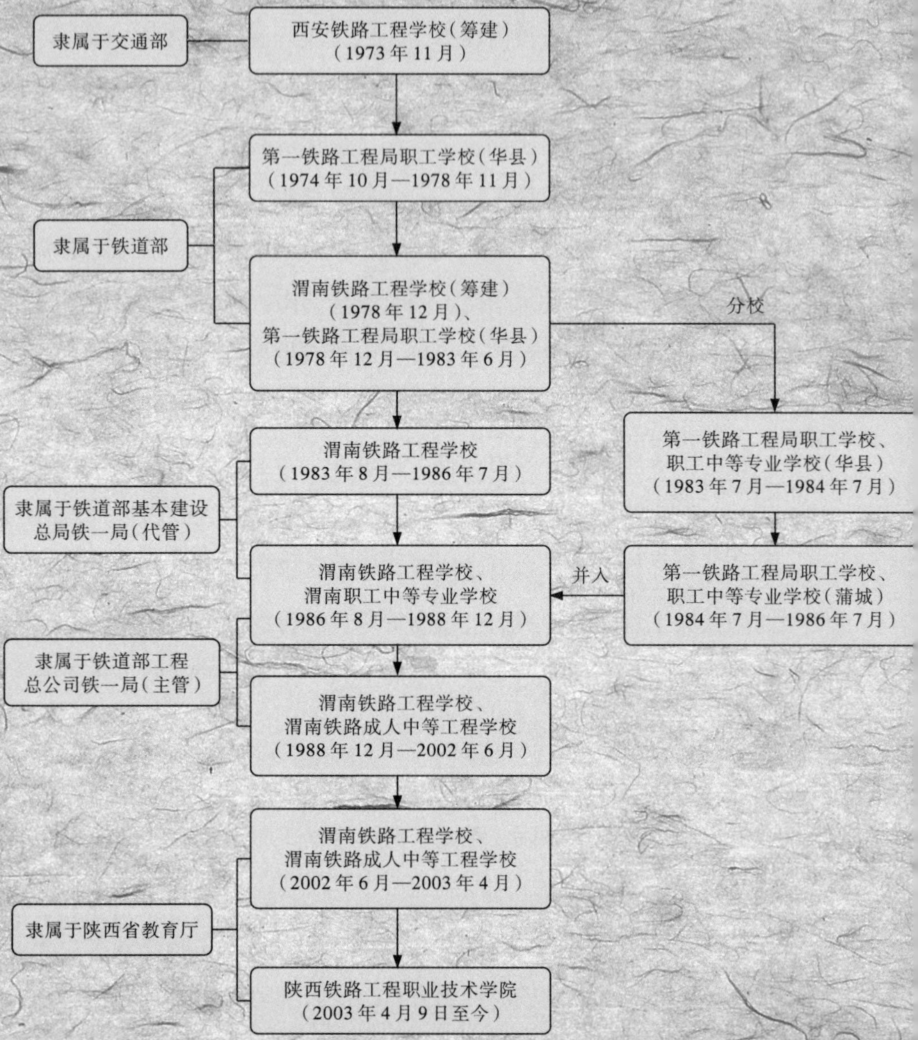

图 1-2-1　陕铁院历史沿革示意图

的大好机遇，在发展中不断分析总结，审时度势，明确了学校的定位和办学思路。

（一）办学指导思想

改制以来，学校紧紧抓住铁路大提速、西部大开发、职教大发展的历史机遇，明确了办学指导思想：坚持社会主义办学方向，全面贯彻党的教育方针，以育人为中心，不断提高人才培养质量；以就业为导向，主动适应经济和社会发展；以教学改革和师资队伍建设为重点，全面提升教育教学质量和办学水平；以专业建设为龙头，走校企合作、产学研结合的特色之路，实现规模、结构、质量、效益的协调发展，培养适应生产、建设、管理、服务一线需要的高等技术应用型专门人才。

（二）办学定位

学校根据高等职业教育的特点、目标、任务和要求，结合发展实际，在深入研讨和反复论证的基础上，明确了办学定位：立足陕西，面向全国，依托铁路，服务社会，以服务为宗旨，以就业为导向，致力于大专层次的高等职业技术教育和职业技能培训，培养面向铁路建设及基础设施建设一线需要的“下得去、留得住、用得上、干得好”的高等技术应用型专门人才，同时明确了学校的专业定位和类型定位。

专业定位：以铁路工程类专业为主干，构建集束工程专业群。

类型定位：以学历教育为主，以职业培训与产学研实体为辅，多层次、多形式地与国际接轨的开放式办学格局。

（三）办学思路

学校以改革教育思想和更新教育观念为先导，通过开展教育思想大讨论，结合发展实际，逐步形成具有学校特色的办学发展思路：依托铁路行业，紧密结合市场，发挥以铁道工程为主干的技术专业优势，精致管理，做优做精，走内涵发展之路，实施品牌战略。学校坚持“质量立校、人才兴校、专业强校、特色名校”的办学方针，不断深化教育教学改革，不断推进培养模式创新；坚持“以学生为本，教学做合一”的办学理念。

（四）发展规划

学校还制订了切合实际的发展规划。2005 年，学校新一届领导班子成立以后，按照国家提出的积极发展高等职业教育的方针和要求，本着抓住机遇，扩大规模，质量、结构、规模、效益协调发展的原则，学校制订了《2006—2010 教育事业发展规划》。规划紧扣高等职业技术教育的类型特征，坚持“依托铁路行业，紧密结合市场”的发展思路，充分考虑社会发展的需要和学校的客观实际，兼顾长远利益和眼前利益。还制订了与之配套的《中长期发展规划》《“十一五”校园建设规划》《“十一五”师资队伍建设规划》《“十一五”专业建设规划》《实验实训室、实训基地“十一五”建设规划》等 14 个规划。

学校在《2006—2010 教育事业发展规划》的目标是：到 2010 年，在校学生规模稳定在 8000 人左右；基本建设、专业建设、实验实训基地建设、教育科学研究水平、管理水平、办学规模和办学效益显著提高；总体办学水平达到省内同类院校一流水平，部分专业水平达到国内同类院校先进水平；学校的自我发展能力和竞争实力明显增强，成为全国培养铁路工程类高等技术应用型专门人才的基地，建成“国内知名、行业一流、特色鲜明”的高等职业学校。

为实现上述总体目标，学校实施了“三步走”战略：

第一步： 2006 年为奠定基础阶段。按照改革、发展、稳定的要求，学校办学规模控制在 6000 人以内。重点加强教学基本建设，改革教学方法和考试方法，探索建立具有职业教育特点的人才培养模式，不断提高教学质量和办学效益；根据高等职业教育的培养目标，顺应经济和社会发展需要，按照技术领域和职业岗位的实际要求设置和调整专业，完成专业结构调整和改造，构建科学合理的专业框架；建设专兼职结合的教师队伍，制订“双师型”教师培养规划，改善师资结构；依据所设专业的实际需要，加强校内外实验室和实习实训基地建设，满足实践教学的需要；加强教学规范化管理，努力办出职业教育特色；按照《“十一五”校园建设规划》，完成临渭校区一期工程建设任务，提出新校区可行性论证报告。

第二步：2007 年为迎评促建阶段。落实教育部《关于加强高职高专教育人才培养工作的意见》和《高职高专院校人才培养工作水平评估》文件精神，认真贯彻“以评促建，以评促改，以评促管，评建结合，重在建设”工作方针，深化教学改革，强化教学管理，改善办学条件，使学校规模、质量、效益协调发展，全面促进和提升学校教学质量；加强重点实验室和实习实训基地建设；继续加强师资队伍建设，形成一支学历层次较高、职称和专业结构合理、“双师型”素质突出、专兼结合的教师队伍；按照《“十一五”校园建设规划》，临渭校区二期工程基本完成；人才培养工作水平评估达到优秀。

第三步：2008—2010 年为巩固提高阶段。优化配置办学资源，使办学条件更加完善，全日制在校学生控制在 8000 人以内；基本形成专业设置合理、覆盖面较广的教学体系，专业特色优势明显，实验室和实习实训基地建设达到全省同类院校一流水平；进一步完善基础设施建设，完成校园总体建设规划，完成新校区调研论证报告。

二、稳步成长，人才培养水平评估获得优秀

（一）启动阶段（2004 年 10 月—2006 年 7 月）

2003 年教育部开始进行高职高专人才培养水平评估试点工作，2004 年印发《关于全面开展高职高专院校人才培养工作水平评估的通知》，

全面启动了对高职高专院校人才培养工作水平的评估。2004 年 10 月 12 日，学校党委果断做出决策，启动了迎接高职高专人才培养工作水平评估的工作，随即成立了人才培养工作水平评建工作领导小组。由党委书记崔岩任小组组长，党委副书记、纪委书记孟广胜和副校长周根臣任副组长。小组下设办公室，办公室下设教育教学、学生管理、招生就业、宣传、后勤保障、基础资料等若干小组。2004 年 11 月，按照教育部关于高职高专院校人才培养工作水平评估的指标体系制订出台了“迎评促建”工作规划，对“迎评促建”的指导思想、工作目标、组织机构、主要任务、实施步骤、经费保障做了具体部署和安排，确保以良好的状态和出色的工作迎接上级单位对学校的人才培养工作水平的评估。

2005 年 1 月 17 日，教代会代表审议通过实习实训大楼工程、三栋学生公寓维修改造工程、图书馆扩建工程、体育馆建设工程等“迎评促建”基建投资项目立项，学校开始有计划地进行“迎评促建”基础设施建设。

2005 年，学校领导班子和中层机构调整，10 月 17 日校党委会议研究决定，调整学校人才培养工作水平评建工作领导小组成员，由校长王晖任组长，党委副书记、纪委书记孟广胜和副校长车绪武任副组长，教务处处长等 15 名部门负责人为成员，人才培养工作水平评建工作领导小组下设办公室，负责具体工作。

2006 年是学校“十一五”发展规划实施的第一年，也是迎接高职高专人才培养工作水平评估的关键一年。3 月 8 日，校党委对“迎评促建”主要项目进行分项重点调研和研讨，并将各部门的研讨目标任务进行分解，各部门积极组织人员进行落实。为进一步加强对人才培养工作水平评建工作的组织领导，6 月 29 日，校党委再一次对小组成员做了调整，由党委书记崔岩、校长王晖任组长，副校长车绪武，党委副书记、纪委书记孟广胜，副校长杨云峰任副组长，薛振南等 16 位相关部门负责人为成员，领导小组下设办公室，办公室主任为杨云峰，副主任为韩茂源。

（二）实战阶段（2006 年 8 月—2007 年 6 月）

2006 年 8 月，在新学期教职工大会上，学校提出了“评建创优”的奋斗目标，意味着评建工作进入实战阶段，学校各项工作围绕“评建创优”开展。8 月 23 日评建办公室下发了《评建工作实施调整方案》，将“评建创优”工作划分为 7 个阶段，分解出 495 个任务点，并且把责任明确到具体部门、具体责任人，按月检查各部门任务完成情况。各部门积极配合，节假日加班加点，不分昼夜，按照指标任务，不断整理完善资料。其间，学校先后召开了学生、党总支书记、支部书记“评建创优”动员大会，在全校上下形成了浓郁的“评建创优”工作氛围。召开了第三次高等职业教育思想大讨论动员大会，提高领导和教职工思想认识水平。学生系统组织召开学生专题研讨会，加强对学生的指导。学校领导多次召开专题会议，研究评建工作，并时常深入一线进行检查指导，基础设施建设有条不紊进行。评建办公室先后印发《评建简报》10 余期，及时报道评建工作动态。学校先后邀请教育部评估专家组成员翟轰教授，陕西省高职高专学会理事、陕西省评估委员会副主任李迈强教授，西安科技大学韩江水副校长，西安航空职业技术学院王有存书记，陕西工业职业技术学院赵居礼副院长等知名评建专家做评建专题报告，还组织 10 余名教师参加了在西安航空技术高等专科学校举办的教育部评估专家报告会。

2007 年 3 月，评建工作进入攻坚阶段，学校先后召开了行政系统、教学系统、党员、学生评建攻坚大会，号召全校教职工、学生积极行动，为“评建创优”做贡献。同时按照《高职高专院校人才培养工作水平评估指标等级标准及内涵》，学校进行了多轮自查自评，并聘请省内外专家进行评估诊断。

从2004年到2007年，在四年的迎评过程中，全校上下坚持“以评促建，以评促改，以评促管，评建结合，重在建设”的方针，弘扬“吃苦奉献，拼搏争先”的学校精神，推动学校各项工作都上了一个新台阶。学校的办学指导思想更加明确，发展思路更加清晰，队伍素质整体提高，办学条件明显改善，教学改革不断深化，办学特色更加突出，社会声誉日益提高。

2007年6月10日，在教育部评估专家组到来之前，学校在新竣工的学术报告厅举行评估宣誓动员大会。全校教职工在校长王晖的带领下，庄严宣誓：“我是光荣的陕铁院人，校兴我荣，校衰我耻，评估献力，义不容辞；我是文明的陕铁院人，着装得体，行为文明，热情主动，尽职尽责；我是奉献的陕铁院人，坚守岗位，服从指挥，克服困难，随叫随到；我是拼搏的陕铁院人，团结协作，和衷共济，吃苦奉献，拼搏争先。”

根据教育部关于《全面开展高职高专院校人才培养工作水平评估》的通知精神，按照陕西省教育厅关于陕铁院进行高职高专人才培养工作水平评估的通知和部署，受陕西省教育厅的委派，专家组一行9人，于2007年6月12日—15日对学校人才培养工作水平进行了全面考察评估。专家组根据教育部《高职高专院校人才培养工作水平评估方案》，对照学校的实际情况，对各项评估指标进行了逐项赋分和等级评定，并经过集体讨论形成了考察评估意见。专家组对学校的主要成绩和特色予以肯定，一致认为学校领导班子团结进取，高度重视人才培养工作，能够将评建工作作为学校建设发展的良好机遇和强大动力，按照“以评促建，以评促改，以评促管，评建结合，重在建设”的原则，精心地组织评建工作，有效地促进了学校发展，保证了教学质量的稳步提高。（图1–2–2、图1–2–3）

2007年7月18日，陕西省教育厅确定学校人才培养工作水平评估结果为“优秀”，使得学校提早实现了成为“国内知名，行业一流”

图 1–2–2　教育部高职高专人才培养工作水平评估陕西铁路工程职业技术学院汇报会现场

图 1–2–3　2007 年 6 月 15 日，召开教育部高职高专院校人才培养工作水平评估意见反馈大会

的高等职业院校的目标。

（三）整改阶段（2007 年 9 月—2008 年 9 月）

2007 年 7 月—2008 年 6 月，学校进入评估整改阶段，对专家提出的建议和意见逐一进行落实整改。2007 年 9 月 29 日，学校印发了《评建整改工作方案》，要求各部门根据学校《评建整改工作方案》的总体思路和安排，制订部门评建整改工作实施计划，提出具体的落实措施，并分解任务，将责任落实到人。全校上下又投入到评建整改工作中，为切实提高学校的教育教学水平和人才培养质量而奋斗。

（四）评估回访（2009 年 4 月）

2009 年 4 月 15 日，陕西省教育厅高职高专人才培养工作水平评估回访专家组一行 3 人，在陕西省教育厅高教处正处级调研员刘豫川的带领下来到学校，对学校 2007 年 6 月高职高专人才培养工作水平评估后的整改情况进行为期一天的回访考察。通过听取报告、实地参观，专家组对学校评估以后的整改工作和取得的成效给予了高度肯定。专家组认为，自 2007 年 6 月学校通过评估以来，学校认真学习了教育部《关于全面提高高等职业教育教学质量的若干意见》的文件精神，学校党政领导高度重视对人才培养工作的水平评估以及评估整改工作，制定了切实可行的评估整改方案，不断加强内涵建设，在校企合作、人才培养、教学改革等方面取得了显著的成效。通过整改，学校办学实力、办学水平跃上了新台阶。

（五）“两段三结合”人才培养模式创新

学校不断完善教育教学思路，加快教育教学改革步伐，对原有人才培养模式进行了进一步完善革新。在“2.25+0.75”人才培养方案的基础上，学校提出了具有自身特色、基于模块化课程体系的“两段三结合”人才培养模式。

“两段三结合”中的“两段”指的是学生在校的学习按照培养时间分两个阶段：第一阶段是从一、二年级到三年级第一学期前 10 周（2.25），第二阶段是从三年级第一学期后 10 周到毕业（0.75）。

“三结合”指的是：（1）素质教育与专业教育相结合，突出大学生的专业能力培养，强调学生综合素质的提高，知识、能力、素质协调发展，培养德智体全面发展的高等技术应用型人才；（2）资格证书与毕业证书相结合，学生在校期间，完成教学计划规定的课程，并达到一定的技能要求，考取相关的职业资格证书后，方可取得毕业证书，促进学生技能水平的提高；（3）顶岗实习与就业相结合，校企合作，产学结合，学生在签订就业协议后，参加顶岗实习，完成规定的实习任务，实现毕业就业零距离接轨，达到校企双赢的目的。

“两段三结合”培养模式第一阶段：理（论）实（践）并重，学做交融，素质教育与专业教育相结合，资格证书与毕业证书相结合，突出培养学生的基本能力和专业应用能力。第二阶段：强化技能岗前训练，顶岗实习与就业相结合，突出培养学生的就业能力。（图 1–2–4）

2007 年，在高职高专人才培养工作水平评估工作中，专家对学校“两段三结合”人才培养模式给予了高度评价：“陕铁院在人才培养过程中，突出实践教学环节，重视学生职业能力培养。在教育教学改革实践中探索形成了素质教育与专业教育相结合、资格证书与毕业证书相结合、顶岗实习与就业相结合的‘两段三结合’人才培养模式，使学生的技术应用能力和职业素质在实践中得到有效提高，切实增强了学生的就业竞争力。”

2008 年，来自中国矿业大学、浙江理工大学等 14 所国内著名高等院校的 49 名本科毕业生到学校进行专业化“回炉”深造。他们看中的是陕铁院在人才培养方面的针对性、灵活性和创新性，这也是对学校人才培养方案的肯定和认同。

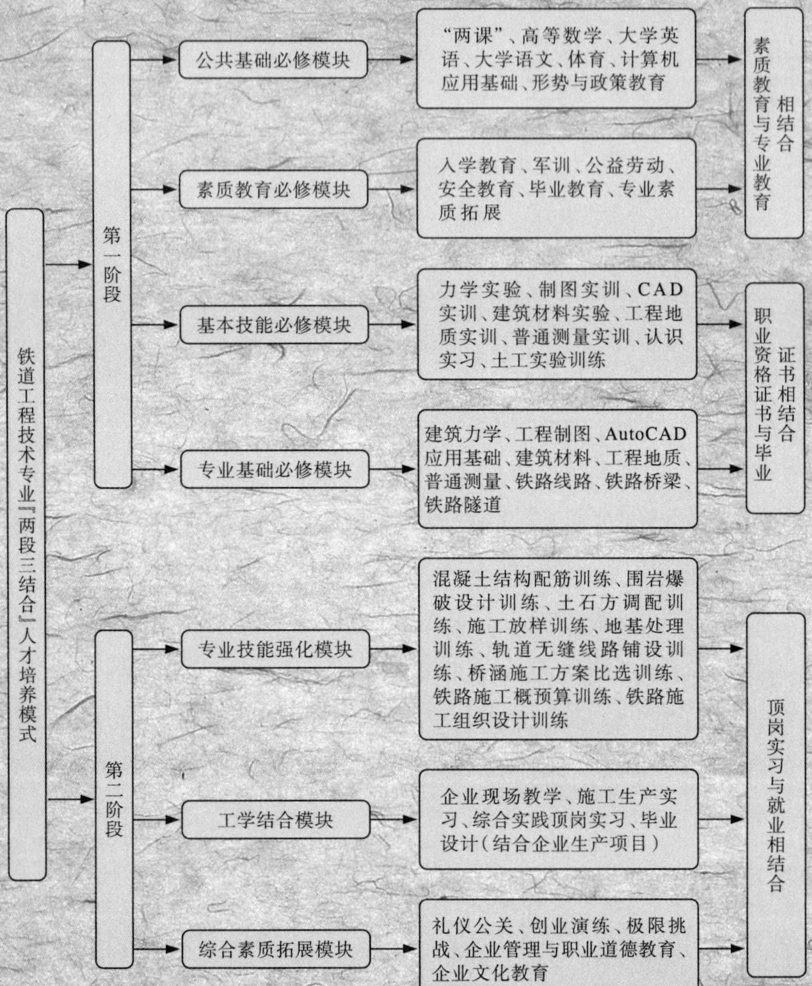

图 1–2–4　陕铁院铁道工程技术专业“两段三结合”人才培养模式示意图

三、拾级而上，创建省级示范性高等职业院校

2008 年，我国经济建设迅速发展，西部大开发战略推进实施，国家铁路建设、陕西交通和土建行业的迅猛发展，对学校提出了创建示范性高等职业院校、培养高素质技能型专门人才的紧迫要求。为使学校在办学实力、教学质量、管理水平、办学效益和辐射能力等方面得到进一步提高，把学校建设成为具有鲜明行业特色、职业教育特色、办学特色的省级示范性高等职业院校，根据《关于加强高职高专教育人才培养工作的意见》《关于实施示范性高等职业院校建设计划的通知》《关于做好 2008 年度省级示范性高等职业院校建设计划项目申报工作的通知》等国家和陕西省政府文件精神，2008 年 7 月，学校启动了省级示范性高等职业院校建设项目。

（一）创建目标

紧贴铁路、公路、建筑行业和陕西经济发展需求，探索创新“两段三结合”“课堂教学—项目实训—有酬实习”交替并举的人才培养模式，着力实施“321 工程”，即打造三个特色品牌专业（铁道工程技术专业、道路桥梁工程技术专业、建筑工程技术专业），带动相关专业群建设；构筑两个共享基地（测绘实训基地、施工安全与工程质量警示教育基地）；建成一个窗口（高质量、高就业），全面提升学校的综合实力、办学水平、人才培养质量和社会服务能力，使学校在陕西省高等职业院校和全国铁路类高等职业院校中发挥示范、辐射和带头作用，成为“国内知名，特色鲜明”的省级示范性高等职业院校。

（二）建设任务

建设任务包括三个重点建设专业与专业群、两个公共教学平台，即铁道工程技术专业与专业群、道路桥梁工程技术专业与专业群、建筑工程技术专业与专业群，测绘实训基地、施工安全与工程质量警示教育基地。

项目建设任务在2008—2010年分四个阶段进行。

第一阶段为项目规划阶段（2008年）。根据陕西省《财政厅、教育厅关于实施省级示范性高等职业院校建设计划的通知》的文件精神，编制了《陕铁院省级示范性高等职业院校项目建设方案》，开展项目可行性论证，编制了《陕铁院省级示范性高等职业院校建设项目可行性研究报告》。

第二阶段为项目启动阶段（2008年）。根据陕西省财政厅、教育厅批复精神，正式启动省级示范性高等职业院校建设项目，进一步完善建设方案。

第三阶段为项目实施阶段（2008—2010年）。按照项目建设方案全面开展建设工作，健全了管理体系和运行机制，加强对项目实施的组织管理、监督与检查，进行阶段评估和中期评估，及时发现问题并进行整改，保质保量完成了项目建设任务。

第四阶段为项目总结验收阶段（2010年）。2010年下半年，学校开展了校内自查验收，迎接省级验收。

2008年11月26日，陕西省教育厅印发陕教高〔2008〕48号文《陕西省教育厅关于确定省级示范性高等职业院校2008年度立项建设单位的通知》，确定了学校为2008年省级示范性高等职业院校建设单位。

第三节　升级飞跃，改革创新，内涵发展

一、提档升级，跻身国家骨干高职院校行列

2010 年 6 月，根据《教育部、财政部关于实施国家示范性高等职业院校建设计划加快高等职业教育改革与发展的意见》精神，教育部、财政部决定继续推进“国家示范性高等职业院校建设计划”实施工作，扩大国家重点建设院校数量，新增 100 所左右骨干高职建设院校。陕铁院审时度势，启动国家骨干院校申报工作。

2010 年 11 月 30 日，根据《教育部、财政部关于确定“国家示范性高等职业院校建设计划”骨干高职立项建设单位的通知》（教高函〔2010〕27 号），陕铁院被确定为“国家示范性高等职业院校建设计划”骨干高职院校立项建设单位。根据陕西省教育厅指示，学校省级示范院校建设对接国家骨干高职院校，按照国家骨干高职院校标准进行建设。

（一）建设过程

学校国家骨干高职院校建设项目以服务国家铁路建设和陕西经济发展为宗旨，以合作办学、合作育人、合作就业、合作发展长效机制建设为主线，着力在体制机制创新、人才培养模式改革、专业建设、师资队伍建设、实训基地建设等方面进行改革与探索，不断提高人才培养质量，提升社会服务能力。

1. 项目申报阶段（2010 年 7 月—12 月）

2010 年 7 月 9 日，学校启动国家骨干院校申报工作。7 月中旬，

学校从6所省级示范性高等职业院校中脱颖而出，被陕西省推荐参加全国骨干高职院校申报。

2010年11月30日，学校被教育部、财政部确定为“国家示范性高等职业院校建设计划”骨干高职院校立项建设单位，建设时间为2011—2013年。依照相关文件要求，学校组织力量开展建设方案和任务书的修订工作。

2. 省级论证阶段（2010年12月—2011年9月）

2010年12月—2011年9月，学校启动国家骨干高职院校建设方案及任务书修订工作,先后组织召开了28次骨干高职院校建设方案修订研讨会，走访、调研了辽宁交通专科学校、石家庄铁路职业技术学院、黄河水利职业技术学院、四川建筑职业技术学院、杨凌职业技术学院、西安航空职业技术学院和陕西工业职业技术学院等10余所省内外国家级示范性高等职业院校，开展了6次“集中封闭式”建设方案及建设任务书修订完善工作，邀请了职业教育与成人教育司领导，西安交通大学、陕西工业职业技术学院、杨凌职业技术学院、湖南铁道职业技术学院、西安航空职业技术学院、上海师范大学、广东岭南职业技术学院、石家庄铁路职业技术学院、武汉铁路职业技术学院等院校专家来校进行“把脉问诊”。

2011年9月3日—4日，陕西省教育厅、财政厅组织召开了“陕西省2011年度国家骨干高职院校立项建设单位陕西铁路工程职业技术学院建设方案论证会”。专家组经合议，一致同意陕铁院国家骨干高职院校建设方案和项目预算通过省级论证。（图1–3–1）

3. 国家级论证阶段（2011年9月—2012年6月）

2011年9月15日，学校针对省级论证会专家意见对建设方案及任务书进行了修改完善，将新的建设方案及任务书准时报送教育部。

2011年10月—2012年5月，教育部先后下发了骨干高职院校立项建设单位五轮修改意见。针对反馈意见，各骨干高职院校立项建设

图 1–3–1　2011 年 9 月 4 日，陕铁院国家骨干高职院校建设方案和项目预算顺利通过省级论证

单位集中进行全面、认真、细致的修改。

2012 年 5 月 29 日，学校国家骨干高职院校建设方案及任务书通过教育部、财政部审核，并在中国高职高专教育网公示。6 月 18 日，项目建设方案与任务书获得教育部、财政部正式批复，学校骨干高职院校项目建设工作步入全面建设阶段。

学校骨干高职院校建设方案及任务书主要包含校企合作体制机制建设、铁道工程技术专业及专业群建设、地下工程与隧道工程技术专业及专业群建设、材料工程技术专业及专业群建设、建筑工程技术专业及专业群建设、土建类专业测绘综合实训基地建设、工程项目施工仿真综合教学平台建设等 7 个项目。

4. 验收阶段（2014 年 4 月—7 月）

（1）顺利通过省级验收。

2014 年 4 月 19 日—20 日，陕西省教育厅、财政厅组织由上海教育科学研究院副院长马树超任组长的 10 人专家组对学校国家骨干高职院校建设项目进行省级验收。专家组通过实地考察、听取项目建设情况和重点专业建设情况汇报、观看建设成果视频、访谈相关人员、审阅资料等形式，对学校国家骨干高职院校建设情况进行了全面检查验收。专家组一致认为，陕铁院如期完成了各项建设任务，预算执行情况好，尤其是创新校企合作体制机制推进教学改革、建设产教融合实训基地提高教学质量等方面成效显著，具有示范推广价值，同意通过省级验收。

（2）顺利通过国家级验收。

2014 年 7 月 11 日，教育部、财政部在中国高职高专教育网发布了《教育部、财政部关于公布“国家示范性高等职业院校建设计划”骨干高职院校建设项目 2014 年验收结果的通知》（教职成函〔2014〕11 号），陕铁院国家骨干高职院校建设项目以“良好”等级顺利通过教育部、财政部验收。

教育部、财政部验收以学校建设任务书、项目总结报告、项目建设情况进展表、人才培养工作状态数据、建设成果展示视频等为依据，重点考察了学校在校企合作体制机制建设、人才培养模式改革、师资队伍建设、教学实验实训条件建设、社会服务能力建设等方面的完成情况，以及项目预算执行情况、资金使用与管理情况、示范建设成果辐射效果与社会认可度等。

（二）建设成效

通过三年国家骨干高职院校建设，学校取得的主要成效可以概括为“一个突破、五个提升、两个增强”。

1. 一个突破：校企合作体制机制建设取得突破

学校成立了“五位一体”校企合作办学理事会，牵头组建了陕西铁路建筑职业教育集团（图 1–3–2），构建形成了“学校对接集团公司，院（部）对接分公司，教研室对接项目部，教师对接工程技术人员”的“四级对接”运行机制，实现了校企深度融合。

（1）引企入校，共建“校中厂”。

与中铁一局集团有限公司（简称“中铁一局”）等企业共建试验检测中心、物资经营中心、BIM（建筑信息模型）科技研发中心、高性能混凝土工程研究中心和中铁西南院检测分中心，成立了陕西路通建筑工程有限公司。

（2）对接交流，共建企业工作站。

在中铁一局三公司、中铁二十局四公司等单位成立了 10 余个企业工作站，为学生顶岗实习、教师下现场锻炼、开展技术服务等提供了平台。

（3）工学交替，开设工地课堂。

校企人员互兼互聘，交替授课，在工地课堂开展现场教学，教师教在一线，学生学在岗位，实现教学过程与生产过程对接。

图 1–3–2　2012 年 7 月 6 日，揭牌成立陕西铁路建筑职业教育集团

（第一排右起：时任陕铁院党委书记王晖、时任渭南市副市长雷超武、工程院院士王梦恕、工程院院士王景全、时任陕西省教育厅副厅长蔡钊利、时任陕铁院校长王长友）

（4）因需施教，实施订单培养。

校企联合制定培养方案，共同授课和考核，量身培育企业急需人才。与西安铁路局、中铁二十一局等单位联合开展订单学生培养。

2. 五个提升

国家骨干高职院校建设期间，学校以铁道工程技术专业、地下工程与隧道工程技术专业、材料工程技术专业、建筑工程技术专业等四个重点建设专业为龙头，带动其他专业共同发展，使专业建设水平、师资队伍水平、实习实训条件、社会服务能力以及示范辐射影响力等五个方面得到明显提升。

（1）专业建设水平明显提升。

①创新适应铁路建设发展的人才培养模式。四个重点专业主动适应铁路转型升级需要，依据职业岗位任职要求，形成各具特色的人才培养模式。铁道工程技术专业是“学工融合，知行并进”，地下工程与隧道工程技术专业是“学校工地，项目贯穿”，材料工程技术专业是“双融共育三结合”，建筑工程技术专业是“项目贯穿，能力递进”。

②深化课程教学改革。基于工作过程重构课程体系；引入行业标准进行课程建设，以实际工程项目为载体，推行项目化教学改革；加大过程性考核权重，实施考核评价方式改革。

③结合工程施工特点，四个重点专业进行了教学组织模式改革。如铁道工程技术专业实施了“紧随铁路，柔性学期”教学组织模式，即根据铁路施工与维护的季节性和周期性特点，灵活安排现场教学时间，循序渐进完成教学任务。

④培养五大通用能力。学校将计算机应用、识图与绘图、测量、试验检测和结构检算作为学生的五大基本核心能力进行重点培养，并在全校土建类专业中进行实践，提升了学生的就业竞争力。

建设期内，学校获省级教学成果特等奖 1 项、一等奖 1 项、二等奖 3 项；编写工学结合教材 76 种，获省级优秀教材一等奖 2 项、二等奖 1 项；主持陕西省教育教学改革项目 9 项，其中重点攻关项目 2 项；与企业合作共建专业教学资源库 4 个，开发优质专业核心课程 52 门；立项国家级精品资源共享课 1 门，7 门省级精品课程完成转型升级。

（2）师资队伍水平明显提升。

国家骨干高职院校建设期间，学校以教学、实践、科研和服务等四种能力培养为重点，引培并举，专兼结合，大力推进“双师型”师资队伍建设。建设期内，选派教师赴德国、澳大利亚等国家学习培训 150 人次，参加国内培训 211 人次，深入企业施工一线锻炼 284 人次，59 名教师被企业聘任为兼职项目副总工程师、技术员等。重点建设专业“双师”素质教师比例达 96.25%，兼职教师承担专业课学时比例达 53.81%。

在国家骨干高职院校建设的推动下，学校教师的教学科研水平和行业影响力明显提升。学校教师在国家级和省级信息化教学大赛、多媒体课件比赛等各类竞赛中屡获佳绩，建设期内获得国家级奖 55 项、省级奖 53 项。4 位教授被聘为全国行业教育教学指导委员会委员，37 名教师取得国家注册执业资格证书，科研立项 177 项，发表高水平论文 160 余篇。

（3）实习实训条件明显提升。

国家骨干高职院校建设期间，学校建成了高速铁路实训工区、高速铁路隧道实训基地、建筑施工实训基地、土建类专业测绘综合实训基地等 9 个校内实训基地和 43 个实训室。其中，高速铁路隧道实训基地按 1∶1 断面建造，长 100 米，陕铁院是全国高等职业院校中唯一拥有这一实训基地的学校。

（4）社会服务能力明显提升。

国家骨干高职院校建设期间，学校先后为中铁一局、中铁七局、中铁二十局等 70 余家企业提供技术服务 125 项，技术服务到款额 1676.23 万元。开展员工岗前、在岗、转岗及涉外工程项目等各类培训 42352 人次。作为渭南职教园区的龙头学校，学校主动服务区域经济社会发展，为中联重科、陕汽德森等地方大型企业培养订单学生 523 人，为渭南市企事业单位培训员工 3834 人次，为渭南市卤阳湖经济技术开发区等城建项目开展可行性研究 19 项。

（5）示范辐射影响力明显提升。

国家骨干高职院校建设期间，学校与西安铁路职业技术学院、天津铁道职业技术学院等 8 所高等职业院校开展对口支援，与陕西省建筑材料工业学校等 3 所中等职业学校衔接培养学生 1615 人。先后承办了全国铁路职业院校测量技能竞赛、陕西省高等职业院校工程造价技能大赛等多项赛事，举办了高等职业院校专业骨干教师国家级培训班，提高了学校的影响力。

2013 年，中国科学评价研究中心、中国科教评价网公布的 2013—2014 年中国专科院校排名数据显示，学校在 1289 所专科院校中位列第 39 名。

3. 两个增强

（1）办学综合实力进一步增强。

2012 年，学校完成新校区一期工程 15.3 万平方米建设，5900 余名学生入住。（图 1–3–3、图 1–3–4）国家骨干高职院校建设期间，学校先后获得全国高等职业院校就业竞争力示范校、全国高等职业院校魅力校园、全国首批示范职业技能鉴定站、全国高职高专院校科研工作先进单位等国家级荣誉 9 项，荣获陕西省创先争优先进基层党组织、陕西省教育系统精神文明建设最佳单位等省级荣誉 13 项。

（2）人才培养质量进一步增强。

国家骨干高职院校建设期间，学校学生踊跃参加各类技能竞赛，获得国家级奖 56 项、省级奖 63 项。毕业生双证书获取率 100%，就业市场上供不应求，就业率保持在 99%以上，约 90%的毕业生在中国中铁、中国铁建及各大铁路局就业。大批毕业生进入工作后很快脱颖

图 1–3–3　2012 年 6 月 6 日，陕铁院新校区 2 号教学楼封顶仪式现场

图 1–3–4　2012 年 10 月 5 日，陕铁院新校区学生公寓迎来首批 2012 级新生

而出，迅速成长为铁路企业的技术骨干和管理中坚力量。2012 年，全国主流媒体以《天山脚下铺坦途 戈壁滩上竞风流》为题报道了学校顶岗实习学生的事迹。

二、厚积成势，建成全国优质高等职业院校

2015 年 10 月 19 日，为贯彻落实《国务院关于加快发展现代职业教育的决定》和全国人大常委会《中华人民共和国职业教育法》执法检查有关要求，推动高等职业教育创新发展，教育部编制了《高等职业教育创新发展行动计划（2015—2018 年）》，决定启动高等职业教育创新发展行动计划，推动高等职业教育创新发展。

2016 年 9 月，陕西省教育厅印发《关于做好高等职业教育创新发展行动计划（2015—2018 年）任务（项目）申报工作的通知》（陕教高办〔2016〕41 号），启动陕西省高等职业教育创新发展行动计划任务（项目）申报工作。

2016 年 9 月，学校启动创新发展行动计划申报工作，申请承担任务 44 项、项目（子项目）78 项。

2016 年 12 月，陕西省教育厅印发《关于确定教育部〈高等职业教育创新发展行动计划（2015—2018 年）〉陕西任务（项目）承接院校的通知》（陕教高办〔2016〕56 号），学校承接 40 个任务和 13 个项目（40 个子项目）的建设任务，承接项目总量位居陕西第三。

（一）总体目标

在创新发展行动计划（2015—2018 年）建设期间，学校提出了“省内示范，行业领先，国内一流，国际知名”的国家优质高等职业院校的建设目标。

省内示范：巩固、拓展省级示范性和国家示范性（骨干）高职院

校建设成果，发挥发展、改革、管理的示范引领作用；争创省级“一流专业，一流学院”。

行业领先：紧扣铁路行业发展脉搏，优化调整专业结构，打造特色优势专业群，在铁路、建筑行业形成明显的比较优势；成为铁路、城轨、公路、房建行业技术技能人才培养的重要基地、行业科技创新的重要源头。

国内一流：五个以上专业在国内属一流，在国际上有影响。师生在中省各类大赛中获奖实现新突破。学校毕业生一次性就业率、专业对口率、用人单位满意度处于全国高等职业院校前列。

国际知名：搭建全方位、多层次的国际交流合作平台，加快推进国外优质教育资源的移植内化，培育自主创新的教育服务项目和品牌，把学校建设成为推动中国高等职业教育走向世界的重要窗口和桥梁。

（二）建设思路

学校经过反复多轮次的研讨，确立了创新发展行动计划（2015—2018 年）建设思路：以教育部《高等职业教育创新发展行动计划（2015—2018 年）》和教育厅具体实施方案为指引，以改革发展为动力，以促进就业为导向，以提升学校内涵、增强办学活力、提高人才培养质量为目标，以专业建设、课程改革为核心，以信息技术为推手，全面推进学校优质资源建设，增强办学活力，加强技术技能积累，完善质量保障机制，提升思想政治教育质量。重点支持优质高等职业院校、骨干专业建设，职业能力培养虚拟仿真实训中心、校企共建的生产性实训基地建设，国家级、省级职业教育专业教学资源库和省级精品在线开放课程等项目建设，聚力突破现代学徒制培养试点建设。推动教师分类管理、分类评价的人事管理制度改革，全面推行按岗聘用、竞聘上岗。建立以市场为导向多方共建应用技术协同创新中心等任务和项目。持续推进深层次国际合作与交流，举办高水平中外合作办学项目和机构。

（三）建设机制

《高等职业教育创新发展行动计划（2015—2018 年）》是高等职业教育发展的路线图。学校将落实创新发展行动计划作为核心工作，成立了以党委书记、校长为组长的工作推进领导小组和办学体制机制建设、师资队伍建设、专业建设等 11 个专项工作组，明确工作任务，夯实责任主体。制订了《创新发展行动计划（2015—2018 年）工作推进方案》《创新发展行动计划（2015—2018 年）任务分解表》等文件，并全面部署建设。结合任务项目落实出台政策文件 20 余项，以国家优质高等职业院校建设为统领，梳理各任务项目之间的逻辑关系，将承担任务与日常工作结合推进；将在线开放课程、专业教学资源库、生产性实训基地等项目融入骨干专业统筹推进；将骨干专业、一流专业、专业综合改革试点项目进行一体化建设；将创新发展行动计划任务项目年度任务完成情况纳入部门年度考核，以骨干专业为基准，其他任务项目相对骨干专业工作量被赋予权重，根据年度建设绩效进行奖励，激励相关部门加快建设。每季度召开推进会，检查进度，查找问题，促进建设；每年召开以落实创新发展行动计划为主题的教学工作会议，各任务项目承担部门交流研讨，相互学习促进，有效保证了建设成效。

（四）项目认定

2019 年 6 月 10 日，教育部公布了《高等职业教育创新发展行动计划（2015—2018 年）》项目认定结果，学校成功立项 17 个项目（1 个优质高等职业院校建设项目、8 个骨干专业建设项目、3 个生产性实训基地建设项目、2 个“双师型”教师培养基地建设项目、2 个应用技术协同创新中心建设项目、1 个技能大师工作室建设项目），立项数量位居陕西第三。

三、先行试点，全面推行教学工作诊断与改进

2015 年 6 月 23 日，教育部下发《关于建立职业院校教学工作诊断与改进制度的通知》（教职成厅〔2015〕2 号）指出，为贯彻《国务院关于加快发展现代化职业教育的决定》（国发〔2014〕19 号），建立常态化职业院校自主保证人才培养质量机制，决定从 2015 年秋季学期开始，逐步在全国职业院校建立教学工作诊断与改进制度，全面开展教学诊断与改进工作，切实发挥学校的教学质量保证主体作用，不断完善内部质量保证制度体系和运行机制，提高技术技能人才培养质量。

2015 年 12 月 30 日，教育部职业教育与成人教育司印发《高等职业院校内部质量保证体系诊断与改进指导方案》（教职成司函〔2015〕168 号），明确提出完善高等职业院校内部质量保证体系、提升教育教学管理信息化水平、树立现代质量文化等三个方面的具体任务。

2016 年 3 月 8 日，陕西省教育厅下发《陕西省高等职业院校内部质量保证体系诊断与改进实施方案》（陕教高〔2016〕13 号）要求，以《国务院关于加快发展现代化职业教育的决定》为指导，按照“需求导向，自我保证，多元诊断，重在建设”的工作方针，完善高等职业院校内部质量保证体系，树立现代质量文化，强化办学特色、内涵建设，主动适应经济社会发展新常态，服务“一带一路”倡议和“中国制造 2025”，创造更大人才红利。

2016 年 5 月 31 日，教育部职业教育与成人教育司印发《关于确定职业院校教学诊断与改进工作试点省份及试点院校的通知》，学校被确定为全国首批内部质量保证体系诊断与改进 27 所试点高等职业院校之一。

（一）质量保证体系建设与运行

2016 年 5 月，学校全面启动了诊断与改进试点工作。2017 年 12 月，学校《内部质量保证体系建设与运行方案》经全国职业院校教学工作诊断与改进专家委员会（简称“全国诊改专委会”）审核通过，在职业教育诊改网公示。

学校诊断与改进工作经历了学习研讨、深化认识和全员参与三个阶段，开展了两个轮次的诊改。2016 年，编制方案，进行试点探路；2017 年，精心打造目标链、标准链，构建质量改进螺旋，开展了第一轮诊改；2018 年，优化质量改进螺旋，强化双引擎建设，开展了第二轮诊改；2018 年 12 月，全国诊改专委会专家进校开展现场复核，专家组经过听取诊改汇报、召开座谈会、深度访谈等复核工作，深入了解了学校的诊改工作（图 1–3–5、图 1–3–6）；2019 年，学校结合复核专家组反馈意见持续推进第三轮次诊断改进工作，不断探索长效机制，形成了“质量为本，勇于创新，追求卓越”的铁路特色质量文化。

2019 年 9 月 20 日，全国诊改专委会发布《关于公布全国高职试点院校诊改复核结论的通知》（职教诊改〔2019〕21 号），学校作为第一批全国诊改高等职业试点院校之一，诊改复核结论为有效。

1. 聚焦目标标准，落实主体责任

以目标细化落地、标准支撑目标为出发点，紧紧围绕学校“十三五”教育事业发展规划确定的“省内示范，行业领先，国内一流，国际知名”的建设目标，制订了 9 个专项规划、各专业建设规划和课程建设方案，细化了年度建设计划，明确了责任人和时间节点，教师和学生分别制订了三年发展规划，形成目标链。围绕建设与运行两个方面，制定了专业、课程建设标准和教师、学生个人发展标准，深入推进制度废改立；修订完善了《部门质量管理手册》和《部门常规工作手册》，编制了岗位工作标准，梳理规范了业务工作流程，形成了“管理有理念，岗位有目标，实施有标准，过程有控制，资源有保障，监

图 1–3–5　2018 年 12 月 3 日，全国教学工作诊改制度建设试点院校现场复核汇报会在陕铁院召开

图 1–3–6　2018 年 12 月 5 日，陕铁院内部质量保证体系诊改复核反馈会召开

测有改进”的“六有”工作机制。

强化过程监控，增加中期考核，激发内生动力，实施追赶超越。围绕学校事业发展的关键指标，以年度为诊改周期，依托大数据分析与质量监控平台，从 17 个维度、118 个质量监控点，采集分析数据，监控工作过程。

2. 聚焦专业发展，构建“4861”专业质量保证体系

依据学校专业建设规划，确立了校级一般、院级特色、省级一流、国家骨干的四级专业建设目标，各专业编写了建设规划，落实了年度任务。制定了专业建设标准，优化专业建设与运行八类标准（建设方案、师资配置、实训条件、教学资源、人才培养方案、教学实施、教学文件、规章制度），从六项维度（人才培养模式改革、课程建设与教学改革、师资队伍建设、实训条件优化、社会服务能力强化、教学管理水平提升）持续改进，每个专业至少突出一项优势或特色。

围绕专业年度建设目标任务，以年度为诊改周期，利用大数据分析与质量监控平台，从 10 个维度设定 31 个质量监控点，建立了两级预警机制，采集、分析专业建设运行数据，监测专业建设运行状态。

3. 聚焦课程建设，构建“四个三”课程质量保证体系

学校制订了课程建设规划，各课程制定了建设方案和年度建设目标。针对 A、B、C 三类课程，确立精品在线开放课程（国家级、省级、校级）和教改课程（省级、校级、院级）两类三级建设目标，教改课程突出“项目化教学、混合式教学和考核方式改革”三种类型，围绕课前、课中、课后三个环节制定了建设标准、课程标准、教学规范等。

课程层面以年度为诊改周期，从 6 个维度设计了 22 个质量监控点；具体课程以学期为诊改周期，聚焦课堂教学，逐渐实现课堂移动教学助手全覆盖；借助顶岗实习云管理系统，实现了实时交互、全程监控和预警，及时发布预警并处理。

4. 聚焦教师发展，构建四阶段教师成长路径

制订了师资队伍建设专项规划和年度建设计划，设置了“新手”“胜任”“成熟”和“专家”四个成长阶段的发展标准。教师从基本发展、教学与教研、科研与社会服务、学生教育与管理等四个方面制订三年发展规划和学期发展计划，依托编制的《教师发展手册》，记录个人发展轨迹，及时分析不足，改进提升。

师资队伍建设以年度为诊改周期，教师个人发展以学期为诊改周期。围绕师资年度建设和教师学期发展计划，设计了 62 个质量监控点，对其中 24 个关键指标进行预警。

5. 聚焦学生成长，构建“动车型”学生发展模型

制订了育人规划和年度工作计划，印发了学生发展标准。学生围绕专业人才培养目标，从思想道德素质、科学文化素质、身体心理素质和发展性素质等四个方面制订了三年发展总体规划和学期个人发展计划，依托编制的《学生发展手册》，记录个人成长轨迹，及时分析不足，改进提升。

学生工作及学生个人发展以学期为诊改周期。学生工作设计了 53 个质量监控点，学生个人发展设计了 23 个质量监控点。依托大数据分析与质量监控平台，呈现学生发展态势，查找分析差距，推动学生及时自我调整与改进。

6. 聚焦数据支撑，构建大数据分析与质量监控平台

制订了信息化建设专项规划、数据平台建设方案和年度工作计划，校园网实现了有线无线一体化认证。建立了 42 个业务管理系统，搭建了数据交换平台，构建了共享数据中心、统一身份认证平台和统一信息门户平台，消除了信息孤岛，实现了一站式访问，提供个性化信息展示和移动式信息查询。建立了校园移动 App 和一站式网上办事大厅。

建立了大数据分析与质量监控平台，实现了学校、专业、课程、教师、学生多维度画像、数据分析及监控预警。

（二）诊改成效

通过内部质量保证体系的建设和运行，学校各层面建立了环环相扣的目标链和标准链，夯实了各层级的质量主体责任；建立了诊改运行制度，完善了学校激励考核机制，推动层面质量改进螺旋的持续运行，构建了常态化自主保证人才培养质量机制。

全国 200 余所院校来学校学习交流诊断与改进工作，学校还受邀为 120 多所院校开展专题培训，累计培训 5000 余人次。2020 年，学校《构建诊改运行长效机制 树立铁路特色质量文化》入选职业院校教学工作诊断与改进制度建设优秀案例。2021 年，学校编写出版了《现代高等职业院校内部质量保证体系——实操案例解析》。

四、弯道超车，昂首挺进“双高计划”立项建设院校

2014 年全国职业教育大会上，习近平总书记对职业教育做出“职业教育是国民教育体系和人力资源开发的重要组成部分”的重大判断，指出“必须高度重视、加快发展，要努力建设中国特色职业教育体系”。

2019 年，习近平总书记在甘肃考察山丹培黎学校时强调：“发展职业教育前景广阔、大有可为。”

2019 年 3 月 29 日，为深入贯彻落实全国教育大会精神，落实《国家职业教育改革实施方案》，集中力量建设一批引领改革、支撑发展、中国特色、世界水平的高等职业学校和专业群，带动职业教育持续深化改革，强化内涵建设，实现高质量发展，教育部、财政部下发《关于实施中国特色高水平高职学校和专业建设计划的意见》（教职成〔2019〕5 号），从建设的总体要求、改革发展任务、组织实施等方面做了具体要求。

2019 年 3 月，学校成立了“双高计划”申报领导小组，办公室设在质量管理中心，并在全校范围内抽调骨干人员组成学校申报工作组、

高速铁道工程技术专业群申报工作组和城市轨道交通工程技术专业群申报工作组，负责建设方案的编制工作。经过反复修改、论证，于2019年5月5日形成了学校建设方案、高速铁道工程技术专业群建设方案、城市轨道交通工程技术专业群建设方案及三个建设方案的支撑材料。

2019年5月5日—7日，陕西省教育厅高教处组织国内职业教育专家在杨凌职业技术学院进行“双高计划”申报方案打磨会，学校申报工作组和两个专业群的申报工作组分别进行了建设方案汇报。

2019年5月15日，完成网上填报工作，并上传建设方案和支撑材料。

2019年5月21日，陕西省教育厅高教处委托陕西省职业技术教育学会，组织省内本科院校专家在西安外国语大学进行“双高计划”申报答辩，确定省上推荐顺序。

2019年5月22日，“双高计划”申报答辩后，陕西省教育厅再次开放网上报名系统，学校根据专家意见对建设方案修改完善后进行二次上传。

2019年12月10日，教育部、财政部公布了“中国特色高水平高职学校和专业建设计划”建设单位名单。经过申报、审核、评审和公示等环节，学校成功入选中国特色高水平高职学校建设单位，高速铁道工程技术、城市轨道交通工程技术两个专业群入围高水平专业群，进入全国第一梯队。学校是唯一一所入选的铁路工程类院校，唯一精准对接高铁、地铁建设的“双高计划”学校，肩负着引领全国铁路职业教育改革发展的重任和使命。这标志着学校迈入了创建“引领改革、支撑发展、中国特色、世界水平”的“双高计划”建设期。

（一）建设思路

学校明确了“双高计划”建设思路：全面贯彻落实全国教育大会

精神和《国家职业教育改革实施方案》等系列文件精神，紧抓职业教育发展的历史机遇期，把握高铁“走出去”战略的重要窗口期，以中国特色高水平高职学校建设为契机，服务国家“一带一路”倡议和高铁“走出去”战略，主动对接铁路产业发展和技术升级，以立德树人为根本，以专业群建设为核心，以师资队伍建设为关键，以技术创新为驱动，以产教融合为抓手，以体制机制改革为动力，按照“一加强、四打造、五提升”的改革发展任务要求，实施“建平台，树标杆，筑高峰”三步走战略，总体规划为“12358”，即“确立1个目标，重点建设2个专业群，打造3个示范高地，创建5种模式，树立8个标杆”。实现人才培养、产教融合、技术创新、国际合作等方面的重大突破，有力服务国家战略和铁路发展，建成“支撑高铁建设，铸就筑路先锋”的“双高计划”学校。

（二）中远期建设目标

总体规划为“12358”，具体为：以建设“支撑高铁建设，铸就筑路先锋”的中国特色高水平高职学校为总体目标；重点建设2个高水平专业群（高速铁道工程技术、城市轨道交通工程技术）；打造3个示范高地（铁路特色的复合型技术技能人才培养、对接产业技术升级的产教融合协同创新、“一带一路”沿线国家铁路技术技能人才培训）；创建5种模式（校企集团化合作办学、专业群复合型技术技能人才培养、教师教学创新团队建设、科技服务、素质教育）；树立8个新标杆（高职党建工作、学生素质教育、技能人才培养、应用技术服务、校企合作育人、学校治理水平、智慧校园建设、国际合作办学）。

经过几个周期建设，学校综合实力、人才培养质量和办学水平达到国际一流，成为铁路工程类专业职业教育标杆校。

1. 中期目标

到2023年，进入国内一流高等职业院校“领跑梯队”，基本具备国际一流院校水平。

高速铁道工程技术、城市轨道交通工程技术两个专业群实现国内一流、国际知名的目标。建成国家级教师教学创新团队、专业教学资源库等一系列国家级成果；在现代学徒制、“1+X 证书制度”试点、“学分银行”建设、分层分类培养等方面形成一批可广泛推广的典型经验案例；铁路工程类专业职业教育教学标准走向世界，形成一批教学改革和技术创新成果；建成复合型技术技能人才培养的示范高地、服务铁路产业发展和技术升级的重要基地。

（1）学校内部质量保证体系完善，诊断与改进机制常态化运行，内部管理体制改革成效显著，办学活力增强，治理能力提升，形成科学、完善的现代职业学校内部治理体系。

（2）“三进”工作扎实推进，形成可供全国推广的“三全”育人工作方案，形成现代学徒制、“学分银行”建设、“1+X 证书制度”试点、分层分类培养制度体系，复合型技术技能人才培养成效显著，学生在省级以上技能大赛上获奖 100 项，超过 80%的毕业生在中国中铁、中国铁建及各大铁路局等大型央企就业，企业用人满意度和毕业生就业满意度均超过 95%。

（3）聚焦高铁高端产业和城轨产业高端，形成高水平专业群人才培养体系，两个专业群达到国内一流、国际知名水平，形成 2 套国内可推广、国际可借鉴的专业教学标准等四类标准，主持或参与制定 2 项国家教学标准，建成 2 个国家级专业教学资源库，获得 10 项省级以上教学成果奖。

（4）建成国内一流教师发展中心，培养教学水平高、技术能力强的“双师型”教师，建成 2 个国家水平教师技艺技能传承创新平台、“双师型”教师培养培训基地，组建国家级教师教学创新团队；培育国家“万人计划”教学名师或全国优秀教师、黄炎培职业教育奖杰出教师 1 人，省级、行业教学名师 5 人，教师获全国职业院校技能大赛教学能力大赛奖 5 项以上。

（5）构建产教深度融合、校企协同发展机制，陕西铁路建筑职业教育集团实现实体化运作，共建 8 个产业学院、铁路培训学院，形成校企命运共同体。建成示范性职业教育集团，力争建成国家级产教融合实训基地、全国示范性虚拟仿真实训基地。

（6）服务铁路产业发展和技术升级，建成学校职业教育与产业发展研究院，打造轨道交通工程技术创新平台和区域经济发展综合服务平台，建立 15 个技术应用研究中心；主持或参与 24 项省级以上教科研课题；技术服务合同额超过 6000 万元，产生经济效益 6 亿元以上；开展社会培训 15 万人日。

（7）成立高铁建设应用技术人才培养国际联盟，办好中外合作办学机构——萨马拉交通学院，建成 2 个海外“鲁班工坊”，国（境）外人员培训 2 万人日，向“一带一路”沿线国家输出职业教育中国标准和优质教学资源。获评高等职业院校国际影响力 50 强院校之一。

2. 远期目标

到 2035 年，学校整体办学实力达到国际一流，建成“中国特色、世界水平”的“支撑高铁建设，铸就筑路先锋”高水平高职学校，实现与世界一流院校比肩并跑。

重点建设的两个专业群达到世界一流水平，汇聚一批职教拔尖人才、行业领军人才和活跃在国际职教舞台的优秀人才，铁路工程类专业职业教育教学标准处于国际领先水平，为世界铁路人才培养提供“中国方案”。成为中外闻名的铁路行业复合型技术技能人才培养培训中心、中国西北铁路高职留学首选地。

（三）稳步推进“双高计划”建设

1. 强化组织领导，健全作战机制

学校成立了以书记、校长为组长的学校“双高计划”建设领导小组，设立“双高办”，建立以校领导为组长的 12 个专项工作组、6 个专业群项目组。出台了“双高计划”学校建设管理办法、绩效考核评价办法、高水平专业群联席会议制度等，激发了制度改革蕴藏的深厚力量。

2. 服务产业发展，构建作战集群

学校瞄准高铁建设、城轨建设、铁路工程施工、铁路运营维护、铁路装备制造等领域，组建高铁、城轨、通信、机车、造价、机电等 6 个专业群，构建“高水平专业群引领，行业领先专业群支撑，校级重点专业群协同发展”的“五类三级”专业群建设体系。

3. 实施以群建院，优化作战机构

2020 年 4 月，学校撤销原 8 个专业系（铁道工程系、道桥工程系、轨道工程系、测绘工程系、建筑工程系、管理工程系、机电工程系、电气与信息工程系）建制，按照“以群建院”的思路将其组建为 8 个专业二级学院（图 1–3–7），继续教育部更名为继续教育学院，增设铁路培训学院、国际交通学院，形成了 4 个特色学院、8 个二级学院、2 个公共教学部的新格局。具体内容为：

4 个特色学院为继续教育学院（铁路培训学院）、国际交通学院、马克思主义学院、铁成（创新）学院；

8 个二级学院为高铁工程学院、测绘与检测学院、城轨工程学院、道桥与建筑学院、工程管理与物流学院、铁道运输学院、铁道动力学院、铁道装备制造学院；

2 个公共教学部为基础课部、体育教学部。

设立“双高办”，成立产教融合处，调整校企合作处、校友工作处归属，强化教学、科研一线干部配备。科技处增设副处职 1 人、正科职 2 人，二级学院配齐副院长、副书记，增设实践教学科。与建设前相比，二级学院增加处职 5 人、正科职 8 人。二级学院的成立是“双高计划”学校建设的重大战略布局和资源整合，必将推动专业群历史

图 1-3-7　2020 年 4 月 26 日，陕铁院实施“以群建院”，成立二级学院

第二章

铁色长存

——铁路特色文化育人体系

“每个组织都有一种文化，不管组织的力量强还是弱，文化在整个组织中都有着深刻的影响，它实际上影响着组织中的每一件事。”[1]作为主体功能和理想追求是育人的大学，文化也影响着立德树人的各个方面。想要更好地实现大学育人的各项目标，就需要挖掘文化的全维层次，探索每一层次的育人功能和育人路径，从而构筑立体多元的育人格局，增强文化育人的效果。一直以来，陕铁院始终坚持以立德树人为根本任务，努力构建具有铁路特色的物质文化环境，优化铁路工程院校管理需要的制度文化体系，打造适应铁路建设需要的师生行为文化标准，提升师生作为荣耀铁路人的精神文化层次，建设思想政治、文化素质、实践活动、创新创业、就业服务五大体系，努力培养具有工匠精神、能够成为开路先锋的新时代铁路人。

第一节　理论探索，共筑四个维度校园文化体系

从广义上来看，文化是人类所创造的一切物质文明和精神文明的总和。文化学研究表明，精神文化、物质文化、制度文化、行为文化共同构成了文化建设的四个维度和有机体系。在这个系统中，精神文

---

［1］ 周三多，陈传明，鲁明泓．管理学原理与方法［M］．上海：复旦大学出版社，1999：359.

化处于核心地位，物质文化、制度文化和行为文化发轫于精神文化需要，在文化系统中发挥各自的作用，共同构成了一个互相支撑的有机体系。高等职业院校大学校园文化建设也遵循这样的体系要求。具体来讲，其既包括校园建筑设计、校园景观、绿化美化这些物质文化的内容，也包括学校传统、校风、学风等精神文化内容，还包括人际关系、集体舆论、心理氛围等组合形成的校园行为文化，以及学校的各种规章制度和学校成员在共同活动交往中形成的非明文规范等行为准则。这四个方面的文化共同构成了学校所具有的特定精神环境和文化气氛，反映了学校特定的历史传统、精神风貌、目标追求、价值观念、道德情感和行为规范，这对陶冶学生的情操、启迪学生的心智、促进学生的全面发展具有非常重要的意义。

一、精神文化注重潜移默化

精神文化是大学在长期的发展过程中所形成的价值和规范体系，以及体现这种价值和规范体系的独特气质。它包括学校的历史文化传统、人文精神、共同的价值理念、办学风格与特色等，体现在治学、育人等方面。人生观、价值观是校园精神文化的主导方向。精神文化建设作为大学校园文化建设的核心组成部分，是一种隐性文化，是高校的内生品牌文化，它能够潜移默化地影响在校大学生的思想品德和行为习惯，帮助在校大学生树立正确的价值观念，约束并引导在校大学生的言行规范。优良的精神文化也可以彰显校园特色和办学风格，体现大学的办学理念和价值观念，通过积极向上的精神文化影响和熏陶感染，建立起校园行为准则和价值取向，从思想层面影响在校学生的理想和信念，建成优良的学风和校风。高等职业院校的精神文化建设主要包括：

一是要围绕立德树人、为党育人理念，充分发挥思政课强基固本的“主渠道”作用。确立精准的实施思路，扎实推进党的创新理论“三进入”，打造一批“思政精品课程”和线上线下混合式思政“金课”，努力宣传党的创新理论成果，推动习近平新时代中国特色社会主义思想深入人心，使全体师生在理想信念、价值判断、道德观念上紧紧团结在一起。在知识传授中适当联系当前的要闻热点、科技发展、国家和行业的发展需求，紧扣学生思想实际，激励鞭策学生掌握过硬本领，勇担铁路建设重任。

二是要培育和践行社会主义核心价值观。发挥社会主义核心价值观的引领作用，把社会主义核心价值观融入师生日常学习、生活的时时处处。学校党委和行政领导特别是一把手要当好核心价值观教育落实的首要责任人，深入学校教学工作一线开展调研、掌握情况、总结经验、发现问题、提出改进措施；学校所有职能部门和全体教职员工要在思想上树立“教书育人、管理育人、服务育人”的全方位育人观念，在实践中真正发挥积极性、主动性与创造性，推动社会主义核心价值观教育走向深处，努力形成教育合力；对学生要强化教育引导、实践养成、制度约束，把社会主义核心价值观融入人才培养的全过程，最终转化为学生的情感认同和行为习惯。培育社会主义核心价值观，总体上需要让全体师生共同认可国家层面的价值目标、社会层面的价值取向、个人层面的价值准则，进而形成正确的政治认同、国家意识、文化自信和公民人格。

三是要加强红色文化建设。广泛开展党史、国史、改革开放史、社会主义发展史的教育，加强理想信念教育，用党在长期奋斗过程中形成的精神力量教育全体师生员工；要弘扬民族精神和时代精神，加强爱国主义、集体主义、社会主义教育，引导学生树立正确的历史观、民族观、国家观、文化观，培养能够担当民族复兴大任的时代新人。

四是要努力加强传统文化建设。传统文化具有非常重要的育人功能。新一届的党和国家领导人非常重视传统文化的力量，提出了马克思主义中国化和时代化必须把马克思主义与中国传统文化相结合。学校的精神文化建设，就必须深挖中华优秀传统文化和地方优秀传统文化中蕴涵的思想观念、人文精神、道德规范、工匠精神，并结合时代要求继承创新，让中华优秀传统文化和地方优秀传统文化展现出永久魅力和时代风采。通过传统文化融入公民道德的教育与培养，引导学生理解和遵守社会公德、职业道德、家庭美德，努力提升个人品德，激励学生保持中华优良传统，成为具有传统人文精神又能实践社会主义核心价值观的合格人才。

五是要强调树立职业精神。首先根据课程思政的要求，面向授课对象，充分挖掘各类专业课程内容体系中的思政元素，在专业教育和实践实训中将政治引领、价值塑造、知识传授、能力培养融为一体；其次要开展“大师名匠引领、思政学工协同、师傅校友示范、青春榜样带动”等活动，将企业文化融入校园文化，形成以校风校训和学校精神为内核的精神谱系，打造育心铸魂的精神磁场，培养学生形成良好的职业规范、职业情感、质量意识、安全意识、吃苦意识、奉献精神等职业理念，使学生成为“下得去、留得住、用得上、干得好”的高素质技术技能型人才。

二、物质文化彰显高等职业教育特质

物质文化是校园硬件环境的配备与展示，包括园区环境的装点与室内环境的营造等方面，是校园环境建设的重要组成部分，是当代学校教育的必然产物。建设良好的校园物质文化，营造美好校园环境，不仅能够丰富师生的课余文化生活，提高学生的文化素养，还能帮助师生增长知识、锻炼才干并拓展学生现在和未来的生活空间，使学生在奋发向上的氛围中锻炼独立性和创造性。校园物质文化在培养人才的过程中呈现出的教育功能、示范功能、凝聚功能、创造功能、熏陶功能等，为广大师生形成良好的心理品格和正确的价值观念奠定了坚实的基础，是现代教育培养人才的有效途径之一。

校园物质文化是学校的“形文化”。高品位、有特色的校园文化能够提升学校的品位与声誉，对全校师生产生有形的影响，推动学生综合素质与能力的提高，对学生产生精神激励和价值导向。不同学校的校园物质文化应该是有区别、有不同特色的。高等职业院校构建特色校园物质文化，就是要为高职大学生营造一个崇尚科学、追求真理、塑造人格、提升道德修养的良好校园物质环境。不仅要建设良好的生态环境，还要建设具有行业性、区域性和职业性特色的人文生态环境；不仅要改善教室、实训室等教学场的现代化、信息化装备，建设与学生就业环境高度一致的公共实训基地，引进行业先进设备，展示科技之美，还要建设更为优美的校园人文环境，建设功能与美感融为一体的校园公共空间，形成凸显学校文化特色的经典元素和标志性符号等。具体来讲，高等职业院校的物质文化建设主要包括以下几个方面：

一是校园设施环境建设。是指行政、教学、生活用房等建筑设施和场所、道路、绿化及公共设施的设计与建造。各具特色的建筑和场所，能使人心旷神怡、赏心悦目，有助于陶冶师生员工的心灵和情操。完善的校园设施既是师生员工开展教育活动的重要保障，也能使师生员工教有其所、学有其所、乐有其所，在求知、求美、求乐中受到潜移默化的启迪和教育。高等职业院校校园环境建设可以通过校园文化广场、道路、实验实训等校园物化环境，充分展现学校的历史沿革、发展历程、育人成果和专业文化等，展示校企合作的丰硕成果，体现行业企业文化特质，实现校企文化深度融合，激励青年学子树立工业和行业强国的使命担当意识和社会责任感。还可以通过建设大学生活动中心、青春剧场、体育场馆等文化活动设施，发挥设施育人功能，提升学校的文化育人水平。

二是教学实训场所建设。高等职业院校培养的主要是技术技能型人才，教学强调知识理论与实践技能的统一，突出训练学生的实际操作技能。因此，教学实训场所建设成为高等职业院校有别于普通高等学校的重要特征。校内实训基地建设状态往往体现出一所高等职业院校的办学实力和水平。高等职业院校物质文化建设要实现其育人功能，就必须特别注重实训场所建设。在实训中加入创新意识的元素，使这些实训场所成为校园文化发展的催化剂，成为高等职业院校标志性的文化符号。

三是人文景观景点建设。首先要加强高等职业院校特有的警句名言展示，让这些警句名言在校园、在教室、在宿舍都成为德育资源，使学生的社会公德、职业道德、家庭美德、个人品德等在校园文化的陶冶中，得到提高和升华。其次要适当建造一些标志性的雕塑或有纪念意义的物件，以营造良好的校园文化氛围。在内容上，可着重从学校所在地优秀文化名人、当地名胜古迹中寻找素材，建设符合学校特色和适合行业发展需要的工业文化园、大学生创业园等主题文化空间，实现学校文化、地方传统文化和行业或区域文化的有机融合。最后还要建设、完善校史陈列馆，从学校优秀历史人物中选取名人资源、重要物件，在历史传承中发掘出可供进行道德教育和工匠精神教育的文化资源，使校园雕塑做到美育与德育统一，使静态的场馆成为教育学生、培育人才的文化源。

四是文艺体育设施建设。高等职业院校的文艺体育设施和器材设备是保证学校文艺活动和体育教学、活动、课余训练正常进行的物质条件，是保障学生文艺生活和锻炼身体的具体设施，是学校基本教学条件建设的有机组成部分，也是进行文化熏陶和育人的重要场所。高等职业院校应该高起点、高标准、高要求建设，发展室外体育运动场地和室内文艺体育场馆，让文艺活动和体育活动成为校园文化最具活力和最富创意的元素，成为校园文化发展和校园文化育人的催化剂。

五是校园传媒建设。在网络信息时代，校园传媒是校园舆论宣传的工具，是开展校园思想政治工作的有效载体，是校园文化的神经和兴奋剂，在增强学生的思想政治素质、道德素质，强化爱国主义情感，塑造健全人格，树立职业意识、职业道德等方面，具有十分重要的导向作用，在高等职业院校学生思想教育和校园文化建设中发挥着不可替代的作用。校园传媒主要包括校园网、自媒体平台、校报、广播、有线电视、学生自办刊物、宣传橱窗、班级墙报等，是信息化时代学生接触最多、最愿意接受的教育手段之一。建设高质量的校园传媒，能够通过唱响主旋律、高扬正能量、不断壮大主流思想舆论的积极影响，抓住学生的兴奋点，使学生在潜移默化中受到熏陶和感染。

三、制度文化促进凝心聚力

校园制度是师生员工共同遵守的办事规程和行为准则。每一所学校的校园制度的历史发展过程，都是在长期的办学实践中不断形成、不断完善的过程。制度文化随着长期的制度建设就形成了。校园制度文化的建设在整个校园文化体系的构建中具有重要的地位，它是校园物质文化、精神文化和行为文化建设的重要保证。良好的制度文化是学校凝聚力形成的重要前提，是学校长久发展的根本要求。校园制度文化建设还是院校人文环境建设的重要组成部分，对于规范学校管理、形成良好的人文环境、提高办学水平和育人效果意义重大。制度文化建设的目标是各级职能部门通过制定切实可行的制度，对师生员工的思想、行为进行规范和约束，进而促进学校发展各项事业和完成立德树人的根本任务。

学校制度文化包括管理制度体系、决策文化、执行文化三个方面。校园制度文化构建元素主要包括在学校管理、育人、用人、激励、评价等方面建立的制度体系。这些制度涉及学校管理的宏观、中观和微观层面，包括人事组织、教学科研、团学工作、后勤管理等方方面面，它们共同规范和促进学校的良性运行。

高等职业院校校园制度文化是校园文化的生命力所在，是校园文化程度高低的重要标志。它既反映学校领导的文化素质，也反映学校科学管理水平；既能保证教学秩序正常运行，又能以其独特的风格和文化内涵影响全体师生的观念和行为。高等职业院校制度文化建设主要包括：

一是要建立完善的制度体系，确保学校各项工作有制可循。高等职业院校制度体系的建设要以学校师生为根本出发点，体现出以人为本，凝聚人心理念。以现代大学制度和学校总章程为指导，完善学校治理结构，加强内部控制体系建设，贯彻党委领导下的校长负责制，发挥学校教职工代表大会的作用，培养师生的规则意识和契约精神，为学校改革发展及卓越技术技能人才培养保驾护航。制度体系建设要针对本校所依靠的行业特色和特点制定相应的具体工作管理制度，如制定具有行业特色的学校党务管理制度、教学管理制度、学生管理制度、科研管理制度、人事管理制度等，并将相应行业文化中的质量观念、团队精神、竞争意识、服从意识、环保理念、创新理念等融入工作流程中，按照建设有行业特色的文化体系的要求，形成较为完备的制度体系，确保教学、科研、管理、服务等各项工作围绕着人才培养目标有章可循、有据可依地进行。

二是要形成科学规范的机制，充分发挥制度的规范作用和保障功能。第一，领导高度重视，充分发挥示范作用，以身作则，带头学习制度，严格执行制度，自觉维护制度，全力推进制度的贯彻落实。第二，不断加强制度创新，畅通监督制度执行的渠道，形成用制度管权、按制度办事、靠制度管人的长效机制。第三，加强日常监督，确保制度执行到位，坚持制度面前人人平等，加强对制度执行情况的日常监督检查，完善制度执行监督机制，及时发现和纠正违反制度的行为，确保各项制度执行到位。第四，严格追究责任，维护制度的严肃性。加强对制度执行的定期检查，把制度执行纳入各部门检查考核和干部述职的重要内容，着力强化制度的约束力和公信力，坚决维护制度的权威性和严肃性。当然，规章制度在执行过程中还要注意策略灵活性。在执行具体制度时，既要注意对照有关制度办事，不能随意解释制度甚至随意更改有关制度，又要联系具体的情况，从实际出发，注意策略灵活性。

三是充分发挥制度文化的认识导向、情感陶冶、行为规范等育人功能。建设以人为本、以生为本的制度文化，促进凝心聚力、风清气正、奋发有为的校风、教风和学风建设。高等职业院校校园规章制度制定后，还需要加强对校园规章制度意义的宣传，向师生说明制度产生的背景、要解决的问题、贯彻执行的路径、对学校未来发展产生的影响等，使师生正确理解各项规章制度的内容，认同制度的重要作用，从而使带有强制性的要求变为师生的自觉行动，提升制度的陶冶育人功能。充分发挥学生社团、学生会、班团干部在校园制度文化建设中的作用，将管理权下放到学生干部手中，形成从上到下呈金字塔形的管理机构，保证制度能够成为每个学生的行为规范。

大学制度文化建设应以管理控制论为理念基础，构建由“确定标准+评价业绩+纠正偏差”组成的信息反馈回路，以效率和效果为目标，既做好规则设计，完善制度内容，又保障规则的透明性，使规范师生的行为准则成为大家自觉坚持的习惯，达到“润物细无声”的效果。

四、行为文化强化职业素养

学校的教育、教学、管理工作都是要通过师生员工一定的行为和有组织的活动来进行的。学校的行为文化就是指学校师生员工在学校教学、管理、科研、学习、生活及文体活动中表现出的精神状态、行为操守和文化品位，它是校风、教风、学风的核心，也是学校精神、价值观和办学理念的动态体现。

学校行为文化主要包括师生员工在交往中言谈举止的展现，师生员工的礼仪礼貌，师生员工在教与学的过程中表现出来的专业行为、专业活动的过程和态度，教师的教态（仪表风度、举止行为等），学校人际交往的礼仪（如称谓礼仪、问候礼仪、仪态礼仪〈站立行言〉、仪表礼仪〈着装、装扮、饰品〉、交往礼仪〈待客、送客、做客〉)，学校的仪式（如开学典礼、毕业典礼、入队仪式、入团仪式、升旗仪式、降旗仪式、颁奖仪式、上课仪式、下课仪式、运动会入场仪式)，等等。

行为文化是学校文化的晴雨表和学校的“活文化”，是学校师生员工在学校进行各种活动或行动时的动态反应，主要在教风、学风和工作作风上表现出来，在学校的文化体系中有不可取代的地位和作用。它是对学校精神文化的诠释，也能对学校制度文化进行检验，还可以丰富学校物质文化的内涵。学校的行为文化对凝聚学校师生人心、鼓舞士气、培养集体意识、规范个人行为、促使师生行为趋同、促进良好校风的形成，都有着不可估量的作用。

学校行为文化是依靠全体师生员工的参与和坚持来传承发扬的。可以说，学校行为文化是学校办学理念融入师生员工血液里进而外化的过程，是学校育人活动中最直接、最广泛也是最深刻的部分。高等职业院校的行为文化建设内容包括：

一是要从培养高素质技术技能人才出发，以“工匠精神”为牵引，带动校园行为文化体现出规范、细致、整洁等特定的行为模式。著名学者季羡林先生说过：一个大学，人才不是在课堂里教出来的，而是在大师所创造的氛围中熏陶出来的。高等职业院校行为文化的养成，需要通过成立大师工作室，邀请模范人物、行业知名人士到校开设讲座，在最显眼的地方大力宣传知名校友和大国工匠的事迹等活动，指导师生员工树立正确的人生观、职业观、学习观、教学观、育人观，形成符合行业需求的良好职业道德和行为规范。

二是要使全体教职员工努力建设基于职业素养的行为文化。行为文化是通过师生员工的行为方式折射出的学校形象，是大学精神文化的具体体现。高等职业院校要让每一名师生都展现礼仪之邦、行业精英的风范，促进师生员工在生活、学习、工作之中展现学校的文化品位。学校领导在言行举止方面做好全校师生的表率，运用民主的、灵活开放的、尊重人的行为方式，保证在工作风格和领导方式上对学校产生较大的正面影响。教师要注重师德培养，树立为人师表的楷模意识，注重言传身教，积极到单位顶岗实习，能给课堂带来先进的企业技术知识，充实、丰富校内行业行为文化，打造能够贴近行业需要的高素质职业人才；学生能够规范参加各项教学活动和课外活动，遵守学校规则和行业规则，成为讲规矩、守纪律、爱学习、勤动手的合格高职大学生。

三是要积极宣传榜样，塑造良好的学校行为。每一所高等职业院校在发展的进程中，都会涌现出为国家做出重要贡献的模范人物和优秀校友，他们是受到全校师生尊敬的行业精英。这些模范人物身上体现出来的优秀品质和行为追求等都是学校行为文化的外在体现，可以确立为全校师生的行为标准。积极寻找和宣传这些行业精英和校友榜样，邀请他们到校现身说法，谈心交心，师生就会追寻榜样力量，按照榜样的行为标准要求自己。此外，大学生身边的榜样是最为鲜活的榜样资源。学校风气的建设还要积极寻找大学生中的先进典型，打造学生榜样，多宣传、奖励，用身边的典型行为激励学生形成良好的行为习惯。以榜样为力量鼓励广大师生共同营造良好的学校风气，建设团结、高效的师资团队、师生团队和学生团队，建立亲密祥和的团队关系，加强有效沟通和技能训练，才能使整个学校团队建设始终保持优秀，保证师生在良好的校园风气中规范自身行为，共创学校辉煌。

总之，学校文化由内核的精神文化、中圆的制度文化、外圆的行为文化和物质文化组成。精神文化、制度文化、行为文化、物质文化不是割裂的，而是相互依存、相互作用的，它们共同构成了学校文化的主体。高等职业院校的校园文化体系要具有自身的特色，需要把握学校的特点，更新理念，持续建设，如此才能够使校园文化发挥应有的育人作用，提升学校的整体品质。

第二节　文化精魂，提炼形成铁路特色文化理念

一、锚定社会主义文化，培养担当民族复兴大任的铁路时代新人

（一）以铁路文化为底色

铁路文化是以铁路设施为载体的物质文化和具有铁路生产特色的精神文化的总和。陕铁院因铁路而建，倚铁路而长，坚持依托铁路行业办学，突出了铁路文化育人特色，这是学校的底色，也是学校特色办学的战略方策。近年来，学校围绕培养铁路工程建设人才的目标，着力传承铁路精神、融通校企文化、培育筑路先锋，将校园文化与铁路文化融通，充分发挥校园文化的引领作用，成功打造出具有鲜明铁路特色的校园文化品牌。为加强铁路文化教育，学校专门成立了铁路文化研究中心，深挖铁路文化的生成逻辑、深刻内涵、时代价值、创造性转化和创新性发展路径等，定期在全校师生中举办讲座，实现了理念认同育人、教学渗透育人、实践体悟育人、校园环境育人。

另外，经过多年的探索，陕铁院实现了“馆、场、廊、路、训、课、会、评”铁路文化育人平台八翼齐飞。一是三大文化展馆特色凸显——窦铁成事迹展览馆、中国铁路发展史馆、校史馆彰显铁路文化育人特色。二是文化育人广场互动共享——铁成文化广场、巴山精神文化广场、火车头文化广场等素质教育平台，与学生素质培养相互依托、互动共享。三是企业校友长廊有机融合——企业文化长廊、校友风采长廊与铁路文化育人理念有机融合。四是铁路特色道路文化滋养——铁成路、陇海路、武广路等铁路特色道路滋养学生铁路情怀。五是实习实训基地

职场对接——利用校内外实习实训基地、现场教学、顶岗实习、工学交替，实现养成教育与职场无缝对接。六是就业指导课程助力配合——大学生职业发展与就业指导课程教学、就业大讲堂、“互联网+网络职场直播课”等就业指导课程体系与铁路文化育人理念巧妙配合，助力学生圆梦职场。七是职场报告会议催生理想——企业人力资源经理与学生谈如何走出校园第一步，企业专家做大学生职业发展报告会，企业专家与大学生面对面谈职业发展，优秀校友报告会等职业发展会议催生大学生职业理想。八是评价保障体系示范引领——形成麦可思社会需求与培养质量年度评价、用人单位评价、家长评价、毕业生自评、毕业生跟踪调查等评价保障体系，引领毕业生就业质量和学校知名度稳步提升。铁路文化在大学生中生根发芽，带动人才培养质量的不断提升。

（二）以传统文化为根和育人基因

中华优秀传统文化是中华文明演化而汇集成的一种反映民族特质和精神风貌的文化，是中华民族历史上各种思想文化、观念形态的总体表现。弘扬中华优秀传统文化，能够使广大师生拥有共同的理想信念和价值理念，坚定文化自信，形成文化自觉，以传承文化、创新文化为使命，在世界高等职业教育舞台上发出中国高等职业院校的最强音。用中华优秀传统文化铸魂育人，将其蕴含的思想精髓、人文精神和道德规范有机融入高等职业院校教育教学与实验实训，使学生的身心在潜移默化中得到发展。

陕西历史源远流长，地域文化闻名遐迩，是中华民族和中华文明的重要发祥地之一，是我国历史上多个朝代的政治、经济、文化中心，是中华民族历史文明最早走向世界的地方，为中华儿女的生存、繁衍和人类历史文明的演进做出了独特的贡献。陕铁院立足陕西，以中华优秀传统文化为根和魂，礼敬中华优秀传统文化，以中华优秀传统文化植根塑魂。为加强中华优秀传统文化教育，学校专门成立了传统文化研究中心，深挖传统文化的精髓，每学期在全校师生中举办系列讲座，并组织精干力量编写了《三秦文化学习读本》。另外，学校自2013年以来坚持开展“三下乡”大学生社会实践活动，该活动形式多样，如走访民间剪纸和老腔艺人，走进非遗博物馆，等等。2013年学校成立威风锣鼓队。2014年学校“一剪云”剪纸社团成立。2017年7月，学校剪纸协会创办人周义福带领剪纸创业团队，研发了以“社会主义核心价值观”为主题的作品，取得国家外观设计专利（专利号ZL201630488752.7）。学校太极协会于2015年、2016年连续两年获得陕西省大学生武术套路比赛团体一等奖，2017年获得陕西省大学生武术锦标赛团体二等奖，2018年获得首届西安市汉唐武魂精英赛团体一等奖。2015年测量专业的学生王升在“金蛙奖·未来之星”全国青少年艺术盛典陕西赛总决赛中获得第一名。2017年3月，学校邀请渭南皮影戏艺术团体来校举办皮影艺术展演活动。2017年4月，学校邀请渭南市传统相声表演团体渭曲社的各位相声表演艺术家，来校参加传统文化进校园系列活动。2017年，学校申报的“传承华阴老腔技艺 曲艺艺术点亮工匠魂——陕铁院‘曲艺艺术’扎根铁院纪实”校园文化建设成果荣获教育部第四届礼敬中华优秀传统文化特色展示项目，学校是全国唯一一所获得该奖项的高等职业院校。2018年，学校申报的“传承剪纸文化育人 涵养民族精神铸魂——陕铁院‘剪纸文化进校园’活动纪实”校园文化建设成果荣获陕西省高校校园文化建设优秀成果一等奖。

（三）以红色革命文化为精神动力

红色革命文化是中国共产党带领人民群众在革命时期所形成的宝贵文化，集中体现了中国共产党人的理想信念和崇高追求。高等职业院校要实现高质量发展，就必须坚持强基固本，以红色革命文化筑牢理想信念之基，把理想信念教育作为贯穿教育教学的主线。高等职业院校要创新思想政治理论课的教学方式，丰富“课程思政”“思政课程”的思想政治教育元素，把握重大历史事件纪念活动的契机，用红色革命文化的精髓滋养学生。要为学生定制丰富的“红色文化大餐”，让学生从中品尝“信仰的味道”，从而激发学生的爱国热情和报国之志，号召他们在建设祖国的伟大事业中放飞青春理想。

陕西红色革命文化资源丰富，据陕西党史部门革命遗址普查工作统计显示，陕西省 11 个市（区），107 个县、市（区）党史部门共普查遗址 2155 个（革命遗址 2051 个、其他遗址 104 个），其中已确定为国家级爱国主义教育基地 19 个、省级爱国主义教育基地 30 个、市级爱国主义教育基地 49 个、县级爱国主义教育基地 128 个。这些红色文化资源是学校对学生开展爱国主义教育、强化理想信念的绝好素材。

近年来，陕铁院深挖红色文化教育资源。一是围绕环境布置挖掘教育资源。在教室与宿舍的美化布置、主题班会的策划与开展、二课活动的策划与组织等方面都努力营造出红色教育的主题环境。二是围绕校内红色教育场馆挖掘教育资源。利用学校红色文化长廊、窦铁成事迹展览馆、中国铁路发展史馆等红色教育场馆，开展各类主题教育活动。三是围绕省内爱国主义教育基地挖掘教育资源。利用习仲勋陵园、习仲勋纪念馆、渭华起义纪念馆等红色教育基地开展现场教学活动。四是在系（部）微信公众号上开辟红色教育专栏，定期发布习近平总书记讲话、党章党规、先进人物优秀事迹等教育资源。为加强红色文化教育研究，陕铁院成立了红色文化研究中心，深挖红色文化的深刻内涵和当代价值，每学期面向全校学生举办讲座，充分利用网络交流平台推出系列宣传文案，线上线下开展学生爱国主义教育和理想信念教育，激励学生走好新时代的长征路。除此之外，学校红色文化长廊完成了百部爱国主义影片，百首经典红歌的片头、歌词、视频、音频的收集和制作工作，在两个校区展示。学生们每次在校内实践基地上课，就置身于红色文化当中，以便全方位对学生进行教育。各二级院（部）从红色教育制度和资源建设入手，充分发挥道德教化和文化引领作用，出台了一批红色教育制度，建设了一批红色教育资源，让学生在浓郁的红色文化氛围中长见识、受教育，使红色教育制度化、规范化、长期化。

二、挖掘行业特色文化，形成具有鲜明铁路特色的精神家园

（一）办学定位

所谓定位就是确定自己的位置，找准自己的方向。办学定位就是为学校确定位置和方向，它主要回答“办成一所什么样的学校”的问题。具体来说，办学定位是指基于对学校办学条件和现状等因素的分析，结合社会发展的需要，确定学校的发展方向。办学定位就是定地位、定方位、定品位：定地位主要是明确学校在国家社会教育系统中的位置，定方位主要是明确学校的发展目标和培养目标，定品位主要是明确学校的办学特色。办学定位对学校的发展具有统领、引导的作用，可以从学校服务方向定位、学校发展目标定位、学校培养目标定位、学校办学规模定位、学校办学特色定位等五个维度进行分析。当然，在发展过程中，办学定位随着学校发展的阶段性特征、经济社会发展状况等因素，会有一定程度的调整。在这五个主要的维度中，学校服务方向定位主要指对学校服务的区域或行业的定位；学校发展目标定位主要指学校要办成什么样的学校，如哪些方面知名，哪些做法可以作为示范；学校培养目标定位主要指培养什么样的人；学校办学规模定位主要指学校办多大规模；学校办学特色定位主要指在人才培养过程中形成什么样的明确特色。这五个维度之间不是割裂的关系，它们相互影响，对某一具体定位的探讨离不开对其他定位的分析。因此，对学校办学定位问题，应该站在全局的高度，用全面的、联系的、发展的眼光去审视。

在办学历程中，陕铁院根据高等职业教育的特点、目标、任务和要求，结合行业发展和经济社会发展的需要，在广泛深入研讨和反复论证的基础上，进一步明晰了办学定位，在不同发展时期予以办学定

位新的时代内涵。（表 2–2–1 至表 2–2–3）

表 2–2–1　陕铁院“十二五”时期的办学定位

办学功能定位	高职学历教育与培训
奋斗目标定位	行业一流，国家示范
办学层次定位	大专层次
培养人才定位	“下得去、留得住、用得上、干得好”的生产一线需要的高素质技能型人才
专业定位	依托铁路行业、围绕工程办专业，坚持突出铁路工程特色。做强铁路工程类专业，做精地下工程与隧道类专业，做优道路桥梁工程类和工程测量专业，做大建筑工程类和工程管理类专业，发展机电类专业。增开水利水电、港口码头、机场航道建设及矿产资源开发等新专业（专业方向），顺应行业发展及新兴产业和区域产业升级的需要，增强学院的可持续发展能力
规模定位	全日制在校生 10000 人；各级各类学生 12000 人
服务定位	立足陕西，面向全国，服务铁路建设行业及地方经济发展

表 2–2–2　陕铁院“十三五”时期的办学定位

办学功能定位	学历教育与继续教育、职业培训、技术服务并举
奋斗目标定位	建成“省内示范、行业领先、国内一流、国际知名”的优质高等职业学院
办学层次定位	以专科层次职业教育为主，探索本科层次高等职业教育
人才规格定位	培养铁路、公路、城轨、房建等基础设施建设和管理一线需要的“下得去、留得住、用得上、干得好”的技术技能人才
专业建设格局	“一体”（交通土建类专业）、“两翼”（铁路运输类专业、装备制造类专业）、“一延伸”（服务区域经济类专业）
学生规模定位	全日制在校生达到 14000 人
服务面向定位	立足陕西，服务地方社会经济，面向全国，服务轨道交通、基础设施建设行业及铁路“走出去”战略
办学特色定位	立足铁路行业，开办专业紧跟铁路发展、校企合作依托铁路企业、实践教学强化铁路技能、校园文化融合铁路文化、毕业学生奉献铁路事业的高等职业院校

表 2-2- 3　陕铁院“十四五”时期的办学定位

办学层次定位	以高等职业教育为主，同时开办本科层次的职业教育
办学功能定位	学历教育与职业培训、技术服务并重
学生规模定位	全日制在校生 18000 人左右
人才规格定位	培养具有劳模精神、劳动精神、工匠精神，服务“三铁”（高铁、普铁、地铁）基础设施建设和管理一线的“下得去、留得住、用得上、干得好”的高素质技术技能人才
专业格局定位	“一体两翼”（以交通土建类专业为主体，以铁路运输类专业、铁道装备制造类专业为两翼）、“六群协同”（打造高铁、城轨等六大专业群，形成“六群协同”专业矩阵）
服务面向定位	根植铁路，立足陕西，面向全国，走向世界，服务“一带一路”倡议、高铁“走出去”，服务轨道交通、基础设施建设行业，服务地方经济社会发展
办学特色定位	立足铁路行业，开办专业紧跟铁路发展、校企合作依托铁路企业、实践教学强化铁路技能、校园文化融合铁路文化、毕业学生奉献铁路事业的高等职业院校

（二）办学理念

办学理念是人们在对学校发展进行理性认识的基础上形成的具有普遍意义的理想、信念和价值观念，是对办学实践的客观反映，以办学实践作为存在的前提，并在一定条件下对办学实践起指导作用。办学理念如手电筒，提供了认识学校发展的视角与分析框架；办学理念是灯塔，确立了学校发展的方向与目标，并具体指引着人们的行为。陕铁院在长期的发展过程中形成了“以学生为本，教学做合一”的办学理念。这一办学理念出自陶行知先生的“教学做合一”思想，这一思想的提出旨在采取一种更有效的办法教育学生，使其成长成才。在陶行知看来，“教”“学”“做”三者结合成一个整体，环环相扣，缺一不可。陶行知先生认为，“事怎么做就怎么学，怎么学就怎么教；教的法子要根据学的法子，学的法子要根据做的法子”。也就是说，教师的教不是纯粹地给学生灌输知识，而是要充分考虑学生的学习能力和接受程度，适当改变教的内容和方法；当学生真正开始做的时候，教师又要考虑学生到底从他的做中学到什么知识，并且教师自己的做和教要一致，学生会根据教师的做来学，教师要根据自己的做来教。“教学做合一”的思想具有整体性和灵活性，又内在地包含了“以学生为本”的理念。

陕铁院在办学的过程中，始终坚持“以学生为本，教学做合一”的办学理念，把实现学生自由而全面的发展作为中心工作常抓不懈，实现了礼以立人、文以化人、行以成人。其中，礼以立人通过“理实一体+创新体验”的礼仪必修课程、“艺术涵养+工匠精神”的修身选修课程、“校企联动+师生互动”的线上教学资源予以实现；文以化人通过环境熏染润无声、礼仪社团广辐射、教师示范做榜样、立体宣传传能量予以实现；行以成人通过活动育人平台、技能竞赛平台、修身实践平台等三大实践平台予以实现。同时，学校不断探索，着力构建“四融入、三推进”创新创业教育体系，即把创新创业教育融入办学理念、专业培养、第二课堂和技术服务，实施“意识—知识—能力”三个层次的推进，为学生能力的培养和素质的提升提供有利条件。经过多年研究实践，学校人才培养质量明显提升，毕业生一次性就业率连年保持在97%以上，其中90%左右的毕业生就职于国有大中型企业，社会和企业对学校毕业生的认可度、满意度逐年提升。2014年，陕西省高校第三巡视诊断组对学校进行了全面诊断，巡视诊断组认为，陕铁院“办学理念先进，发展思路清晰；依托铁路行业办学，主体专业特色鲜明；探索校企合作体制机制，积极推进产教融合；人才培养模式改革不断深入，内涵建设效果明显；加强基础设施建设，办学条件明显改善”。学校的办学理念、人才培养模式、人才培养质量等都得到了巡视诊断组的高度认可。

（三）办学目标

办学目标是一所学校的奋斗目标和努力方向，是学校所有教育思想的方向标，回答的是“办什么样的学校”的问题。陕铁院先后经历了教育部高职高专院校人才培养工作水平评估（学校获得优秀）、省级示范性高等职业院校、国家骨干高职院校、教育部高等职业教育创新发展行动计划等重大项目建设，现已成为国家优质高等职业院校、中国特色高水平高职学校立项建设单位。

职业教育服务于国家发展战略。在陕铁院的历史发展进程中，学校领导班子深入研究国家战略，紧密结合铁路行业发展趋势和经济社会发展状况，进一步明确了办学目标。在学校办学思想指导下，在明确学校办学定位的基础上，2016 年 3 月 31 日，学校出台了《2016—2020 年教育事业发展规划》（又称“十三五”规划）。学校“十三五”规划的发展目标是：到 2020 年，学校的核心发展力、综合竞争力、改革创新力、社会影响力显著增强，铁路办学特色更加鲜明，若干专业在国内达到一流水平、在国际上有影响力，学校成为铁路、城轨、公路、房建行业技术技能人才培养的重要基地、行业科技创新的重要源头、区域经济社会发展的重要支撑，争创省级“一流学院、一流专业”，跻身“全国优质高职院校”行列，综合办学实力位居全国骨干高职院校第一方阵，全面建成“省内示范、行业领先、国内一流、国际知名”的有特色、高水平、国际化的优质高职院校。学校领导班子栉风沐雨、兢兢业业，带领全校教职员工顺利实现了“十三五”规划既定目标。

在“十四五”规划制订中，学校结合国家新时代发展部署，深入研究《新时代交通强国铁路先行规划纲要》，适时调整办学定位，确定了把学校办成“省内标杆、行业引领、国内一流、国际知名”的高水平高职学校的战略目标。在此期间，学校要建成 2 个高水平专业群（高速铁道工程技术、城市轨道交通工程技术）、打造 3 个示范高地（铁路特色的高素质技术技能人才培养高地、对接产业技术升级的产教融合协同创新高地、“一带一路”沿线国家铁路技术技能人才培训高地）、创建7个校园（平安校园、文明校园、技能校园、智慧校园、健康校园、绿色校园、幸福校园）、树立8个新标杆（高职党建工作、学生素质教育、技能人才培养、应用技术服务、产教融合发展、学校治理水平、校园文化建设、国际合作办学）。到2025年，学校要顺利进入第二轮“双高计划”建设学校，本科层次职业教育试点纵深推进，办学条件显著提升，总体达到教育现代化指标体系要求，基本具备国际一流院校水平，全面建成“省内标杆、行业引领、国内一流、国际知名”的高水平现代化高等职业学校。到2035年，学校要全面实现教育现代化，全面建成引领改革、支撑发展、中国特色、世界水平的高等职业学校，跻身世界一流高等职业院校行列，引领中国职业教育的发展，成为世界铁路职业教育的新标杆。

三、凝练校园历史文化，打造具有铁路特色的学校精神

（一）校训

校训是高校为彰显其办学特色、实现其办学目的而制定的具有独特文化内涵，对高校内全体师生员工具有指引、激励、警示等作用，能够引领国家、民族和社会进步的语句，体现了高校全体师生员工共同的价值追求。对于高校来说，校训是其精神之所在，拥有思想政治教育功能、教育激励功能、向心凝聚功能、规范约束功能和品牌宣传功能。无论是对学校自身的发展，还是对高素质人才的培养，校训在学校发展中都具有举足轻重的作用，因此要充分挖掘和利用校训的内涵，将其融入人才培养的全过程和各方面。高等职业教育已占据我国高等教育的半壁江山，在人才培养方面发挥着不可替代的作用，应在重视硬件设施建设的同时，更加重视软实力的高质量发展。因此，拥有一则具有深刻文化内涵、别具一格的校训，对于高等职业院校的意义重大。

陕铁院历来重视校训的制定工作。陕铁院依据办学历史和办学定位，确立了符合自身办学特色的校训，并根据时代发展的需要、国家对职业教育的谋划和社会发展对人才的要求对校训进行完善。陕铁院的前身是创办于 1973 年的第一铁路工程局职工学校，2003 年改制升格为高等职业院校，这是陕铁院发展史上具有里程碑意义的大事件，各项事业从此掀开了新的发展篇章。于是，2004 年学校确定校训为“博爱、诚信、和谐、创新”。博爱，即爱满天下，也就是对人类及世间万物普遍充满关爱。诚信，即诚于心、信于人，也就是自我之一切、之所为皆能取信于人。和谐，即贵和持中，是中华传统文化中“和合”思想的理想实现，也是人类古往今来孜孜以求的自然、社会、人际、身心、文明中诸多元素之间的理想关系状态。创新，即革新，指的是利用现有的知识和物质，在特定的环境中，本着理想化需要或为满足社会需求，而改进或创造新的事物、方法、元素、路径、环境，并能获得一定有益效果的行为。校训确定后，全校教职员工不断学习并深入领会校训精神，将其内化于心、外化于行，在学校各项事业发展特别是人才培养中发挥重大作用。此则校训沿用至 2007 年，被更改为陕铁院校风，并得到更为契合思想政治工作规律、教书育人规律、学生成长规律的释义。2007 年，在教育部高职高专院校人才培养工作水平评估中，陕铁院结合时代发展特征、高等职业院校发展定位和自身发展所具有的铁路特色，对以前的校训进行了修订，归纳提炼出“德修身，技立业”的新校训。德，指思想品德、职业道德、德行。修身，即努力培养自身的综合素质、道德修养，修身养性，铸就一身浩然正气。技，指技艺、技术、技能。以技能立足社会，服务社会。“德修身”，即以德修身，育人先厚本。学生修身养德，体恭敬而心忠信，术礼义而情爱人；教师德艺双馨，以育心铸魂为己任，教诲无涯觅金针。“技立业”，即以技立业，成才须固根。学生勤学苦练，精技强能，施工一线建功勋；教师潜心教研，培桃育李，三尺讲台绘青春。

（二）校风

校风是学校办学指导思想和培养目标的集中体现，是培育优良学风、教风的根本保证，它全面反映了一个学校的精神面貌，并为进一步提高教育教学质量，营造积极向上的校园人文氛围保驾护航。校风是一种总体的精神凝聚力，需要通过一定的外在形式表现出来，教风和学风就是其表现的主窗口。教风，不单指教师对待教学科研的态度，它还包括教师对各个方面的态度（如对待学生、同事和学校的态度等），以及由此形成的一种总体风气。学风，也不单指学生对待学习的态度，它包括诸多方面。笼统地说，学风就是指由学生所表现或体现出来的各种风气。学校校风如何，往往可以通过学风得以展现。所以，在高校校风建设过程中，要同时对教风和学风进行有机统筹，形成以校风建设为统帅，以教风和学风建设为两翼的建设格局，三个方面齐头并进，才能有效地改变一所高校内在的精神面貌，为学生的成才、学校的长远发展打下坚实的基础。

2007 年，陕铁院将 2004 年制定的“博爱、诚信、和谐、创新”的校训更改为校风，并同时确定“严肃、严谨、严要求”为教风，“勤学、勤练、勤思考”为学风，并对校风进行了再阐释。其中，“博爱”是爱国、爱学校、爱专业、爱岗、爱生活、爱学习。有海纳百川的胸怀，才有宽广伟大的爱，继而于探求学问的道路上博采众家，有所收获；在生活中要沿着博爱的道路向前，追求道德的至善境界。对于陕铁院的师生来讲，博爱就是教师以生为本，爱无差等，一视同仁；学生互助互爱，尚善弘仁，立己达人。“诚信”是立身的法则。讲究诚信不仅是做人的本分，也是求学的最根本原则。知之为知之，不知为不知，是知也。于人于己，都要脚踏实地，实事求是，这样才可立世成事。陕铁院认为诚信乃做人之本，亦是求学为师之根本。“和谐”就是与人为善，处事平和，不可偏激。“和为贵”是我们中华民族的传统美德。和谐社会需要和谐的人与事，自身的和谐是缔造社会和谐的基础。

创造和谐的校园环境，使师者和谐育人，使学子和谐向学。陕铁院的“和谐”要求：力倡和谐理念，彰显人文关怀；师生和睦相处，共建和谐校园。“创新”是对21世纪人才的期望和要求。培养创新人才，需要创新意识，卓然于平凡，在思想的撞击中寻求更高的起点，知识创新，教育创新，在创新中成长，在创新中发展。陕铁院的“创新”意指工作和学习要勇于创造，吐故纳新，破旧立新，开拓进取，与时俱进。

学校的校风建设以教风建设和学风建设为主要工作抓手。为加强教风建设，陕铁院一方面注重文化熏陶，多措并举提升教师文化素养和职业认同感、职业幸福感、职业成就感；另一方面重视加强制度建设，制定了一系列关涉教风建设的规章制度。在建立健全规章制度过程中，学校把规范教育教学作为核心工作，校领导高度重视教学工作，经常研究教学工作。2006年3月，校党委制定了《校领导联系系（部）和参加系（部）会议制度》《校领导听课制度》《校领导带班巡视制度》等系统性制度体系。学校领导班子坚持执行上述制度，经常深入院（部）及教学第一线开展专题调研，指导解决教学工作中存在的问题。与此同时，学校成立了教学工作委员会，并制定了相应章程。教学工作委员会在校长的领导下，对学校教学工作的重要环节（包括学科专业设置及改造、专业建设、教学计划、课程建设、师资队伍建设、教材建设、实验室建设、各类课程、教学岗位设置原则、教学方法及教学手段、教学成果奖评选、优秀教材评选等）和有关业务工作进行咨询、审议，对完善学校教学管理体制和教学管理措施提出建议并参与决策，对加强全校的教风和学风建设提出具体意见，同时监督和指导全校教学工作，把提高教学质量作为中心任务，充分发挥其作用。教务处、教学督导室、各院（部）、教研室、各院（部）督导组等教学部门各司其职，把提高教学质量作为工作的主线，确保学校教学质量的稳步提高。

为加强学风建设，学校牢固树立“以学生为中心”的理念。从2013年开始，学校积极推进学生教育管理“八大工程建设”：以思想政治教育和行为养成为抓手，筑牢“立德铸魂”工程；加强学风建设，推进“优良学风”工程；丰富校园文化活动，创新“人文素质”培养工程；加强辅导员队伍建设，打造“良师益友”工程；加强学生骨干队伍建设，推行“榜样引领”工程；拓展、规范贫困生资助工作，落实“传递温暖”工程；加强半军事化管理，强化“公寓文化育人”工程；关注学生心理健康，实施“心理阳光”工程。学校以此推动学生管理工作和学生素质教育工作。

校领导的高度重视、文化涵养功能的发挥、系列规章制度的建立健全完善，促进了陕铁院“严肃、严谨、严要求”教风和“勤学、勤练、勤思考”学风的加强，使“博爱、诚信、和谐、创新”的校风愈加浓厚。

第三节　文化彰显，物化诠释铁路特色文化生态

一、校园环境建设布局铁路特有形态

校园物质文化主要包括校园环境的建设布局、校园建筑物的设计与美化、校园特定场所的建设与赋能等。陕铁院通过建设具有铁路特色的校园景观、学生活动场所、专门场馆等，加强铁路特色校园文化建设。

（一）道路和广场建设突出铁路特色

近 10 年来，学校在基础建设中特别注重校园基础文化建设的投入，并力求突出铁路工程行业特点。

一是打造具有铁路特色的路文化和广场文化。临渭校区以我国铁路干线和建筑工程专家之名命名了校园内部道路，如青藏路、陇海路、

京沪路、京广路、鲁班路、以升路等，并在道路牌上注明国家路网中该路段的方位、修建年代、发挥的作用和意义以及专家做出的杰出贡献；高新校区建设特别注重文化广场的建设，近些年建设了具有铁路特色的火车头文化广场（图 2–3–1）和巴山精神文化广场（图 2–3–2）。

二是建造高速铁路实训工区，凸显校园的铁路文化特色。高速铁路实训工区（图 2–3–3）是国家级重点建设实训基地，由陕铁院师生自主设计，联合中铁一局桥梁公司、电务公司修建而成，于 2013 年 9 月建成并投入使用，总投资 1295 万元（其中企业捐赠的材料及设备价值 295 万元，包括中铁四局捐赠的东方红四号内燃机车、中铁一局捐赠的胜利型架桥机）。该工区集铁路施工与维护实训、铁道信号实训、接触网实训功能于一体，主要服务于高速铁道工程技术、铁道工程技术、铁道通信信号、电气化铁道技术等专业。工区占地 8800 平方米，线路总长 637.38 米，位于高新校区教学办公楼北侧，设计有 3 个股道。其中，东侧Ⅰ股道采用高铁技术标准修建，展示了我国目前采用的板式和双块式共 5 种无砟轨道类型，全长 252 米，汇集了目前我国所有无砟轨道施工工艺，在国内尚属首例；中间Ⅱ股道采用Ⅰ级铁路技术标准修建，设置有一组曲线，全长 259 米；西侧Ⅲ股道为高铁和重载铁路施工试验段，全长 126 米。工区内设置单开道岔 2 组（9 号固定辙叉道岔位于北端、12 号可动心轨道岔位于南端）、信号机 11 架和相应电气绝缘设备，构成了完整的自动闭塞系统，所有室外设备均可实现室内联锁控制。工区的 3 个股道上方均设置有接触网，以满足电气化铁道技术专业核心课程教学需要，其中东侧Ⅰ股道为高铁接触网、中间Ⅱ股道为普铁接触网、西侧Ⅲ股道为地铁接触网。该工区的主要功能：①增强学校的铁路文化氛围；②用于教学；③技能鉴定和社会培训；④技术研发。学校与企业联合利用该工区开展高铁和重载铁路横向课题研究，申报陕西省重点教改课题 1 项，研究成果获国家教学成果二等奖 1 项，获陕西省特等奖 1 项，获院级特等奖 1 项、一

图 2–3–1　陕铁院高新校区火车头文化广场

图 2–3–2　陕铁院高新校区巴山精神文化广场

等奖 1 项。此外，学校和企业联合利用工区还开发了共计 209 项实习实训项目，提升学生的技术技能，支撑学生专业核心能力的培养。

在支撑教学的同时，学校还非常注重利用铁路实训工区进行思想政治教育和思政课教学，潜移默化地影响学生的思想和作风，培养学生的铁路工匠精神。实训工区的应用，增强了学校的铁路特色氛围，同时取得了良好的教育教学和文化育人效果。

（二）教学楼、公寓和食堂建设融入铁路元素

1. 教学楼

教学楼是学生学习的主要场所，也是对学生进行文化熏陶的主阵地。陕铁院在教学楼的设计建造和布置美化中都融入了大量的铁路元素，时时处处对学生进行铁路文化熏陶。高新校区的教学楼（含办公区）以火车为原型设计，让人一看就知道这是铁路院校的标识。（图 2–3–4）楼内的实验实训中心还购置了全国铁路、公路沙盘模型，供广大学生参观学习，接受铁路文化的熏陶。

2. 学生公寓

学生公寓是学生在校期间学习、生活、休息的主要场所，其文化环境建设会对学生产生非常大的潜移默化的影响。陕铁院近些年来大力加强公寓的设计和美化，打造具有铁路特色的公寓文化，全校动员，全员参与，从每个人自身做起，发掘了文化育人的强大合力。

学校学生处 2010 年投资万余元对学生公寓走廊、公寓门厅等公共区域进行了美化和布置。为体现以人为本的公寓文化建设思想，在公寓人流量大的楼道和楼梯口标注温馨提示。为促进学生文明行为养成，教育学生励志勤学，制作文明用语和励志标语牌匾 300 多块。同时，结合学生专业特色，在道桥专业学生公寓悬挂隋代造桥大师李春、中国现代桥梁之父茅以升等名人的画像，在铁道工程专业学生公寓悬挂詹天佑等名人的画像，在建筑工程专业学生公寓悬挂鲁班、林徽因等

图 2–3–3　陕铁院高新校区高速铁路实训工区

图 2–3–4　陕铁院高新校区教学楼

建筑大师的画像。近年来，学校还征集学生优秀书画作品几百幅，公寓管理服务中心组织专人对这些作品进行装裱，布置在各公寓楼楼道和门厅，形成公寓文化长廊，引导学生向善、向美。

学校每年会举办学生公寓文化节和公寓美化大赛，让学生发挥聪明才智，参与公寓的布置和美化，让公寓的每一处都突出行业特色和文化特色。学校学生以铁路院校的特色为出发点进行无限创意，做一个好手工品，写一手好字，绘一幅好画，拍一张好照片，学校从中选择出优秀作品进行展示，吸引全院学生驻足欣赏。这些物化的作品和成果，实实在在地发挥着文化育人的重要作用，产生了较好的育人效果。学生通过公寓环境教育，能够尽早在潜移默化中认知工作环境，形成良好习惯，养成工匠精神。

3. 学校食堂

近年来，根据国家铁路建设的发展和学校专业的扩展，学校扩大了食堂的面积，在设计、装修中增加了高铁、地铁、城市轨道等元素，学校食堂内的餐厅名称也以铁路大动脉命名为京广厅、陇海厅等，让学校师生每天吃饭时都能够感受到国家铁路建设成果。（图 2–3–5）学校在食堂管理方面也努力传承铁路建设中“铁的纪律、安全正点、优质服务”的特点，保证了食堂供应优质高效。这些给师生都留下了深刻的印象，也使铁路文化时时刻刻印在每一位陕铁院人的心中。

（三）廊馆建设物化铁路职业精神

学校紧紧围绕“吃苦奉献，拼搏争先”的学校精神，着力打造职业素养教育“三廊三馆”，并将由学校精神衍生而来的铁成精神、巴山精神融入其中，努力营造良好的铁路职业教育氛围，成为学校职业精神教育的载体。

1. “三廊”，即企业文化长廊、校友风采长廊和公寓文化走廊

首先，在校园主干道，建立起了企业文化长廊，定期展示铁路企

图 2–3–5　极具铁路特色的陕铁院食堂餐厅

业文化理念，向学生宣传铁路文化；教学楼内部布置、设计了反映国家重点铁路、公路工程建设，尤其是施工复杂、在国际国内技术领先的桥梁、隧道等工程的图片和说明，形成铁路成果文化长廊，让学生在教学区就能够感受到铁路文化的熏陶。其次，教学楼内悬挂历届优秀校友照片，展示校友突出业绩，激励学生见贤思齐；建设了以奋战在各条铁路、公路工程建设上的陕铁院历届优秀校友的先进事迹为主要内容的校友风采长廊，激励学生向先进典型（特别是我院 2005 届毕业生王江为，他在建设青藏铁路时表现优秀，受到胡锦涛的亲切接见，在广大学生中引起强烈反响）学习。再次，还在各专业学生公寓内悬挂有学校杰出校友的工作照，通过先贤感召、榜样示范，让学生在平时的生活中即受到大师风范的熏陶，时刻督促学生加强专业熏陶，督促自我成长。

2. “三馆”，即校史馆、中国铁路建设发展史馆（教育基地）和窦铁成事迹展览馆

校史馆记录有学校发展的历史轨迹。学校每年组织新生进行参观学习，激发学生“知校、爱校、荣校”的意识。中国铁路建设发展史馆（教育基地）以收集整理的上百件与铁路发展相关的老物件、图片等，展示了中国铁路建设的发展历史，让学生在触摸感知铁路发展脉络的同时，增强铁路强国的责任感、使命感。（图 2–3–6）学校还与中铁一局合作，深入收集实物和史料，建成感动中国人物、全国劳模、陕铁院杰出校友窦铁成事迹展览馆，展示窦铁成及其他杰出校友的感人事迹和获得的骄人荣誉。

同时，学校还将窦铁成“岗位就是责任，工作就是奉献”等励志名言做成宣传板，挂在教室、学生公寓等的墙上，与师生朝夕相对，使师生时时处处受到铁成精神的激励和感染。廊、馆、广场三位一体，构成了独特的校园文化景观，成为新生入学、新教工入职和师生入党教育的第一站，成为大学生思想政治教育的重要阵地。

图 2–3–6　中国铁路建设发展史教育基地

（四）技能文化转化为铁路特色物质符号

职业精神是高等职业院校文化建设的重要内容，其体现在物质文化中就是把相关的行业技能和精神转化为能够看得见、摸得着的文化符号，融入校园环境布局之中。陕铁院通过集思广益、精雕细琢，努力将校园的一标一识、一景一物、一墙一壁都打造成技能文化的宣传阵地，营建了许多具有职业精神代表性的文化景观。

1. 校园 VI 设计

学校吸纳铁路企业文化元素，将铁路技能文化融入校园 VI 设计，凝练形成凸显铁路技能文化精神的校训、校徽和校歌等。学校的 VI 设计应用于校园教学场所、生活场所、校园网络，强化了广大师生对于学校作为铁路特色院校的认知，取得了良好的文化熏陶效果。

2. 技能文化景观

学校花巨资在高新校区西区建设了高速铁路隧道实训基地。高速铁路隧道实训基地的建设理念是“全仿真、工地化、一比一”，就是将山岭隧道的场景搬进校园，让师生足不出校就可以感受到真实的高速铁路隧道建设场景。该基地长度为 100 米，按照时速 200 千米、高速铁路单线隧道断面 1∶1 设计建设而成，总投资 700 余万元。该基地让学生在校内就能切身感受到高速铁路隧道施工时的真实场景，将抽象的专业知识更形象地展示在学生的面前，既避免了教师课堂上照本宣科的现象，又为学生提供了实践的场所。通过这一景观和实用相结合的实训基地建设应用，学生能够感受到学校铁路技能文化的氛围，深刻理解“德修身，技立业”的校训、“吃苦奉献，拼搏争先”的学校精神、“隧贯山河，道通天下”的特色。

3. 技能文化环境

在教学楼、学生公寓、实训基地等处营造技能文化环境使学生时时处处都能受到浓郁的铁路技能文化的熏陶。现将具有突出代表性的以测绘职业精神物化为文化环境介绍如下：

（1）建立测绘荣誉室。将学校历年在各级测量比赛中获奖的学生信息及奖杯予以展示，激励广大学子见贤思齐；在高新校区教学楼前的广场上刻下历年获得大赛奖励的学生荣誉和奖励级别，建成被广大学子津津乐道的陕铁院测绘名人堂。

（2）在高新校区建立测绘文化长廊，使学生潜移默化地受到测绘文化的熏陶和洗礼。另外，成立测量协会，加强社团文化建设，营造浓郁的测绘文化氛围，使“崇尚技能、技高为荣”的观念深入人心，同时在测量协会会员的带动下，形成“一名会员影响一个宿舍，一个宿舍影响一个楼层，一个楼层影响一个公寓”的蝴蝶效应。双休日，校园内学生自发组合苦练测量技能的场景随处可见；寒暑假，学生主动联系实习单位顶岗实战、苦练技能蔚然成风。更为可贵的是，学生不再视艰苦建设一线为畏途，而是自愿到施工一线、到艰苦的地方去，测天量地，描经绘纬，投身测绘事业成为广大学子的自觉行动和追求。

（五）信息传媒建设塑造学校形象

学校的信息传媒建设是信息时代学校物质文化建设的重要体现，是学校形象传播的重要途径。近年来，学校信息传媒建设取得了飞速发展：冷通道标准化数据中心机房、云计算服务器、有线无线一体化校园网络等，为学校信息传媒建设提供了硬件基础；Wi-Fi 防火墙、堡垒机、虚拟带库、态势感知等网络设备为学校信息传媒建设提供了安全保障；三大平台（统一身份认证平台、统一信息门户平台、单点登录）的建成，为智慧校园建设提供了平台支撑。

各业务部门信息化应用不断得到深化。在学校，OA 办公系统、学生工作系统、教务管理、人事系统、财务（一卡通）、财务机器人、科研管理、图书管理、后勤保障、智能门锁、人脸识别等信息化应用已经深入人心；微应用（企业微信）、云服务（问卷星、办公逸）不断拓展；自开发应用软件不断更新；智慧教室、虚拟演播厅、教学资源库、在线开放课程、虚拟仿真实训室（图 2–3–7）在教学中的应用，促进了传统教学模式的变革。学校因此多次被评为陕西省智慧校园示范校。

学校官方网站和微信公众号（简称“官微”）加强对学校形象、精神、校友、风采的传播推广，让学校的形象走出陕西，走向全国，对学校形象的宣传发挥了重要作用。

（1）成立铁小匠工作室，每周推送一期与学校精神主题相关的文章，平均阅读量超过 5000 人次，起到外塑形象、内聚人心的作用。通过新媒体的不断宣传，使“吃苦奉献，拼搏争先”的学校精神入心入脑，督促学生自觉践行。

（2）利用信息传媒主阵地积极宣传优秀校友和青春榜样。学校的网站、宣传视频、宣传画册或者招生简章，都在努力宣传优秀校友的风采事迹。校友工作处的网站上，更是校友新闻、校友会、校友风采、校友名册、校友在线交流、校友最新动态一应俱全，可以让在校生有更多渠道获得师兄师姐的事迹和信息。那些奋战在各条铁路、公路战线上的历届优秀校友，已经成为在校生心目中的现实英雄，激励他们不断学习和成长。此外，学校网站和官微广泛宣传学校优秀教师，让学生以这些青春榜样为前进的力量，不断进取，为学校的建设贡献自己的力量。

2020 年，学校官微粉丝突破 5.5 万人，发布的消息累计阅读量超过 99 万人次。在《中国青年报》发布的高职高专官微周榜单中，学校官微 13 次进入全国 10 强。在陕西省教育厅发布的微信周榜单中，学校官微 2 次进入前十，19 次进入榜单前二十。2020 年，学校官方微博发布图文 2645 条，阅读量超过 600 万人次。在教育部政务新媒体“微言教育”和全国学校共青团新媒体运营中心联合发布的“微博校园”职业院校榜中，学校官方微博 11 次进入月榜单 10 强，32 次进入周榜单 10 强，稳居全国高等职业院校前 10 强。学校官微被陕西省委教育工作委员会、陕西省教育厅授予 2020 年陕西高校新媒体运营十佳奖，

图 2-3-7　高速铁路智慧建造 AR/VR 虚拟仿真实训室

铁小匠网络文化工作室荣获中国青年报社2019年度优秀职院媒体。

二、规范制度管理蕴含铁路特征

学校制度文化是学校在长期的办学过程中积淀下来的规则系统，一所学校制度文化建设的程度，直接关系到学校道德教育改革与发展的力度，进而影响学校育人的整体效果。陕铁院通过长期探索，形成了党委高度重视制度建设，职能部门科学制定制度，全校师生严格落实制度、按制度办事的良好风气。

（一）学校党委高度重视制度建设

办好中国的大学，必须有中国特色。这个特色中最大的一点就是坚持社会主义办学方向，根本的一点就是坚持党的领导。2021年4月，习近平对职业教育工作做出了重要指示。他强调："在全面建设社会主义现代化国家新征程中，职业教育前途广阔、大有可为。要坚持党的领导，坚持正确办学方向，坚持立德树人……各级党委和政府要加大制度创新、政策供给、投入力度，弘扬工匠精神，提高技术技能人才社会地位，为全面建设社会主义现代化国家、实现中华民族伟大复兴的中国梦提供有力人才和技能支撑。"党委领导下的校长负责制是落实党对高校领导的根本制度安排，确保社会主义办学方向是中国特色现代大学制度的核心。

学校根据《中国共产党普通高等学校基层组织工作条例》《中华人民共和国高等教育法》和相关规定，实行党委领导下的校长负责制。校党委是学校的领导核心，总揽全局，协调各方，统一领导学校各项工作，支持校长独立负责地行使职权。校党委坚持全面从严治党的方针，不断加强党的政治建设、思想建设、组织建设、作风建设、纪律建设，发挥各党总支的政治核心作用、党支部的战斗堡垒作用和党员的先锋模范作用，为学校各项工作的开展提供保障。校党委领导学校的思想政治工作和德育工作，加强精神文明创建工作，确保学校稳定。校党委坚持和完善校级领导和中层干部的述职述廉制度、民主评议制度，加强群众对干部的民主监督。校党委讨论决定学校内部党政组织机构的设置，建立健全干部队伍选拔任用机制，按照干部管理权限，负责干部的选拔、任用、教育、培养、考核和监督，加强干部队伍建设；讨论决定学校改革、发展、建设和基本管理制度的重大问题、重要事项，积极推动和促进学校的发展与改革。校党委负责党的宣传工作，坚决贯彻执行党的路线、方针和政策，保证学校的社会主义办学方向。校党委领导学校的工会、共青团等群众组织和以教师为主体的教职工代表大会，支持群众组织和社会团体按照自己的章程制度开展活动。校党委成员团结奋斗，积极参与重大科研项目，进行高等职业教育“工学结合”系统模式的创新，成为学校坚强的领导核心。校党委实行集体领导与个人分工负责相结合的制度，按照集体领导、民主集中、个别酝酿、会议决定的原则，对事关学校改革、建设、发展的重大问题、重要事项，坚持民主基础上的集中和集中指导下的民主，由党委集体讨论决定，充分发挥党委集体决策的作用。党委书记是校党委的第一责任人，全面主持校党委工作，在集体领导中负主要责任。学校党政副职对正职负责，副书记协助书记做好党委工作。

2015 年 7 月 29 日，经陕西省教育厅核准，正式颁布了《陕西铁路工程职业技术学院章程》（见陕教政〔2015〕16 号文件）。

2016 年 12 月 31 日，学校重新修订的《中共陕铁院委员会党委领导下的院长负责制工作规则》（陕铁院党〔2016〕46 号）指出：“院党委是学校的领导核心，对学校工作实行全面领导，对党的建设全面负责，履行管党治党、办学治校的主体责任，把握学校发展方向，决定学校重大问题，监督重大决议执行，支持院长依法独立负责地行使职权，培养又红又专、德才兼备、德智体美全面发展的中国特色社会主义事业合格建设者和可靠接班人。院党委按照‘集体领导、民主集中、个别酝酿、会议决定’的民主集中制原则，实行集体领导。学校系（部）通过党政联席会议，讨论和决定本部门教学、科研、行政管理工作中的重要事项。”

近年来，为全面推进学校治理体系和治理能力现代化，校党委按照“系统设计、完善机制、激发活力、提升效能”的思路，大力推动学校体制机制改革创新，推进多元协同办学，健全以学校章程为核心的制度体系。

建立健全以“一章八制”为统领的现代大学制度体系。全面落实学校章程，落实校党委领导下的校长负责制、教职工代表大会制度、学术委员会制度、教师申诉制度、学生申诉制度、信息公开制度等，形成“党委领导、校长负责、教授治学、民主管理、社会监督”的学校内部治理体系。探索实施二级学院学术委员会及教职工代表大会制度等。

加大安全教育宣传力度，提高师生安全意识。健全校园安全风险预防体系和管控机制，完善疫情防控体制机制、学校公共卫生应急管理体系，加强“三防”建设，强化校园及周边安全防范。建立学生意外伤害援助制度，完善事故处理和涉校涉生矛盾纠纷仲裁、调解机制。对标“六好”标准，争创全国文明校园。

（二）职能部门科学制定制度

在校党委的领导下，学校各职能部门在制度设计时，坚持“以人为本”的理念，同时结合铁路行业特点、突出“严”字当头，做到横向到边、纵向到底。

1. 教学与质量管理制度建设

近年来，学校主管教学的部门高度重视教学管理的规范化和科学化。在校党委的领导下，编印了《规章制度汇编（教学篇）》和《部门质量管理手册》，教学管理部门结构合理、运转高效，各项教学管理制度健全，保证了正常的教学秩序。

一是加强课堂教学管理。制定（修订）了《关于校历、教学进程表、排课、停课及补课的管理规定（试行）》《学期授课计划编写及管理规范》《教师教学工作规范》《调（代）课管理办法》《教学质量评价办法》等制度以规范课堂教学。

二是加强实践教学管理。制定了《实训室（基地）6S管理实施办法》《实训基地（室）危险化学品管理办法》《学院实习管理办法》《顶岗实习管理实施细则》《现场教学管理办法》等12项实践教学方面的管理制度。实验、实习、实训、课程设计、毕业设计等实践教学环节质量标准明确，实践教学文件齐备规范。

三是完善考试管理制度，确保考试的信度与效度，充分发挥考试的反馈功能和导向功能。重视考试的组织、管理和改革，将其作为端正学风的重要举措。完善了《考试组织管理办法（修订）》《考试组织管理工作规范》《监考人员职责》《考场规则》《考试违纪作弊处理办法（修订）》《教学事故认定及处理办法（修订）》等制度，对考试从命题、评分标准、阅卷到装订等各个环节做了明确细致的规定。对考试违纪的学生，严格按照《考试违纪作弊处理办法（修订）》中有关条例予以处理；对违反组织考试纪律的教师，严格按照《教学事故认定及处理办法（修订）》中考试类事故相关规定予以处理。

2. 组织建设、干部管理、宣传、纪检制度建设

在校党委的领导下，学校组织、干部、宣传和纪检部门始终注重组织建设、干部管理、宣传、纪检相关制度建设，形成了系列科学措施，成为学校各项建设的有效抓手。

一是加强组织建设工作制度建设。学校在2006年出台了《陕西铁路工程职业技术学院党总支部委员会工作规则（试行）》《中共陕西铁路工程职业技术学院委员会先进基层党组织、优秀共产党员和优秀党

务工作者评选办法》《中共陕西铁路工程职业技术学院委员会党委工作条例》《中共陕西铁路工程职业技术学院委员会党支部委员会工作规则（试行）》；2012 年出台了《陕西铁路工程职业技术学院基层党组织党建工作目标考核管理暂行办法》《中共陕西铁路工程职业技术学院委员会加强和改进党支部建设若干规定（试行）》《陕西铁路工程职业技术学院系（部）党政联席会议制度》；2015 年出台了《中共陕西铁路工程职业技术学院委员会发展党员工作实施细则》；2016 年出台了《中共陕西铁路工程职业技术学院委员会党校工作条例（修订）》《中共陕西铁路工程职业技术学院委员会党费收缴、管理和使用办法（修订）》；2017 年出台了《中共陕西铁路工程职业技术学院委员会基层党组织党建工作目标考核管理办法（修订）》《中共陕西铁路工程职业技术学院委员会关于加强和改进新形势下党组织建设的实施细则》《中共陕西铁路工程职业技术学院委员会推进“两学一做”学习教育常态化制度化实施方案》《中共陕西铁路工程职业技术学院委员会党费收缴、使用和管理规定（修订）》《中共陕西铁路工程职业技术学院委员会党委理论学习中心组学习实施办法（修订）》；2018 年出台了《中共陕西铁路工程职业技术学院委员会系（部）党总支部委员会会议制度（修订）》《中共陕西铁路工程职业技术学院委员会系（部）党政联席会议制度（修订）》；2020 年出台了《中共陕西铁路工程职业技术学院委员会关于加强和改进基层党支部建设的若干规定（修订）》；2022 年出台了《中共陕西铁路工程职业技术学院党总支委员会会议议事规则》和《中共陕西铁路工程职业技术学院二级学院党政联席会议议事规则》。

二是加强干部管理工作制度建设。学校在 2008 年出台了《陕西铁路工程职业技术学院管理者在线学习考核管理办法》；2009 年出台了《陕西铁路工程职业技术学院处科（职）级干部考核实施细则（修订）》；2013 年出台了《陕西铁路工程职业技术学院干部下企业挂职锻炼管理办法（试行）》《陕西铁路工程职业技术学院特定岗位工作人员因私出国（境）管理办法》；2014 年出台了《陕西铁路工程职业技术学院处科级干部在职攻读博士、硕士学位管理暂行办法》《陕西铁路工程职业技术学院党政领导干部选拔任用管理办法》；2017 年出台了《中共陕西铁路工程职业技术学院委员会党政领导干部问责暂行规定》《中共陕西铁路工程职业技术学院委员会处科级干部选拔任用管理办法（修订）》《中共陕西铁路工程职业技术学院委员会处科级干部鼓励激励、容错纠错、能上能下实施办法》；2020 年出台了《中共陕西铁路工程职业技术学院委员会处科级干部考核实施细则（修订）》《陕西铁路工程职业技术学院离任干部管理办法（试行）》《中共陕西铁路工程职业技术学院委员会干部选拔任用管理办法（修订）》。

三是加强宣传教育工作制度建设。学校在 2008 年出台了《陕西铁路工程职业技术学院新闻媒体采访接待管理办法》；2009 年出台了《陕西铁路工程职业技术学院院内横幅、张贴物管理暂行办法》《陕西铁路工程职业技术学院举办形势报告会和哲学社会科学报告会、研讨会、讲座管理暂行办法》《陕西铁路工程职业技术学院校园网主页校园新闻管理办法》《陕西铁路工程职业技术学院党委中心组学习制度（修订）》；2010 年出台了《中共陕西铁路工程职业技术学院委员会关于推进学习型党组织建设的实施意见》；2011 年出台了《陕西铁路工程职业技术学院宣传栏使用管理办法》《陕西铁路工程职业技术学院校园网主页新闻管理补充规定》《陕西铁路工程职业技术学院进一步加强对外宣传工作的实施办法（试行）》；2012 年出台了《中共陕西铁路工程职业技术学院委员会关于加强和推进大学文化建设的实施办法》；2016 年出台了《中共陕西铁路工程职业技术学院委员会宣传报道奖励办法（修订）》；2017 年出台了《陕西铁路工程职业技术学院校园网用户管理办法》《陕西铁路工程职业技术学院校园网管理办法》《陕西铁路工程职业技术学院学院网站建设与管理办法》；2018 年出台了《中共陕西铁路工程职业技术学院委员会校园新媒体建设与管理办法》《中共陕西铁路工程职业技术学院委员会宣传工作奖励办法》。

四是加强纪律检查工作制度建设。学校在 2014 年制定了《陕西铁路工程职业技术学院新校区建设指挥部廉政建设规定（修订）》《陕西铁路工程职业技术学院新校区建设工作中若干纪律的规定（修订）》；2015 年出台了《中共陕西铁路工程职业技术学院纪律检查委员会议事规则》；2019 年出台了《陕西铁路工程职业技术学院教师职业行为负面清单及师德失范行为处理暂行办法》；2020 年出台了《中共陕西铁路工程职业技术学院委员会校内巡察工作实施办法（试行）》。

3. 人事管理制度建设

近年来，学校人事部门先后牵头制定和出台了多项人事管理制度文件，在灵活用人机制、引进人才、培养人才、用好人才等方面做了大量的工作，为学校的发展建设提供了人才支撑和保障。

2013 年，学校改革用人制度，出台了《人事代理人员聘用及管理办法（试行）》，率先在陕西省高等职业院校中实行了人事代理制度。制定了《教职工进修培训管理办法》《干部下企业挂职锻炼管理办法》。这些办法规范了教职工培训工作，鼓励教职工积极参加各种形式的培训和实践锻炼，以提升教学和管理能力。

2014 年出台了《处科级干部在职攻读博士、硕士学位管理暂行办法》，鼓励教师提升学历；出台了《教职工及部门、科室年度考核办法》，进一步明确了学校教职工及各部门考核的内容、考核组织与领导、考核原则与程序、考核等次、考核量化计分办法等内容。

2015 年出台了《专业带头人选拔及管理办法》，实行双带头人制度，要求每个专业必须配备校内外专业带头人各 1 名，加强了专业建设；出台了《专业技术人员继续教育学时认证实施细则》，要求每位教师每年必须参加不少于 90 学时的继续教育。

2016 年出台了《教师培训工作实施办法》，建立了教师轮训制度，进一步规范了教师培训的形式、内容等；出台了《专任教师到企业实践管理办法》,要求专任教师每5年必须累计有至少6个月的企业实践经历，并规定了企业实践锻炼的形式及相关申报、审批、实践与考核要求；出台了《教坛新秀评选办法》《教学能手评选办法》《教学名师评选办法》，同时启动了评选工作，激励先进，树立标杆；出台了《“双师”素质教师招聘管理办法》，规范了“双师”素质教师的应聘条件、应聘程序、待遇及管理考核方法；出台了《引进招聘人才购买临渭区教职工公寓楼和幸福城高层住宅住房补贴办法》,加大了人才吸引力度。

2017年出台了《公开招聘工作人员实施办法》，进一步规范了人才引进和招聘管理方法；出台了《教师考核评价实施办法》，明确了教师考核内容、考核原则和程序、考核等次及其他与考核有关的内容；出台《新进教职工住房补贴实施办法》，进一步吸引人才；出台了《教师发展标准》,明确了学校对合格教师的基本要求,引领教师专业发展。

2018年出台了《高层次人才引进与管理办法》《高层次（特殊）人才服务保障管理办法》《教职工离职脱产攻读全日制博士学位暂行规定》，以较高的优厚条件与待遇吸引高层次人才，改善和提升学校师资队伍的整体水平；修订了《“双师”素质教师认定管理办法》；出台了《陕铁院专业技术职务任职资格评审实施细则（修订）》《陕铁院职称评审管理办法（试行）》《陕铁院教师专业技术职务任职资格评审条件（试行）》《陕铁院辅导员专业技术职务任职资格评审条件（试行）》等文件，规范学校职称评审办法、条件及评审流程，并在辅导员职称评审中实行指标单列、条件单列、评审单列等。

4. 后勤保障服务制度建设

后勤管理不仅是师生教学活动开展的前提和保障,而且是支撑学校稳定运行的坚强后盾。学校历来重视后勤保障服务工作。近年来，后勤部门坚持“以人为本”的发展理念，强化顶层设计，加强制度改革。

一是加强后勤保障制度建设。2016年出台了《陕西铁路工程职业技术学院公共卫生管理工作办法》《陕西铁路工程职业技术学院水电管理办法（试行）》《陕西铁路工程职业技术学院校园绿化管理办法》《陕西铁路工程职业技术学院校园环境卫生管理办法》；2019 年出台了《陕西铁路工程职业技术学院传染病防治管理办法（试行）》《陕西铁路工程职业技术学院公共卫生管理工作办法（修订）》《陕西铁路工程职业技术学院水电管理办法（修订）》。

二是加强资产管理制度建设。2012 年出台了《陕西铁路工程职业技术学院公有房屋（门面房）租赁管理办法（试行）》《陕西铁路工程职业技术学院固定资产损坏、丢失赔偿管理办法（修订）》；2015 年出台了《陕西铁路工程职业技术学院行政办公用房及办公设备、家具配置标准与管理办法》；2016 年出台了《陕西铁路工程职业技术学院国有资产管理办法（修订）与固定资产管理办法》；2017 年出台了《陕西铁路工程职业技术学院校办产业管理办法》《陕西铁路工程职业技术学院公有房屋经营承包管理办法（修订）》；2018 年出台了《陕西铁路工程职业技术学院资产验收实施办法（试行）》《陕西铁路工程职业技术学院国有资产处置管理办法（试行）》；2019 年出台了《陕西铁路工程职业技术学院办公用房及办公设备、家具配置管理办法（修订）》。

三是加强招标采购制度建设。2014 年出台了《陕西铁路工程职业技术学院经费支出、项目立项审批权限规定》；2015 年出台了《陕西铁路工程职业技术学院物资设备采购管理办法（修订）》；2016 年出台了《陕西铁路工程职业技术学院物资设备采购专家库及专家管理办法》；2018 年出台了《陕西铁路工程职业技术学院政府采购招标评审专家管理办法（修订）》《陕西铁路工程职业技术学院招标代理机构管理办法（试行）》。

四是加强安全保卫制度建设。2006 年出台了《陕西铁路工程职业技术学院处置突发性重大事件应急预案》《陕西铁路工程职业技术学院突发性群体事件处置办法》；2012 年出台了《陕西铁路工程职业技术学院车辆安全管理规定（试行）》；2013 年出台了《陕西铁路工程职业技术学院消防安全管理规定》；2015 年出台了《陕西铁路工程职业技术学院大型活动管理办法》；2016 年出台了《陕西铁路工程职业技术学院法治教育第七个五年规划（2016—2020）》《陕西铁路工程职业技术学院进一步规范院内车辆停放秩序管理办法》《中共陕西铁路工程职业技术学院委员会校园反恐防暴工作应急处置预案》；2017 年出台了《陕西铁路工程职业技术学院重点部位安全管理制度》《陕西铁路工程职业技术学院灭火和应急疏散预案》。

五是加强基建制度建设。2011 年出台了《陕西铁路工程职业技术学院新校区建设管理暂行办法》；2012 年出台了《陕西铁路工程职业技术学院基本建设财务管理办法（试行）》；2015 年出台了《陕西铁路工程职业技术学院基建工程招标管理办法》。

5. 财务制度建设

财务制度是单位组织开展财务管理工作的基本依据，建设完善且科学的内部财务管理制度体系，可以保证资金合理利用、公共财产安全，保障学校教育教学和各项建设工作的顺利实施。学校历来重视财务制度建设，为促进学校财务制度的建设和优化，推进学校稳步发展，财务部门牵头制定各项制度。

2010 年出台了《陕西铁路工程职业技术学院省级示范性高等职业院校建设项目专项资金使用与管理办法（试行）》；2011 年出台了《陕西铁路工程职业技术学院“国家示范性高等职业院校建设计划”骨干高职院校建设项目专项资金使用实施细则及会计核算办法》；2012 年出台了《陕西铁路工程职业技术学院公务卡管理办法（试行）》；2013 年出台了《陕西铁路工程职业技术学院 40 周年校庆捐赠管理办法》《陕西铁路工程职业技术学院接受捐赠管理办法》；2014 年出台了《陕西铁路工程职业技术学院经费支出、项目立项审批权限规定》《陕西铁路工程职业技术学院财务管理办法》《陕西铁路工程职业技术学院会计档案管理办法》《陕西铁路工程职业技术学院财务内部控制制度》《陕西铁路工程职业技术学院收费及票据管理办法》《陕西铁路工程职业技术学院部门创收管理办法》《陕西铁路工程职业技术学院差旅费管理办法》《陕西铁路工程职业技术学院预算管理办法》；2016 年出台了《陕西铁路工程职业技术学院校园卡管理规定（暂行）》；2017 年、2018 年出台了《陕西铁路工程职业技术学院差旅费管理办法（修订）》。

6. 教育科学研究管理制度建设

学校教育科学研究工作是学校工作的重要组成部分。为了加强学校对教育科学研究工作的管理，规范学校教育科学研究项目工作流程（从选题提出、申报、评审、立项到鉴定与验收等），提高教育科学研究项目的学术水平和社会效益，从而更好地发挥教育科学研究对学校教育改革与发展的推进作用，促进教师的专业化发展，学校开展了多项相关规章制度建设工作，包括常规管理和课题管理的各方面，并形成长效激励机制。学校教育科学研究工作全面展开，成绩斐然。

2016 年 12 月 28 日，校长办公会议审议通过《陕西铁路工程职业技术学院教学科研成果计分与奖励办法》；2017 年 12 月 27 日，校长办公会议审议通过《陕西铁路工程职业技术学院科技成果奖评选与奖励办法》；2018 年 3 月 28 日，校长办公会议审议通过、校党委审定《陕西铁路工程职业技术学院科研项目管理办法（试行）》；2018 年 3 月 28 日，校长办公会议审议通过、校党委审定《陕西铁路工程职业技术学院科研经费使用办法（试行）》；2017 年出台《陕西铁路工程职业技术学院科技成果转化管理办法（试行）》；2017 年 12 月 27 日校长办公会议审议通过《陕西铁路工程职业技术学院中青年科技创新人才培养管理办法》《陕西铁路工程职业技术学院科技创新团队管理办法》。为加强学校教育教学改革研究项目管理，确保立项项目顺利实施和研究成果的应用推广，根据陕西省教育厅《关于印发陕西高等教育教学改革研究项目管理办法》（陕教高〔2013〕42 号）及有关规定，结合学校教育教学改革研究项目实施与管理情况实际，学校出台了《陕西铁路工程职业技术学院教育教学改革研究项目管理办法》。

一系列规章制度的制订和执行，规范了学校教育科学研究行为，产出了丰硕的成果。近年来，学校教师公开发表学术论文逐年增多，以 SCI、EI 为代表的高水平、高质量的学术论文逐年增加；科研立项数量增多，质量提高，资助经费增加；授权专利爆发式增长。在渭南市两年一度的自然科学优秀论文及成果评选中，学校参评论文屡次获奖。以 BIM 为内容的横向项目合同签订数取得历史性进展。学校在社会服务方面更上一层楼，在陕西高等职业院校中独树一帜。

7. 学生管理制度建设

学生工作是学校教育工作的重要组成部分。学校始终高度重视学生管理工作，学生工作部门始终坚持德育为先，以立德树人为根本，以学生思想政治教育为切入点，以全面提高学生综合素质和人才质量为落脚点，凝心聚力，开拓创新，不断探索学生管理新模式，扎实推进学生工作，提升人才培养的水平和质量。

学校先后制定并修订了一系列关于学生日常管理的规章制度和办法，其中包括《学生管理规定（修订）》《学生学籍管理实施细则（修订）》《学生综合素质评定办法（修订）》《学生违纪处分办法（修订）》《学生日常行为规范》《学生一日常规》《家庭经济困难学生资助工作实施办法（修订）》等。这些规章制度和办法在学生的权利与义务、入学与注册、成绩考核、升降级、转专业与转学、休停学与复退学、学生的奖励与处分、学生日常规范、学生社团、文娱体育、社会活动等方面做了较为全面的规定。学校将这些文件编入《学生手册》，发放给每一位新生进行学习。2016 年，学校编制了《学工部、学生处质量管理手册》，明确了学生处各部门和人员的岗位职责、各项学生管理常规工作的具体规范、反馈处理及改进办法。根据新情况、新问题、新思路，学校每年对《学生手册》和《学工部、学生处质量管理手册》进行修订，使学生日常管理工作更加规范化、合理化。

结合铁路行业特色和学校办学传统，学校坚持半军事化管理，不断完善学生管理制度，将吃苦奉献精神教育渗透到制度建设中，使吃苦奉献精神教育制度化、规范化、长期化。制定了半军事化管理的核心制度——一日生活制度，对学生起床、早操、内务整理、就餐、上课、午休、课外活动、就寝、晚点名、着装、集体活动等都提出了具体要求。使得每周一升国旗、每天做早操、每天上晚自习、每晚查寝查铺、离校必须请假成为学校对学生最基本的要求。为确保半军事化管理制度得到有效落实，学校实行校、院（部）、班三级值周制度，每天通报检查结果，每周一汇总，每月一小结，并将检查结果作为评定先进集体与个人的主要依据之一。坚持从严治校的半军事化管理已经成为学校的一大特色。

三、将铁路独特元素融入学生日常行为

陕铁院是一所因铁路而生、倚铁路而长、随铁路延伸而不断发展，培养铁路工程、基础设施工程建设急需的高素质技能型人才的高等职业院校。近些年来，学院围绕培养铁路工程建设人才的目标，坚持教育与管理并重，充分吸纳铁路企业文化等方式，多举措传承铁路精神、融通校企文化、培育筑路先锋，学生的言行多方面印记铁路行业行为模式、综合素质明显增强，学校的核心竞争力大大提升。

一是主题教育突出“铁军风采”，打牢学生做好铁路人的思想基础。学校坚持“校园文化传承铁路文化，开办专业突出铁路工程，实践教学强化铁路技能，工学结合依托铁路企业，毕业生安心铁路建设”这一鲜明的办学特色，在每年新生入学、校史教育、校情教育、专业教育等一系列主题教育活动中，注重用学校丰富的校史资源对学生进行熏陶，充分展示学校“铁军风采”的铁路文化特色。

二是学生管理注重铁路化熏陶，全面养成学生做好铁路人的行为习惯。自2003年以来，学校一直坚持发扬“严字当头，铁的纪律”的铁路优良传统，将半军事化管理和铁路企业的行为要求融入校园文化建设及人才培养的全过程，对学生实行依法、严格、科学管理，培养政治合格、作风过硬的铁路建设者，做到了步调统一、严格守时、令行禁止，培养学生的团队精神、集体意识，艰苦奋斗和吃苦耐劳的品质，使学生养成良好的行为和生活习惯。坚持从严治校的半军事化管理和铁路化管理已经成为学院校园文化建设的一张品牌。

三是校园文化着力融通铁路企业文化，努力建设基于职业素养的行为标准。为了使学生能够更好地适应铁路行业的行为标准，学校在校企合作中着力吸纳铁路企业文化,将铁路特有的文化元素加以吸收、深化和发扬，成为校园文化的重要内容。同时，聘请铁路企业专家学者、铁路现场劳模、火车头奖章获得者、技能型专家等先进人物以及历届校友定期为广大师生做报告，让学生深刻认识铁路行业的职业素养标准。在融入铁路企业文化的同时，学校坚持以“抓特色、保质量、增才干”的原则，加强社团文化建设，培养“理想远大、热爱祖国的人，追求真理、勇于创新的人，德才兼备、全面发展的人，视野开阔、胸怀宽广的人，知行统一、脚踏实地的人”。学校成立有大学生艺术团、路魂文学社、测量协会、制图学社、城轨学社等40多个具有铁路特点、突出铁路施工技能培养的学生社团，广泛开展科技、艺术、体育、文化、社会调查等训练和演出活动，活动突出铁路职业素养的培育，为提升学生素质搭建了广阔的平台。

通过传承铁路精神、弘扬铁路文化传统、聚焦铁路人才职业素养、汲取铁路行业文化、陕铁院学生日常行为的铁路特色不断加强，学生服务铁路行业的意愿不断提升，逐渐成长为国家需要的优秀铁路技术技能人才。

第三章

德技双馨

——师德高尚、三严精技的教师文化

截至 2022 年 6 月，陕铁院共有教职工 1467 人，其中专任教师 894 人、企业兼职教师 375 人，教师队伍中具有高级职称的人占 30%以上，博士、硕士研究生占 92%以上。现有国家级职业教育教师教学创新团队 2 个；国家级技能大师工作室 1 个，省级技能大师工作室 1 个；全国优秀或先进教师 5 人，全国行业名师 4 人；陕西省特支计划教学名师 2 人，陕西三秦工匠 1 人，省级教学名师 13 人；32 名教师在全国行业职业教育教学指导委员会和教育部职业院校教学（教育）指导委员会任职。陕铁院的教师文化围绕“三严精技”不断拓展，深入推进。“三严”体现了“严谨、严肃、严要求”的教书育人文化；“精技”体现了教师不断追求技术技能水平的教学理念。通过“立言立德、校企共建、引培并重、典型示范”的标准，陕铁院的教师文化不断升华，成为陕铁院创新发展的不竭动力。

第一节 立言立德
——弘扬高尚师德，践行“四有”教师

一、立志严规，筑师德堡垒

（一）党建引领，建立师德师风长效机制

学校成立党委教师工作部，由校领导任部长，人事处、组织部、工会、纪检监察等部门参与其中，协同发力。党建引领，形成党群合力，落实师德建设主体责任。各基层党组织联合健全师德师风管理机制，实行师德一票否决制。建立健全师德师风考核、评价、奖惩机制，坚持把师德师风表现作为考核评价教师的第一标准，完善师德师风考核评价指标体系。学校领导班子建立师德师风问题动向研判制度，每月对师德师风问题进行一次集中研判。通过分析研判，梳理查找师德师风的问题、隐患、薄弱环节和工作盲区，及时对标管理。

学校以教师师德师风十项准则为标准，分别从政治、守法、文化传播、教书育人、热爱学生、言行得体、遵守教学规范、公平诚信、廉洁自律、奉献社会等方面对广大教师进行正面教育引导，建立师德师风长效机制。

（二）制度先行，师德评价贯穿考核始终

把师德师风表现作为教师岗位聘任、职称评审和评优评先的第一标准。印发师德师风建设相关制度文件，形成教师师德考核评价指标体系，引导教师热心爱教、优质施教、廉洁从教、文明执教。在教师职称评审中，严格执行评审流程，职能部门、二级学院、教学督导层

层参与，面向全校公开评职教师相关资格、资质及评审材料，一旦发现参评人员有学术不端和师德师风违纪行为，实施一票否决制。

学校印发《教师师德考核办法》《教职工年度考核办法》等文件，明确规定"年度考核优秀教师必须为年度师德考核优秀者"，将师德评价作为教职工年度考核的首要条件。在师德先进、师德标兵、最美教师评选中，学校明确规定参评教师近3~5年的师德考核必为优秀；未达条件者，不具备评优评先资格，无论教师在其他方面的贡献如何突出，皆不予参评。在教师师德考核评价方面，建立遵纪守法、教书育人、政治品德、爱岗敬业、为人师表五个维度的评判，并设定相应指标体系，形成定性与定量相结合的评价方式。该工作进一步加强了学校师德师风建设，客观全面地评价了教师师德表现，发挥了考核的激励与导向作用。

（三）诊断改进，明确教师奋斗方向

从2018年开始，学校全面推进诊断改进工作，在师资队伍建设诊改层面提出教师层面诊断改进循环模型。教师应围绕三年发展规划，将师德内容写入目标。在每年年初制定年度目标，并以每学期为一个小循环，每学年为一个大循环，开展自我诊断、改进、提高，形成教师发展内生动力。学校制定《教师发展标准》，为每位教师印发《个人发展手册》。全校教师以《教师发展标准》为指导，对标自己所处的位置和努力方向，制订自己的发展成长方案，在学期结束时诊断目标完成情况，提出改进方案。

（四）警示教育，师德师风建设警钟长鸣

学校高度重视对教师开展警示教育，实行典型案例通报制。每年学校都会收集校内外师德师风建设中的典型问题和案例，组织广大教师认真学习，帮助广大教师矫正方向，端正行为，做到警钟长鸣。近年来，先后以收学生卡、收包过费、长期旷工、伪造证据等相关案例为反面教材开展了“以案明纪，以案为鉴”师德师风专题警示教育活动，在狠抓党风廉政建设的同时，强化了师德师风建设。对于在政治表现、社会公德、思想品德、学术道德等方面存在严重问题的教师坚决实施一票否决制，并进行全校通报。要求广大教师认真反思个人在党性修养和师德师风方面存在的差距，教育引导全校教师明底线、知敬畏、强管理、优风气，弘扬高尚师德、优良师风，全面提高教师整体素质。同时畅通举报渠道，纪检、监察部门和党委教师工作部发布举报电话和信箱，师德师风问题苗头一经出现，立即处理和整改。

二、从“新”开始，立师德之志

近年来，学校招生规模不断扩大，教师数量不断增长。近 5 年，新招聘教师达到 255 人，如何做好新进教师师德师风建设，成为突出问题。为解决这一难题，学校坚持分三步走的育人路线，引导新进教师热心从教，严谨治学。在招聘时，学校注重对新进教师的思想政治素质的考查，结合时下热点问题、党章党规、法律法规等考察应聘者的综合素养和思想道德素质。对于拟调入的高层次人才，学校还派专人赴其学习工作单位，了解拟调入人员的工作、生活情况，并作为录用的决定因素之一。为推进新进教师成长，学校重点推出了以下举措：

（一）指导考核，上好入职第一课

学校每年举办新进教师岗前培训班。在岗前培训时，采取“三阶段、两指导、三考核”的方式，为新进教师讲好入职第一课。

“三阶段”是学校将集中培训分为三个阶段，即面授输入、爱国主义教育基地参观、全员素质拓展。在面授输入阶段，学校坚持把教师师德放在第一课，凡培训必讲师德。邀请学校党委书记、校长作为主讲教师，与新进教师探讨师德为先、师德为本的教书育人理念。在参观爱国主义教育基地阶段，学习革命先辈的吃苦奉献精神和爱国主义情怀，建立家国天下情怀，树立崇高的爱国爱教理想，承担使命，不负所期。在全员素质拓展阶段，激发新进教师克服困难的勇气和团结协作意识，形成干事创业的教师集体观念，引导新进教师树立热心从教理想信念。

“两指导”为暑期专家指导研修、以老带新“一对一”帮扶。在暑期专家指导研修阶段，所有新进教师需提前做好开学课程规划，手写教案交由专家指导，并根据专家意见，积极改进，为开学上课做好准备。在开学阶段，学校配备“一对一”的指导教师，要求所有指导教师做好指导计划，并交学校备案。指导教师需带领新进教师走进自己的课堂，学习教学方法；带领新进教师走进实训基地，手把手示范，掌握操作技能；带领新进教师走进学生中间，倾听学生心声，一步步，一层一层，做新进教师的引路人，帮助新进教师适应职教环境，树立教书育人崇高理想。

“三考核”包括进课堂前集中听课、上讲台后反复听课、见习期综合素质评价。在进课堂前，学校组织专家督导集中对新进教师进行考察，从几讲中随机抽取相关内容，要求新进教师以板书为主，PPT 为辅进行真实课堂教学，并排名打分，反馈给指导教师，要求新进教师根据反馈意见，认真修改，加强练习。集中听课后开展随机进课堂反复听课，在反复听课中考查新进教师教学能力，以期通过不断指导，使新进教师树立严谨治学观念。在见习期综合素质评价环节，主要由学院院长、教研室主任、指导教师、学生代表、其他教职工进行五维评价，给出德能勤绩廉的综合意见，确定新进教师选留，综合考察新进教职工素质。通过多种方式，促使新进教职工热心从教，严谨治学，不负韶华。

（二）庄严宣誓，立志从教

为使新进教师树立崇高理想，肩负使命、担当，也让老教师重温誓词，心怀教书育人使命，激发全体教师的从教热情和为人师表、无私奉献的责任感，学校每年都会在教师节表彰大会上举行新进教师宣誓仪式（图 3–1–1）。新入职教师身着正装，站于台前，举起右拳，面对国旗与全校师生，庄严宣誓。从这一天起，全校师生共同见证所有新进教师将肩负教书育人使命，为教育事业奋斗终身。

新进教师宣誓是学校师德建设的重要环节，宣誓词为："我志愿成为一名人民教师，忠诚党的教育事业，遵守教育法律法规，履行教书育人职责，引领学生健康成长，做到有理想信念、有道德情操、有扎实学识、有仁爱之心，为教育发展、国家繁荣和民族振兴努力奋斗！"通过宣誓，有效激发了新进教师从教的荣誉感和责任感，使教师端正了工作态度、提升了工作热情。

（三）坚定信念，寻求初心

为坚定新进教师的理想信念，树立立德树人的初心使命，学校每年举办青年教师党员延安政治培训班，选派青年教师党员赴革命圣地延安等地开展学习教育实践活动。

通过"传唱红色经典 拜谒人文初祖——参观轩辕庙活动"，使中华民族之根深入青年教师党员心中，增强青年教师党员的文化自信。通过"饮水思源梁家河 不忘初心为人民——梁家河参观体验学习活动"，聆听习近平在梁家河的故事，使青年教师深入了解习近平总书记的 7 年知青岁月和梁家河的发展变化，真切体会总书记青年时代的奋斗历程和创新创业的精神。通过"重温革命历史 弘扬延安精神——宝塔山、延安革命纪念馆、王家坪革命旧址学习教育活动"，重温中国共产党在延安时期抗战的历史。活动过程中，学校优秀思政教师开展现场教学，通过讲述毛泽东、周恩来等革命领导人在延安 13 年抗战历

图 3-1-1　陕铁院新进教师入职宣誓

史、延安整风运动等革命史实，使青年教师党员深切体悟到中国共产党革命先辈的艰苦奋斗历程。通过“坚持群众路线 做有情怀的教育者——枣园革命旧址、杨家岭革命旧址、‘四八’烈士陵园等学习教育活动”，忆艰难困苦的岁月，深感革命的艰辛和幸福生活的来之不易。通过“建功立业新时代 拼搏奋斗正当时——南泥湾参观体验活动”，青年教师党员深入了解了八路军三五九旅在南泥湾开荒种地，进行大生产的历史，对“艰苦奋斗，自力更生”的南泥湾精神有了更深层的理解。

三、春风化雨，扬师德精神

（一）广泛开展师德教育，内化师德师风建设成效

师德师风建设的核心是教师本身道德的自我约束和思想修养的提高。为了进一步巩固建设成效，将建设成效内化于心、外化于行，学校积极组织教师广泛开展学习。一是要加强教师对党的重要思想和理论的学习，定期开展学习教育活动，促使教师树立正确的三观，从内心深处自觉抵制错误思想和腐朽文化。二是帮助教师增强职业荣誉感，热爱教育事业，以培养高素质技术技能人才为己任，全身心投入教育教学工作。三是加强教师心理健康教育，反对享乐主义、个人英雄主义，树立团队合作意识，自觉履行教书育人的职责。四是加强良好的教风和学术道德规范建设，并将其作为教师师德师风建设的重点任务。

在全校开展师德规范学习活动，提高广大教师的思想认识。把师德规范学习与教师政治学习和业务学习紧密结合，坚持每次学习活动必有师德建设内容。学校党委教师工作部积极组织师德师风专题讲座，进行师德理论、经验、故事的宣传。广泛的学习活动在全校营造了注重师德师风养成的浓厚氛围。开展全员师德培训活动，实施全员素质提高计划。继续扩大师德培训范围，实行全员参与的师德培训体系，做到凡培训必讲师德。师德培训内容要符合时代要求，贴近工作实际，

贴近教师发展。

培训形式灵活多样。各支部组织专题学习，利用“三会一课”，组织全体教师党员重点学习中省学校各类师德师风教育文件，并组织知识竞答活动。各党总支组织开展“以案明纪，以案为鉴”师德师风专题警示教育活动，全面加强党风廉政建设和师德师风建设。坚持以习近平新时代中国特色社会主义思想为指导，全面贯彻落实习近平总书记来陕考察重要讲话精神，紧紧围绕立德树人根本任务，狠抓党风廉政建设，深化师德师风建设，以案明纪，认真反思个人在党性修养和师德师风方面存在的差距，教育引导全校教师明底线、知敬畏、强管理、优风气，弘扬高尚师德、优良师风，全面提高教师整体素质，为全面完成“双高计划”建设目标任务，为奋力谱写学校新时代追赶超越新篇章贡献力量。

（二）评树师德典型楷模，发挥榜样引领示范作用

1. 创新活动形式载体，开展系列互动

以各类师德师风宣传活动为载体，创新师德师风建设形式。学校各部门积极参与和配合师德师风建设，形成协调工作机制。各部门结合自身职能，创新工作方式，开展了以教师教书育人为素材的摄影大赛、演讲比赛、课程思政比赛、教学比赛等活动，展示了广大教师立足教坛无私奉献的精神风貌，营造了拼搏争先、不断进取的良好氛围。

2. 发挥师德典型引领作用，铸就一批师德楷模

树立榜样、典型，将师德师风建设放在首位，大力开展师德先进个人和团体的评选宣传活动。根据陕西省教育厅的安排，积极组织陕西省师德先进、教书育人楷模、“最美教师”、道德模范、巾帼标兵等推荐工作。学校史芳老师荣获陕西省师德先进荣誉称号；杨小玉老师荣获陕西省师德标兵荣誉称号；测绘与检测学院被评为陕西省师德建设示范团队。积极发掘师德方面的先进人物和先进事迹，充分利用学

校官网、宣传栏和“两微一端”等平台，在各大网站媒体全方位、多角度地宣传。

2020年学校积极开展课程思政系列活动，将思想政治教育融入教育教学全过程。学校组织15名教师参加陕西省教师素质提高计划“教师政治修养与课程思政项目”；组织49位教师参与教育部“战疫课堂”课程思政典型案例征集活动，其中18位教师获奖；组织21位教师参与课程思政教学竞赛，推荐1人参加陕西省大练兵活动，并获课程思政教学能手称号。

【教师文化】

师德典型事迹一

党建筑根基，班子做表率，文化造氛围，激励促热情，制度把方向，反面敲警钟，学习固成效

——陕西省师德建设示范团队陕铁院测绘与检测学院

陕铁院测绘与检测学院有着扎实的师德师风建设基础和优良传统，师德师风建设工作卓有成效。尤其是近5年来，学院处于高速发展阶段，各项工作头绪杂，任务重，要求高，是对团队的巨大考验。学院充分研究师德建设的关键要素，结合部门实际情况，打造“党建筑根基，班子做表率，文化造氛围，激励促热情，制度把方向，反面敲警钟，学习固成效”的师德建设特色。学院突出建设实效，注重团队培养，强化教师行为养成，充分调动了广大教师开展师德师风建设的积极性，为其他各项工作的有效开展奠定了扎实基础。

一、党建引领，筑牢师德师风建设根基

紧抓“学高为师，身正为范”师德师风建设核心，强化党建

在师德师风建设中的引领作用。学院通过设置党员示范岗、党员攻坚小分队等方式，充分发挥党员的模范带头作用，先让党员行动起来，再调动其他教师的积极性，用党性规范师德，通过党的建设促进师德师风建设。教研室主任和支部书记一肩挑，围绕教研抓党建，抓好党建促教研，党建和教研活动共融、共建、共长。通过开展“三会一课”“两学一做”“不忘初心，牢记使命”等主题活动，积极学习习近平总书记有关教育和师德建设的相关论述，学习贯彻党的教育方针、法律法规，坚持社会主义办学方向。在教师中广泛开展社会主义核心价值观的宣传教育，强化教师的责任和担当，塑造积极的教师形象，弘扬师者风范。在党建的引领下，学院教师工作积极主动，教学效果突出，教学成果丰硕，师德师风建设成效显著。5 年来，学院 1 名教师获全国优秀教师称号，4 名教师获学校师德标兵称号，2 名教师获学校师德先进称号，6 名教师获学校最美教师称号，3 名教师获学校教学能手称号，46 名教师考核优秀。

二、班子带头，做好师德师风建设表率

培养一个好的团队，必须有一个以身作则的领导班子。“身不正，不足以服；言不诚，不足以动。”学院将领导班子建设作为师德师风建设的首要任务来抓，通过谈心谈话、民主生活会等方式，打造团结和谐、战斗力强、工作勤奋扎实、勇于开拓创新、廉洁奉公、发扬民主、干群关系好、群众威信高的领导班子。班子成员则以身垂范，言传身教，团结和带领广大教师员工全身心投入教学，为学院发展倾尽全力。5 年来，学院领导班子成员中，1 人获全国优秀教师，6 人次考核优秀；1 人担任全国建材行业指导委员会委员，1 人受聘于中国土木工程学会混凝土及预应力混凝土分会混凝土质量专业委员会委员。学院领导班子成员无任何违纪行为。

三、文化熏陶，营造师德师风建设氛围

重视用文化的力量涵养师德。一是加强学院办公室及周边环境的布局和建设，将习近平总书记的“四有”好老师标准、高等学校教师行为准则、黄大年等优秀教师事迹以及中国传统文化中有关师德师风的图像、名言警句上墙，营造培育师德的文化氛围。二是借助学院微信公众号、网站等平台宣传师德楷模，让楷模走出荣誉证书，走进广大教师的心间，树立学习的榜样。三是开展师德楷模先进事迹报告会，如召开教学名师、师德楷模张福荣教授先进事迹报告会，用身边榜样激发广大教师向榜样学习的热情。四是组织广大教师观摩师德楷模课堂，让教师零距离感受其人格魅力，学习其教学方法。

四、政策激励，激发师德师风建设热情

制定二级学院师德师风考核办法，并且将师德师风建设与职称评聘、年终考核、工资奖金等挂钩。比如，教师想要考核优秀，其在本部门的师德考核排名必须在前三分之一；获得师德考核优秀的教师在职称评聘中都予以加分，对师德考核不合格的教师则实行一票否决制。师德考核获得优秀的教师将被作为典型在学校和部门进行广泛宣传，其先进事迹会被放在网上进行宣传。通过多种形式的激励，学院教师对师德师风建设高度认可，主动践行高等学校教师行为准则，争做“四有”好老师。

五、制度约束，把握师德师风建设方向

构建了二级学院师德师风建设学习教育、人文关怀、强化责任、监督评价、奖惩激励等五项机制，为推进规范办学行为提供了强大的制度保障。学院对师德建设进行了总体规划，制订了详细的实施方案和考核评价办法。5年来，教师严格执行师德师风建设的相关要求，学院师德师风建设效果良好，相关制度能够落实落细。学院教师普遍具备良好的职业道德，爱岗敬业，治学严谨，关爱学生，为人师表，受到学生、家长和社会的广泛好评。

通过不懈努力，测绘与检测学院的师德师风建设成效显著，积累了一套完整的师德师风建设经验，打造了一支讲奉献、能吃苦、师德正、觉悟高的教师团队，推动了学院各项事业的快速发展。

【教师文化】

师德典型事迹二

忠诚教育初心，奉献无悔青春

——陕铁院教师、陕西省师德标兵杨小玉

杨小玉，女，1980年生，中国共产党党员，教授，陕铁院道桥与建筑学院副院长、专业带头人、学术委员会委员。执教17年来，她以坚定的理想信念、饱满的工作热情、忘我的敬业精神、严谨的工作态度，兢兢业业地奋斗在教育第一线，以高尚的师德和良好的师风教育人、感染人、启发人，深受学生爱戴。

她热爱党的教育事业，以身作则，兢兢业业。她以立德树人为己任，为社会培养了一批批在工作岗位中建功立业的优秀人才。她积极参与扶贫工作，为渭南市阳郭镇中心小学教师进行信息化能力培训，受到扶贫单位的高度评价。她先后10次学校年度考核优秀，连续10年师德考核优秀，被学校授予优秀教师、优秀共产党员、先进个人、师德标兵、学雷锋标兵、“最美教师”、教学能手、教学名师等称号。

近年来，杨小玉老师主要担任工程识图与CAD、BIM技术应用、建筑结构与钢筋建模、BIM工具软件及数据集成等教学任务，每年教学工作量达600多学时。教学中，她注重培养学生的综合素养，创设有利于学生创造性思维发展的教学情境。她潜心研究学生思维和学习规律，开发出以提高课堂趣味性和系统训练性为目的的积木式拼装模型16套，获得国家实用新型专利。模型投入教学后，极大程度地提高了识图课程教学效果。她不断进行教学改革与创新。近5年，先后获全国信息化教学大赛三等奖、陕西省青年教师教学比赛二等奖、陕西省信息化教学大赛一等奖等省部级、校级教学竞赛奖10余项。2019年3月，学校成立“双高计划”申报小组，杨小玉为城市轨道交通工程技术专业群申报组成员。当时，杨小玉的父亲突发脑溢血瘫痪在床。在这个节骨眼上她毅然接受了学校的安排，一边照顾父亲，一边积极完成“双高计划”申报工作，很多时候她都是趴在病床前写材料到深夜。2019年6月初，她参与了首批国家教育教学创新团队申报工作。她克服病痛坚持在申报一线，最终顺利完成了申报任务并成功立项。她在教育的路上，永远忠诚于执着仁爱、无私奉献的初心，砥砺前行，永远坚定、执着地以教师职业为荣耀，把青春年华根植于教育事业，无怨无悔。

【教师文化】

师德典型事迹三

践行雷锋精神，引领展现师者担当

——陕铁院教师、陕西省师德先进史芳

史芳，女，1980年生，中国共产党党员，副教授。2003年7月入职陕铁院，现担任工程管理与物流学院安全教研室主任、党支部书记，兼任该学院党总支组织委员，校工会委员、女工委主任。作为一名党员教师，她发扬雷锋爱岗敬业和吃苦奉献的精神，攻坚克难，勇于创新，敢于担当，服务师生，始终以一名雷锋标兵的标准严格要求自己。她在校级师德师风考核中连续8年获得优秀，连续5年被评为学校优秀共产党员，获得陕西省师德先进个人、陕西省岗位学雷锋标兵称号，荣获陕西高等职业院校课堂教学创新大赛一等奖、全国多媒体课件大赛微课优秀奖、陕西省信息化教学课堂比赛二等奖、陕西省教科文卫体工会优秀调研成果三等奖等中省荣誉7项，获得校级“最美教师”、教坛新秀、师德标兵、优秀教师等荣誉称号和课程思政比赛二等奖等校级比赛奖项10余项。她以实际行动践行了雷锋精神，为学校“双高计划”建设创新发展做出了积极贡献。

四、五化八类，当良师益友

近年来，陕铁院高度重视辅导员队伍建设工作，积极搭建平台，不断创新方法，加强内涵建设，促进外延式发展，大力推进辅导员队伍的职业化、专业化建设，高标准打造辅导员队伍，取得了显著成效。

第一，严把入口，精选优聘，改善辅导员队伍结构。学校严把入口关，全面提升学生管理队伍的整体素质，不断扩充辅导员队伍，加强一线学生管理工作力量。近年来，新引进的专职辅导员均为重点高校优秀硕士研究生，专业涉及与学生管理工作密切相关的思想政治教育、教育学、心理学、艺术类、体育类等，为学生管理队伍吸纳新鲜血液。通过优化学院结构、专业结构，学生管理工作的质量和水平显著增强。同时，为切实提高教育教学质量，学校党委印发《新入职教师在辅导员或行管岗位锻炼的实施办法》等规定，所有新进教师都必须从事至少一年的学生管理工作，经考核合格，才可转为专任教师。

第二，角色定位，多措并举，提高辅导员工作水平。在辅导员培养过程中，学校把辅导员定位为“五化八类”。“五化”为辅导员队伍建设的基本要求，即职业化、专家化、人本化、规范化、系统化。“八类”为辅导员的工作角色定位，即学生思想教育的实施者、为人处世的表率者、成长规划的引导者、心理健康的辅导者、大学生活的服务者、素质拓展活动的指挥者、学生骨干的领航者和遵规守纪的督察者。学校通过建立和完善岗前培训、常规培训、专题培训和骨干培训相结合的分层次、多渠道、多形式的辅导员培训体系，提升了辅导员工作水平。

第三，搭建平台，技能比武，提升辅导员职业能力。为提高辅导员业务水平与综合素质，学校积极开展辅导员“技术比武”，积极为辅导员搭建学习平台，激励辅导员快速成长。通过业务能力的比拼，激励辅导员积极进取、增长才干、成就自我。目前已连续6年举办辅导员职业能力大赛。学校领导高度重视辅导员队伍建设，全程关注和参与辅导员“技术比武”系列活动，鼓励辅导员在工作中勇于创新。此类活动促使辅导员、班主任不断总结学生工作经验，相互学习，共同探索学生工作的新思路与新方法，提升学生管理队伍的整体水平。

第四，职称单列，多线晋升，打开辅导员职业通道。近年来，学校党委出台了《关于印发〈陕铁院辅导员专业技术职务任职资格评审条件（试用）〉的通知》《关于印发〈陕铁院辅导员工作量化考核办法（修订）〉》等文件，激励辅导员职业发展，加强辅导员队伍建设，打通辅导员职业上升通道。多名辅导员通过辅导员职称序列单独评审取得高级职称，20多名辅导员通过干部竞聘到管理岗工作，有效激发了辅导员的工作积极性和主动性。

第五，成效突出，硕果累累，辅导员队伍佳音频传。通过扎实推进辅导队伍建设，学校学生管理工作取得了显著成效。目前，学校共有专兼职辅导员100余人。其中，2人获陕西省辅导员素质能力大赛一等奖，1人获三等奖。立项教育部辅导员精品项目1项，陕西省教育厅精品项目、省级高校辅导员工作研究课题20余项。他们把为人师表、无私奉献的工作态度融入学校师德师风建设环境，成为全校师生学习的榜样典型。

习近平总书记曾谈道："合格的教师首先应该是道德上的合格者，好老师首先应该是以德施教、以德立身的楷模。"学校有这样一群教师，他们热爱学生、德才兼备，为师德师风建设营造了良好氛围。只有真正深入学生宿舍，才能理解学生的生活状态；只有真正参与学生活动，才能融入学生成长发展。学校鼓励专任教师和管理干部参与学生管理实践。目前，学校所有专任教师都担任过学生班主任，平均带班时间达三年。他们被学生亲切地叫"李哥""萌哥""孔奶奶"等，成了学生成长路上不可或缺的引路人。

【教师文化】

师德典型事迹四

一片赤诚担使命，十年耕耘守初心

——2019年全国高校辅导员年度人物入围奖获得者李昌锋

李昌锋，男，1978年生，中国共产党党员，教授。他从事辅导员工作10余年。2011年获评陕西省优秀辅导员，2017年获评全国易班十佳辅导员，2019年获评全国高校辅导员年度人物入围奖，2020年、2021年连续获评陕西高校名优辅导员。他先后主持省部级科研项目4项，参与省部级课题10多项；整理出版专著2部，合计37万字。2018年主持首批陕西高校辅导员示范工作室。

李昌锋政治信念坚定，素质能力过硬，注重对学生的政治领导和思想引导。他以主持的陕西高校省级辅导员示范工作室为依托，扎实宣传习近平新时代中国特色社会主义思想。

2020年，新冠肺炎疫情形势严峻，李昌锋不顾个人安危，为隔离教职工采购、运送生活物资，发动师生党员投身校园疫情防控工作。2021年，他积极动员学生注射新冠疫苗，学生新冠疫苗注射率达90%。因为事迹突出，他于2021年被中共陕西省委教育工作委员会评选为陕西高校优秀党务工作者。2021年，他精心组织、录制党课视频和主旋律歌曲音乐短片。此举旨在通过新媒体，以师生喜闻乐见的形式开展党史宣传工作，为党的百年华诞献礼。他心系学生，先后资助8名家庭经济困难学生，帮扶数10名就业困难学生。他师德师风优良，育人实效突出。他认真负责，真诚亲切，深受学生爱戴、家长好评。

他坚守辅导员岗位12年，对学生的热爱和工作的热情有增无减；他虚心学习，认真思考，所记录的工作笔记达数十本；他一往无前，彰显着新时代高校辅导员的非凡气度。

五、政治引领，做“三全”典范

教师是高尚人格的化身，教师的言行是可供学生参照的道德标准；教师也是世人学习的典范，是社会的楷模。2017年，中共中央、国务院印发《关于加强和改进新形势下高校思想政治工作的意见》，提出“三全育人”理念，即“全员育人、全过程育人、全方位育人”。学校目前有各类管理服务人员300余人，作为参与教育教学工作的一员，他们虽普通，却不可或缺。他们以服务好全校师生为宗旨，在工作岗位上勤恳奉献，保障着学校的日常运行，以身作则，教育引导学生，践行“吃苦奉献”的铁院精神。他们默默坚守，无私奉献，践行着“身正为师，行为示范”的高尚品格。从教学到管理、服务，与学生成长生活有关的每位教职工都会影响学生的价值观和人生观。近年来，学校积极推进“三全育人”理念生根落地，紧抓学校教职工队伍师德师风建设，形成了良好效果。

陕铁院紧紧围绕为党育人、为国育才使命，聚焦立德树人根本任务，聚焦政治引领，积极营造风清气正的干事创业氛围，严把德才标准，强调以德为先，坚持公正用人，扩宽用人视野，激励干部积极性，努力打造“忠诚、干净、担当的高素质干部队伍”，注重提高干部的治理能力和执行力。同时，学校积极鼓励管理干部深入学生一线，了解学生所想，为学生排忧解难，赢得学生爱戴。为此，从2012年起，学校每年都会举办“一对一”帮扶活动，鼓励每个党员干部资助一个贫困学生，给予贫困学生资金帮助的同时，积极开展面对面赠书和谈心谈话活动。学校党员干部捐资助学的故事感人至深。

（一）制度体系顶层设计，全面激发干部活力

学校党委高度重视制度建设，出台“激励干部担当作为‘1+N’系列”文件，深入贯彻落实省委“激励干部担当作为”的指示精神，贯通选人用人、考核评价、激励保护、环境营造等关键环节，激发广大干部和教师干事创业的积极性。学校专门制定了《处科级干部鼓励激励、容错纠错、能上能下实施办法》及健全完善“三项机制”的22项配套办法和操作细则，相继印发了《领导班子成员约法十则》《“学习型、专家型、创新型”领导班子实施方案》《干部选拔任用管理办法》《处科级干部考核实施细则》《离任干部管理办法》《党政领导干部问责暂行规定》《教师职业行为负面清单及师德失范行为处理暂行办法》《教学名师、教学能手、教坛新秀评选办法》等22项文件规定，着力做好制度规范约束，强化“三项机制”制度保障，营造风清气正的良好政治生态。

自2016年实施“三项机制”以来，学校坚持将处科级干部鼓励激励、容错纠错、能上能下与其紧密结合起来，突出系统性、综合性和实效性，推进解决干部队伍能力建设和作风建设梗阻问题，全方位、多层次、立体化推动干部队伍高质量发展，确保制度添动力、程序增活力、机制显威力。截至目前，干部队伍鼓励激励92人次、容错纠错

10人次、能上能下15人次，其中选拔担当作为干部54人次。学校进一步优化干部队伍结构，年轻化特征明显，处科级干部平均年龄降低了2.3岁，下降为39.6岁；知识化特征突出，具有研究生学历或具有硕士研究生学位及以上的人员比例提高了9个百分点，占比89.4%，其中具有博士研究生学历的有3人；专业化特征彰显，具有副高以上职称的人员增加了13人，增加到77人；女干部队伍持续加强，女干部增加了11人，增加到23人。学校推进打造“忠诚、干净、担当的高素质干部队伍”成效显著。

（二）构建能力，提升体系，全面提升干部工作能力

学校党委历来高度重视干部教育培训工作，紧紧围绕学校改革与发展大局，大力实施人才强校战略，在全校各级干部中深入开展党的路线方针政策、高等职业教育理念、现代教育管理等业务知识的教育培训工作，有效提升了领导干部的战略规划、科学决策和改革创新能力，初步形成了一支德才兼备、梯次合理、素质优良的干部队伍。

按照“分类培训，按需求学；讲求实际，注重实效；改革创新，形成效应”等原则，通过建机制（选拔任用机制、教育培训机制、考核激励机制）、搭平台（网络课堂、集训课堂、中心课堂、专家课堂等）、抓载体（学习型党组织建设、创先争优活动、骨干院校建设项目等），构建全方位、立体式的干部教育培训体系。结合学校干部实际情况，逐步形成以理论基础、国际眼光、战略思维、党性锻炼、业务能力为框架的教育培训内容，不断完善分层次、分类别、多渠道、多形式、重实效、充满活力的教育培训格局。

为增强干部教育培训的针对性和实效性，学校党委通过整合教育资源、创新培训模式、丰富培训内容，逐步建立了包括网络课堂、集训课堂、中心课堂、基地课堂、企业课堂等8个顺应形势、贴合需求、务实管用的培训课堂。通过这8个课堂全方位、立体化的综合实施，

调动了各级干部的学习积极性，基本做到了培训无盲区、干部全覆盖、路径无障碍。

（三）突出务实担当，强化干部全员育人水平

实施“领导带头、党员示范、全员参与”措施，通过打造“示范型”“专业型”“四有型”三支队伍，唱好全员育人“大合唱”。学校全面推进党建，将其纳入干部述职和考核工作，建立校领导“八个一”、处级干部“四个一”联系制度，实施校领导联系教师制度，校级、院级领导班子听课制度，领导干部进班讲授“开学第一课”、进支部讲党课，组建习近平新时代中国特色社会主义思想宣讲团，开展时政大讲堂，激发干部全员育人意识，强化干部全员育人水平。

强调务实担当，通过“晒成绩，亮表现”竞争上岗方式，增强师生监督力度，扩大师生测评比重，真正让政治强、能力高、基础好的干部优先得到任用，同时对连续三次考核优秀的干部，实行优先同级岗位聘任，将其纳入重点培养干部队伍序列。强化对优秀干部的表彰激励，组织 1 名干部参加全省“担当作为好干部”评选，选派 2 名干部参加“墩苗”工程，优先推荐 30 多名表现突出的党员干部参加国家级和省级各类党性锻炼及业务培训，授予 12 名处级干部优秀管理干部称号。获奖干部在全校党员大会上做典型经验交流发言等，起到了激励、导向作用。

陕铁院党员干部和教职员工干事创业热情得到充分激发，营造了“有为者有位”的良好氛围，凝心聚力谋发展，一心一意建“双高”，取得了高质量内涵式跨越发展。学校完成了“创新发展行动计划”“教育部诊断与改进试点”两大关键任务，实现了国家级教学成果奖、国家级教学资源库、国际合作办学三大重点突破，取得了专业建设水平、师资队伍水平、科技服务水平、人才培养水平、信息化水平、社会影响力 6 项发展上的显著提升，《光明日报》《中国教育报》等主流媒体

宣传报道学校办学成果500余次。学校现已建成国家优质高等职业院校、首批全国诊改高等职业试点院校复核“有效”院校，入选中国特色高水平高职学校立项建设单位（全国56所），连续4次获评全省高校先进校级党委，连续4年获得全省“双百工程”先进单位荣誉称号，学校教育教学事业得到高质量发展。

【教师文化】

党建引领典型事迹

打造党建育人品牌，创建全国党建工作样板支部

——陕铁院铁道运输学院党总支运营党支部

陕铁院铁道运输学院党总支运营党支部（教师党支部）成立于2013年。截止到2022年9月，该支部有正式党员13人、积极分子3人，平均年龄32岁。他们全部拥有硕士研究生以上学历，教授1人、副教授1人、讲师10人、助教3人、其他工作人员1人。该党支部所在教研室主要承担铁道交通运营管理专业、铁路物流管理专业、城市轨道交通运营管理专业建设和课程教学改革。铁道运输学院党总支副书记、副院长蔡昱担任支部书记，实践科科长曹亚康担任支部副书记，运营教研室主任张静宜担任组织委员，骨干教师赵阳阳、安志龙分别担任宣传委员、纪检委员。自成立起，运营党支部多次获得学院优秀党支部、学院学雷锋标兵岗等称号。2017年，荣获渭南市好青年集体称号；2018年，荣获陕西省五一巾帼标兵岗称号，获批陕西省高校党建工作样板支部；2019年，荣获学校五四青年集体奖章，同年获批国家样板党支部。

通过校企党建“四级对接”机制建设，运营党支部积极开展全国党建工作样板支部创建工作。支部先后与中国铁路西安局集

团有限公司各车务段和所属车站、西安地铁、中铁一局集团电务工程有限公司等与轨道交通相关的多家企业开展深层次的校企合作。校企党建共建线下线上红色阵地，共同建立了校企党建共建党支部，同时健全了校企党建共建党支部运行的规章制度、工作内容及常态工作机制，使校企联合党支部健康运转，已培育发展企业实习学生积极分子100多人、预备党员50多人、正式党员30多人。有力推动了校企双方深度合作，助力校企党建融合发展。

经过校企党建共建示范引领，铁道交通运营管理专业已建设成为省级“一流专业”，立项为省级专业教学资源库，城市轨道交通运营管理专业为“1+X证书制度”试点专业，累计512名学生借助校企党建共建平台成功签约就业，促进了专业建设发展。运营教研室在党支部的带领下，与企业共建校内实训基地6个、校外实训地基12个，有效提升了教研室下辖各专业的建设水平，保障了轨道交通高素质技术技能人才的培养质量。

第二节　校企共建
——融合多方资源，搭建提升平台

近年来，学校积极推进产教融合，多方共育、协同发展的师资综合提升平台取得了突出成绩。学校获批国家级技能大师工作室1个、全国职业院校“双师型”教师队伍建设典型案例1项，培养陕西省“五一”劳动奖章获得者1名、陕西省三秦工匠1名、特支计划教学名师2名、省级教学名师11名；学校教师在中省各类教学比赛中获奖189项，指导学生参加技能大赛，获国家级奖349项。学校的技术技能人才培养质量显著提升，为中国特色高水平高等职业院校建设提供了第一资源。

一、多方联动，政行企校共育“双师型”教师队伍

（一）开展“双师型”教师能力研究，出台认定标准

学校从2009年起开始探索“双师型”教师队伍建设，出台了《“双师”素质教师培养选拔管理办法》。其在国家尚未出台统一认定标准的现实情况下，初步制定了符合学校特色、基于双能力的“双师型”教师认定标准，每年开展认定工作。2018年学校对标准进行了修订，出台了《“双师型”教师认定与管理办法》。

学校打破唯双职称和双证书的认定标准，更加注重教师的教学和实践能力。《“双师型”教师认定与管理办法》对“双师型”教师的具体内涵做出明确释义，要求“双师型”教师既具有较高的理论水平，又具有较强的专业动手能力和丰富的实践经验；依据企业实践经历、应用技术研究、指导学生技能竞赛和创新创业大赛、参与实训基地建设、获取职业资格证书等方面，制定了“双师型”教师的具体认定标准，根据对教师教育教学能力和专业实践能力要求的逐级提高设置了三个等级，对“双师型”教师从初级到高级的专业化成长起到了很好的推动作用。

（二）规范“双师型”教师队伍建设，构建制度体系

学校从引进、培养、认定、考核和激励等方面综合构建了符合自身特点的“双师型”教师队伍建设制度体系，先后出台了《“双师型”教师招聘管理办法》《人才引进与管理办法》《“双师型”教师认定与管理办法》《专业教师到企业实践管理办法》《干部下企业挂职锻炼管理办法》《高层次（特殊）人才服务保障实施办法》《兼职教师聘任及考核办法》等多个制度文件，明确规定：“专业课教师每5年必须累计不少于6个月到企业或生产服务一线实践。公共基础课教师也应每5年

有 1 个月到企业进行考察、调研和学习。新进教师入职 2 年内必须赴企业实践不少于半年。”

创新教师评价机制，以业绩贡献和能力水平为导向。优化激励机制，对认定的“双师型”教师给予奖励，同时在职称晋升、年度考核、评优评先中给予倾斜。在职称评审中，评审标准除教学和科研能力外，注重对技术服务、应用开发、实际操作能力等方面的评价。对教学成绩优异、科研成果丰硕、实践技能突出、社会服务能力较强的“双师型”教师授予教坛新秀、教学能手、教学名师等荣誉称号。目前，学校已形成较为完善的“双师型”教师队伍建设制度体系，为“双师型”教师队伍建设提供了制度保障。

（三）拓宽“双师型”教师引进渠道，广聚能工巧匠

学校专门成立了以校长任组长的“双师型”教师招聘工作小组，通过柔性引进、住房补贴、专项津贴、解决配偶和子女工作等优惠政策，积极引进企业专家和能工巧匠。同时在每年的招聘中优先考虑具有企业工作经历的硕士研究生。近 5 年，引进具有企业工作经历的教师 44 名，其中高级技师 2 名、高级工程师 4 名。企业引进人员在学校实践教学、技术服务及科研项目等方面均发挥着重要作用。

（四）实施校企“四级对接”，共育“双师型”教师队伍

实施“双师型”教师队伍建设“四级对接”的校企合作运行机制，具体是：学校对接集团公司，共建培训基地，获批教育部高等职业教育创新发展行动计划国家“双师型”教师培养培训基地 2 个；二级学院对接子公司，聘任 49 名企业专家担任专业（群）带头人，共商专业建设；教研室对接项目部，企业骨干兼任教研室副主任，共同开发课程；教师对接工程技术人员，350 名企业能工巧匠担任兼职教师，共同指导学生。校企多层次紧密合作，校企人员互兼互聘，共同培养“双

师型”教师队伍。

（五）打造“双师型”教师进阶平台，提升实践教学能力

学校先后建立了全国双百人物窦铁成大师工作室、全国人大代表白芝勇大师工作室、陕西省三秦工匠叱培洲技能大师工作室、全省职工创新工作室等 8 个技术技能工作室，发挥传帮带作用。学校每年聘请企业专家来校与教师交流，分享企业先进技术经验，提升教师专业能力和水平，截至目前共开展交流研讨等活动 60 余场。与中铁一局、中铁十四局等企业共建了 4 个“双师型”教师培养培训基地，与中国铁路西安局集团有限公司、中交隧道局有限公司等 100 余家企业签订了“双师型”教师联合培养协议。制定企业实践补贴办法，假期工作每人每天补贴 120 元，平时按全校教师平均工作量发放绩效工资，鼓励教师深入企业实践。学校从 2007 年起便开始实施教师企业实践锻炼制度，迄今已有 15 年。选派教师 963 人次实践锻炼，其中“双师型”教师占比超 80%。

（六）发挥政行企校合力，助推教练型教师发展

学校与中铁一局、中铁隧道局等企业共建 BIM 技术应用中心、陕西省高性能混凝土工程实验室、技术创新研发基地、科技创新团队研发基地等协同创新平台，为企业技术升级和流程优化提供服务，依托真实项目研发，深化了产教融合。每年承办中铁北京局、中铁十局等企业技能大赛，教师和企业人员同场竞技，共同提升实践技能。学校服务国家“一带一路”倡议，与肯尼亚铁路培训学院共建培训中心，选派 4 批次共 41 名教师为肯尼亚铁路员工开展培训。成立渭南市乡村公路建设技术服务中心和洋县职业教育培训学院，选派教师开展人才帮扶、智力帮扶和教育帮扶等项目 37 项。多方联动，培养了一批能解决企业难题的骨干教师。

（七）加强领导和服务，营造“双师型”教师成长环境

学校坚持党管人才、以德为先原则，成立了人才工作领导小组和党委教师工作部，定期研究“双师型”教师队伍建设有关问题。加强师德建设，营造尊师重教的良好氛围。关心“双师型”教师成长，出台保障措施，提高服务意识，简化办事程序，工作上创造条件，生活上关心照顾，着力在营造良好的制度环境、工作环境、生活环境上下功夫，使“双师型”教师干事有平台、发展有空间。

二、凝聚合力，校内外专业带头人共促专业发展

（一）引领：行业、企业专家深度参与

国务院办公厅《关于深化产教融合的若干意见》（国办发〔2017〕95号）指出，推进产教融合人才培养改革举措之一就是“加强产教融合师资队伍建设”；在如何加强产教融合师资队伍建设指导意见中，提出“支持企业技术和管理人才到学校任教，鼓励有条件的地方探索产业教师（导师）特设岗位计划”。该意见为校企人才队伍如何融合指明了方向。如何提高专业建设水平，以使人才供给侧和产业需求侧在结构、质量、水平上相适应，是高等职业院校专业建设所面临的棘手问题。而解决上述问题的关键之一，就是让专业建设的第一责任人——专业带头人真正发挥作用，因为任何先进的专业建设理念都需要专业带头人将其具体落地。

为深化专业改革，校企协同，合作育人。学校积极落实“双专业双带头人和双主体育人”模式。双专业双带头人制度要求每个专业实行“校内专业带头人+校外专业带头人”模式，邀请企业专家、技术能手参与学校专业发展规划、专业课程体系开发、实训室建设、专业教学资源整合、专业教学问题诊断与改进等建设，使专业发展与产业发展要求相统一。

（二）赋权：专业带头人角色定位明晰

根据高等职业院校发展和专业建设的特点与要求，陕铁院印发《专业带头人选拔与管理办法》，明晰了校外专业带头人的职责和角色定位。其工作职责包括五点：与校内专业带头人一起，共同主持本专业人才培养方案制定、课程体系开发、实训基地建设、教材和课程资源建设、实践项目开发等工作；与校内专业带头人一起，共同开展“双师”结构教学团队建设，带领本专业教师开展科研、技术开发和服务；利用自身资源，促进本专业校企合作和产教融合，帮助教师和学生联系企业实践或实习单位；每年完成本专业不少于30课时的教学、实训指导、讲座、技能大赛辅导等任务；根据专业发展，每年开展本专业领域的学术讲座2次以上。《专业带头人选拔与管理办法》明确了校外专业带头人的角色定位，彰显了专业带头人的“带头”身份，拓宽了专业带头人的“带头”空间。

（三）立规：完善专业带头人激励评价机制

为了能够激发校外专业带头人队伍领导专业建设的主动性与积极性，学校制定形成专业带头人激励评价制度，在业绩奖励、考核评价等方面做出了明确规定。在管理方式上，学校进一步简政放权增效，由各二级学院具体负责专业带头人的日常管理和考核评价，激发二级学院专业建设动能。学校将考核分为年度考核和任期届满考核两种考核形式，建立了客观、公正的阶段考核和届满考核评价机制。年度考核分为师德师风、专业建设、教学、科研四个方面，形成年度考核标准评价指标。任期届满考核分为主观评价和客观评价两个方面。

另外，学校将考核结果与奖励津贴挂钩。考核结果分为合格、基本合格、不合格三个等次。校外专业带头人年度考核合格的，专项津贴全额发放；考核基本合格的，专项津贴减半发放；考核不合格的，取消其资格及相关待遇。优胜劣汰的考核机制使专业带头人考核评价真正落到实处。

（四）强化：积极构建专业带头人培育体系

为了实现专业带头人能力的系统提升，学校将校外专业带头人培训纳入师资培养体系之中，确立培养路径，构建培养体系，帮助校外专业带头人了解职业教育改革发展趋向和领导专业建设应掌握的知识与技能。设立专项经费，用于校外专业带头人业务进修，参加学术会议或接受培训，并资助其进行专项研究。在各类评优评先、国内外培训中，推荐校外专业带头人参加。校外专业带头人以学校名义主持立项的科研课题、发表的论文、出版的教材和专著、获得的专利等，享受学校教科研积分奖励。此外，学校在校内利用教师发展中心搭建经验共享与交流平台，开展专业建设研讨交流活动，举办校内外专业带头人专题讲座，从外部培训与工作交流学习两个路径助推专业带头人专业建设领导能力的提升。

【教师文化】

专业带头人事迹材料一

陕铁院地下与隧道工程技术专业（盾构施工方向）

校外专业带头人

——陈馈

陈馈，男，1963年生，湖南新化人，现任盾构及掘进技术国家重点实验室党工委书记、常务副主任。陈馈担任陕铁院盾构施工技术专业的校外带头人以来，以习近平新时代中国特色社会主义思想为指导，认真学习贯彻党的十九大、二十六精神，积极学习学校系列重要文件和会议精神，密切关注学校及高等职业教育发展动态；积极支持和全力配合城轨工程学院专业建设工作，对地下与隧道工程技术（盾构施工方向）人才培养目标、人才培养规格、课程设置积极建言献策。

他主动参加盾构实训基地建设论证会，为基地建设提出建设性意见，为地下与隧道工程技术（盾构施工方向）专业综合改革也提出了建设性意见。他积极指导该专业青年教师，为城轨工程学院师生掌握行业前沿技术动态做专题讲座，与学院教师共同主编《中国盾构》《盾构施工技术》（第2版）等著作。他作为联合参建单位的一员，积极参与并指导地下与隧道工程技术资源库建设相关工作，助力该资源库在企业的推广应用。

【教师文化】

专业带头人事迹材料二

陕铁院铁道机车运用与维护专业校外专业带头人
——李芾

李芾，男，1956年生，工学博士、教授、博士研究生导师，是目前国内知名的铁道机车车辆专家之一。1994年8月获得德国亚琛工业技术大学（RWTH Aachen University）车辆工程专业博士学位。1999年入选国家级人才计划，受聘于西南交通大学。他先后担任西南交通大学牵引动力研究中心副主任、机械学院副院长、机车车辆系主任，西南交通大学希望学院城市轨道交通学院院长。同时兼任TALBOT机车车辆公司、四方机车车辆公司、南车株洲电力机车公司等国内外多家机车车辆厂高级顾问，以及中国铁道学会牵引动力委员会和车辆委员会委员。

李芾教作为陕铁院铁道机车运用与维护专业群建设指导委员

会的主任委员，还兼任铁道机车运用与维护专业的校外专业带头人，积极参与专业群的各项建设任务。他在人才培养方案制定、课程设计、课程开发、师资队伍建设、校内实训室建设等方面给予指导和建设性意见，为师生做科学前沿技术讲座，指导青年教师成长，带领铁道机车运用与维护专业群成功申报陕西省“双高计划”高水平专业群，为专业群的发展做出了重要贡献。

【教师文化】

专业带头人事迹材料三

陕铁院工程测量技术专业校外专业带头人
——周建东

周建东，男，1972 年生，现为中铁一局集团宝鸡精密测绘工程有限公司经理，高级工程师、注册测绘师，获得 2011 年度中铁一局集团公司“金牌职工”称号。近年来，他先后带领团队获国务院国有资产监督管理委员会中央企业学习型红旗班组标杆、中华全国总工会全国学习型先进班组以及陕西省工人先锋号、全国工人先锋号等荣誉称号。

作为陕铁院工程测量技术专业校外专业带头人，周建东积极参与专业人才培养方案修订、教学改革、课程建设、实训室建设、校企合作、技能大赛等方面的工作，与学校共建了教师企业实践流动站，为教师专业技能提升提供了良好的平台。针对工作岗位需求，他结合自身工作实际，为工程测量技术专业教师提供现场典型工作案例，设计基于工作过程的课程任务和过程性考核方案，提高专业学生职业素质。近年来，他持续深度参与陕西铁路工程职业技术学院技能大赛工程测量分项竞赛技术方案编制、竞赛评分标准制定、竞赛场地选择布置及参赛学生训练指导等工作，为学校工程测量技术专业人才技能提升做出了重要贡献。

三、技艺传承，大师名匠锻造教练型教师

成立技术技能大师工作室，是学校贯彻落实国务院和教育部等六部委关于促进校企合作、深化产教融合文件精神的重要举措，有利于推进在学校和企业之间搭建一个相对稳定、充满活力的沟通交流与合作的平台；有利于充分发挥技能大师等在带徒传艺、科技创新、技能推广等方面的重要作用，加快学校和行业企业共同培养高素质技术技能人才的步伐，对于推进产教深度融合，校企密切合作，促进产业转型升级和职业教育发展，具有积极意义。

（一）筑巢引凤，组建大师名匠工作室

为进一步开展技术积累和文化传承，促进学校中国特色高水平高职学校建设，加快推进技术技能人才队伍建设，支持建立技术技能大师工作室，规范管理和服务，学校印发了《技术技能大师工作室建设实施计划（2020—2024）》。该计划鼓励各院依托深度合作企业，充分利用各方资源，聘请行业企业能工巧匠，成立技术技能大师工作室；根据师资情况，围绕技术技能大师组建教师团队，要求团队中“双师”素质教师的比例不低于 80%，骨干教师不少于 3 人，具有高级职称的教师比例不低于 30%，积极发挥高技能人才在立德树人、带徒传技、技术攻关、科技创新、技术推广、文化传承等方面的示范作用。学校现有国家级技能大师工作室 1 个，省级技能大师工作室 2 个，校级技术技能大师工作室 5 个、技术技能大师工作团队 5 个。（表 3–2–1）

表 3-2-1 陕铁院技术技能大师工作室建设情况简表

序号	技术技能大师工作室名称	级别	主持人	职称
1	叱培洲技能大师工作室	国家级、省级	叱培洲	高级技师
2	曾宇翔盾构技能大师工作室	省级	曾宇翔	高级技师
3	陈馈隧道创新工作室	校级	陈馈	教授级 高级工程师
4	刘东跃桥梁创新工作室	校级	刘东跃	教授级 高级工程师
5	白芝勇技能大师工作室	校级	白芝勇	高级技师
6	窦铁成技能大师工作室	校级	窦铁成	高级技师
7	徐伟峰技能大师工作室	校级	徐伟峰	高级技师

（二）拜师学艺，促教师实践能力提高

学校成立技术技能大师工作室，要求企业能工巧匠在实训教学、生产实践过程中有目标地开展传、帮、带活动，帮助工作室教师成长，培养一批教学能手和青年技术技能骨干教师。自成立技术技能大师工作室以来，开展校内教师实践技能指导、研讨交流活动 60 余场，带领团队教师深入中铁工程装备集团、中国铁建重工集团、盾构及掘进技术国家重点实验室等企业技术专家开展学习交流活动 20 余次，帮助团队教师积极学习企业生产实践经验，掌握先进技术，提高实践操作技能。带领教师参与行业性、区域性培训及职业技能竞赛等活动，为学校举办赛事积累经验、储备力量，更使团队教师提升了现场认知，积累了社会资源，为今后的发展打下坚实基础。通过技能积累，团队教师将实践成果作用于实践教学，指导学生参加各类技能大赛，获国家级奖 349 项，技术技能人才培养质量显著提升。

（三）饮水思源，反哺企业高质量发展

学校技术技能大师工作室以传承发扬技艺技能、弘扬工匠精神为己任，利用各种机会、平台、媒体等，积极开展对外交流活动。学校面向中铁一局、中联重科、延长化工、秦岭发电等企业，开展技术交流、技术指导 30 余次，开展工匠精神报告 30 余次。技能大师受邀担任全国职工职业技能大赛裁判员、技术顾问、专家、职工职业技能大赛裁判员 52 场，发表科研论文 60 余篇，主持各级科研课题 32 项。为中铁一局、中联重科、陕煤集团等企业提供技术服务 20 余项，完成成果转化资金 500 余万元。

【教师文化】

技能大师事迹材料一

窦铁成技能大师工作室

一、个人简介

窦铁成，男，1956 年生，中国共产党党员，为中铁一局集团电务工程有限公司电力工匠技师。他被评为中国铁路工程总公司优秀共产党员，中铁一局集团电务工程有限公司先锋岗标兵，中铁一局集团有限公司先进生产者、革新能手，陕西省职工技能大赛电力线路工比赛第一名，被授予陕西省技术能手称号、全国知识型职工标兵、陕西省高技能人才、知识型职工标兵、优秀共产党员等称号，曾荣获全国五一劳动奖章、铁道部火车头奖章。2019 年 9 月 25 日，荣获新中国“最美奋斗者”荣誉称号。

二、工作室简介

2020 年 7 月 8 日，陕铁院成立窦铁成技能大师工作室。该工作室的主要功能是发挥高技术技能人才在立德树人、带徒传技、技术攻关、科技创新、技术推广、文化传承等方面的示范作用，以人才培养为主导，以专业（群）为依托，以研究为纽带，以提高教育教学和研究能力、促进教师专业成长和提升人才培养质量为目的，面向学生和行业企业员工开展培训、研修、攻关、交流等活动，将技术技能革新成果和绝技绝活加以传承、创新和推广。

该工作室由主持人（技术技能大师）和教科研团队成员组成。其中，主持人 1 人，主持人助理 1 人，教科研团队成员共 15 人，行业企业成员 5 人。该大师工作室建设目标是成为学院和企业技术技能人才交流沟通桥梁，为铁道供电技术专业高技能领军人才开展电气化变配电所一次、二次设备技术创新，设备检测技能攻关，带徒传技搭建平台，创新高职高专技能人才培养模式，提高教师实践技能、科研创新能力，提升高技能人才培养能力。

三、工作室主要成绩

（一）弘扬新时代工匠精神，提升学生职业素养

以新中国“最美奋斗者”窦铁成为引领，以大师工作室为依托，定期开展劳模进校园系列活动，弘扬工匠精神，重点提升学生职业素养；开设“动力大讲堂”第二课堂，定期邀请行业企业专家开展专业前沿和技术创新等系列讲座，拓展专业文化；实施“动力之星”计划，促进学生全面发展，开展创新创业大赛，培养学生创新意识，提升创新创业能力，获省级创新创业奖项 9 项以上。

（二）大师引领，铁道供电创新团队建设卓有成效

在窦铁成技能大师的引领和指导下，团队骨干成员主持和参与科研项目 10 余项，在牵引供电系统电能质量综合补偿系统、变压器式可控电抗器、磁阀式可控电抗器、远程智能监控系统的研制和微纳光学信号检测等方面取得了系列成果，具备了较强工程

化和对外技术服务的手段与能力。窦铁成技能大师工作室的代表性成果与案例有：

成果一：牵引供电系统电能质量综合补偿系统。该成果依托甘肃省自然科学基金项目“电气化铁道混合有源综合补偿的研究”、企业委托项目“27.5kV电气化铁路混合有源综合补偿装置”和渭南市2019年度重点研发计划项目“电气化铁路牵引供电系统APF关键技术研究”（项目编号2019ZDYF-JCYJ-127）。经过长期研究，取得了电气化铁路APF监控软件V1.0.（计算机软件著作权，2020）、高速铁路电能质量监控软件V1.0.（计算机软件著作权，2020）等一系列高水平研究成果，为电能质量综合补偿系统的设计分析奠定了良好的理论基础。

成果二：变压器式可控电抗器的研制。该成果依托陕西省教育厅2021年度科研计划项目“复杂工况下可控电抗器电磁特性统一性研究”（项目编号21JK-0582）、渭南市2020年度重点研发计划项目“磁集成CRT精确数学模型研究”（项目编号2020ZDYF-JCYJ-177）、国家自然基金项目“变压器式可控电抗器磁集成及解耦控制”和甘肃省自然科学基金项目“变压器式可控电抗器的理论研究”。

成果三：磁阀式可控电抗器的研制。目前磁阀式可控电抗器的相关理论已得到实验室小型样机验证，工作室成员现拥有实用新型授权专利“一种快速响应型自励式磁控电抗器”和“磁阀式可控电抗器快速性改善装置”，已与电抗器生产厂家合作，在牵引供电系统电能质量的治理上得到了工程化应用。

成果四：远程智能监控系统的研制。相关成果已得到实验室验证，相关理论已得到国网甘肃省电力公司兰州供电公司的验证，工作室成员现拥有“变电站照明及门禁智能监控系统”和“一种控制器”等实用新型授权专利。

（三）发挥大师工作室功能，技术服务能力大为提升

1. 肯尼亚蒙内铁路技术服务

肯尼亚蒙内铁路（蒙巴萨港—内罗毕）是东非铁路网的起始段，全长480千米，设计运力2500万吨，采用中国国铁一级标准，连接东非第一大港蒙巴萨港和肯尼亚首都内罗毕，由中国路桥工程有限责任公司承建。陕铁院分别于2017、2018年两次赴肯尼亚进行铁道供电技术服务工作，主要完成了电工电子技术、电力线路工、电力系统及供电、变电所设备检修与维护、变电所二次系统检修与故障处理等方面的技术服务。使当地学生掌握了变电所主要设备的工作原理和操作方法、不同种类电气主接线的原理和高压配电装置的装设原则、架空线路的结构及其各组成部分的类型、不同的中性点接地方式的特点及发生故障后相电压、电质量的三要素和标准、掌握防雷接地技术的原理及方法。该项目的成功实施，为海外技术服务类项目的开展积累了宝贵经验。

2. 陕西神渭煤炭管道运输有限责任公司技术服务

受陕西神渭煤炭管道运输有限责任公司委托，陕铁院供电科技创新团队对该公司29名技术人员进行了为期22天的电气自动化技术技能指导。培训内容包括浆体管道运行、泵站设备的相关知识，维修电工基础知识，SCADA系统构架的相关知识，通信系统、光缆维修的相关知识，控制系统及仪表的相关知识，PLC基础知识及检修规程，变频器操作、维护及检修规程，等等；编写了理论教材和实践教材2部。

（四）校企深度合作，推动课堂革命创新

以窦铁成大师工作室为纽带，校企共建精品在线开放课程，实现线上线下相融合，时时处处可学习，充分调动学生学习积极性，发挥学生主体地位，形成信息化教学新生态。校企共建模块

化教学改革实施方案1套，特色课程模块化教学改革全覆盖。所有课程都完成了信息化教学改革，混合式教学实施课程课时数占总课程课时数的90%，过程性考核课程课时数占100%。

（五）大师深度参与，提升教师教育教学能力

开展师带徒活动。窦铁成大师亲自带青年教师6人，带动企业技术能手参与师带徒活动。校内师傅传授教学经验、教学方法，企业师傅传授工匠精神、实践能力，使铁道供电技术专业教师一年起好步，三年站稳讲台，五年成骨干，十年成名师。

【教师文化】

技能大师事迹材料二

刘东跃技能大师工作室

一、个人简介

刘东跃，中铁九局副总工程师，教授级高级工程师，公路工程一级建造师，注册监理工程师，全国优秀项目经理。2010年入选辽宁省市政公用设施抗震设防专项论证专家库专家。2012年12月—2015年4月，兼职成都理工大学、沈阳建筑大学、石家庄铁道大学四方学院等多所高校客座教授。2015年6月起，兼职石家庄铁道大学硕士研究生校外指导教师；现兼职辽宁省建设工程资深专家，沈阳建筑大学等硕士研究生校外指导教师，陕铁院客座教授，主编有《施工临时支撑结构专项技术方案》等专著。

二、工作室简介

为加速桥梁施工、检算等高技能人才队伍的建设，加快发展

桥梁行业，服务区域创新型经济建设，刘东跃桥梁创新工作室于2020年7月经学校批准成立。工作室设主持人1人，主持人助理1人，成员10人，其中企业人员4人。工作室以人才培养为主导，以专业（群）为依托，以研究为纽带，以提高学校的教育教学和研究能力、促进教师专业成长、提升人才培养质量为目标，面向学生和行业企业员工开展培训、研修、攻关、交流等活动。

三、工作室成绩

（一）深度合作促进双元育人，建成了国家级教师教育教学团队

打造校企合作共同体，校企共同培育“双师型”教师培训名师和团队，培养了一批教学能手和技术技能骨干教师。课题申报数量达10项，其中省级2项。教师获省级以上荣誉12项。

（二）坚持立德树人为先，出台了完善的师资队伍奖惩机制

按照“引培并举、分层培养、专兼结合”的建设思路，建立完成了涵盖师德师风、教育教学、科研服务、专业建设等内容的大师团队考核评价制度1套，形成师资队伍建设奖惩机制1套，大师引领推进教师个人自我发展诊断与改进。

（三）以工作室项目为依托，技术创新带动了区域经济发展

工作室发挥领军带头作用，定期总结取得的成果，邀请校内外专家进行交流和技能展示4次，对项目研究与技术开发所产生的工作室成果进行后续开发、应用、推广，开展的技术服务和社会培训项目达11项。

（四）围绕大师工作室特点，创新的专业教训模式卓有成效

通过围绕实际存在的项目开展教学和实践活动，掌握具体岗位所需的知识和技能，培养学生的岗位适应能力。开发优质项目，面向高铁专业类学生、专业教师和企业员工开展培训达3200余人日。

（五）立足高铁行业发展，发挥专业品牌效应促进教研

确保课程教学内容的先进性，引进新的真实项目案例 15 个，企业人员参编、参审教材 6 部。实现科技成果向教育成果的转化，授权专利 7 项，其中发明专利 1 项。

（六）提升工作室教师能力，技术技能团队育训效果显著

在“三铁”企业设立专业教师流动工作站，实施教师每年不少于 6 个月的企业轮训制度，成功申报中国职业技术教育学会等课题 11 项，立项学校课程示范课 2 门，课程思政案例获奖 7 项，陕西省“互联网+”创新创业项目获得金奖 2 项、铜奖 1 项。

【教师文化】

技能大师事迹材料三

白芝勇技能大师工作室

一、个人简介

白芝勇，男，1978 年生，现为中铁一局集团宝鸡精密测绘工程有限公司书记。参加工作以来，先后参与了 50 多条国家重点铁路、公路及其他基础设施建设的线路复测、精测工作。先后荣获陕西省劳动模范、中央企业青年岗位能手、全国知识型员工、全国青年岗位能手标兵、全国特别关注“最美青工”、首届央企楷模、全国劳动模范等荣誉称号，并享受国务院政府特殊津贴，是党的十九大代表。以白芝勇的名字命名的技能大师工作室，先后取得 9 项国家专利，完成 2 项科研成果，在省部级以上刊物发表论文 6 篇，完成工艺工法 5 项，被授予国家级技能大师工作室、陕西省十佳职工创新工作室称号，并为企业培养出 16 名测量技术骨干人员。

二、工作室简介

陕铁院白芝勇技能大师工作室成立于2017年4月，由学校和中铁一局共建。成立以来，白芝勇先后10余次深入学校，带领工作室团队在科技研发、新技术推广、合作育人等方面深耕。先后开展“弘扬工匠精神，深化校企合作”等活动2次，深入学生中间开展“听芝勇故事，绘就测量人生”等活动，指导学生做好人生规划；为学生讲解仪器操作、无人机测绘新知识等，深受学生欢迎。他是学校2名青年教师的企业导师，带领并指导教师对企业一线难题开展研究。师徒团队完成的“无人机+BIM助力施工现场管理”研究项目荣获陕西省绿色建筑产业科技成果奖，以及陕西省职工科技节技术工人培训优秀课程、讲座、绝技绝活（视频）一等奖。他还指导青年教师将行业新技术应用到教学中。经他指导的青年教师，获得全国职业院校教师教学能力比赛二等奖1项，陕西省职业院校教师教学能力比赛一等奖2项、二等奖1项；经他指导的学生，获得全国职业院校技能大赛一等奖1项、二等奖5项、三等奖1项，陕西省职业院校技能大赛一等奖10项。

第三节　引培并重
——推动体制改革，服务教师成长

一、改革先行，搭建人才成长空间

（一）推行人事制度改革，激发人才活力

积极完善学校内部治理结构，不断深化人事制度改革，进一步完善教师准入、培养、考核和评价体系，出台和修订相关政策，为人才

队伍建设提供良好的环境和制度保障。

修订绩效工资分配办法，扩大部门二次分配权限，形成多劳多得的良好工作局面。提高全校教职工待遇，增强教师获得感和幸福感。实行绩效工资动态调整，实现多劳多得、优绩优酬，激励全校教职工干事创业热情，让教师成为令人幸福的职业。

开展全校教职工全员聘任工作，鼓励人才合理流动。根据学校实际发展需要定岗定编、按岗聘任、竞聘上岗。通过全员聘任，形成能上能下机制，调动全校教职工工作积极性，激发办学活力。

完善教师准入制度，推进以“双师”素质为导向的新教师准入制度改革；实施教师分类管理和评价，人尽其才；优化教师诊改机制，促进教师自我诊断和持续改进；深化校院两级人事管理体制改革，推进学校治理水平的提高和治理能力的现代化。

（二）树立人才强校战略，保障人才成长

兴国必先强师。强师，需要有一支数量充足、结构合理、政治素质过硬、业务能力精湛、育人水平高超的教师队伍。根据中省各类文件，学校积极开展各类人才评选和推荐工作，获评全国优秀教师 2 人、黄炎培职业教育奖杰出教师 1 人、陕西省特支计划领军人才 1 人、陕西省特支计划教学名师 2 人、陕西省三秦工匠 1 人、陕西省教学名师 11 人、国家级技能大师工作室 1 个，新增二级教授 2 名、三级教授 5 名，32 名教师在全国行业职业教育教学指导委员会和教育部职业院校教学（教育）指导委员会担任职务。

1. 增大招聘力度，提供优厚待遇，灵活用人机制

近年来，为响应国家高等职业扩招政策，学校学生数量持续增加。面对教学压力，学校积极应对，增加师资数量，提高招聘质量。学校形成以校领导为核心，各二级学院参与，职能部门组织、把控的招聘领导小组。印发《公开招聘管理办法》《“双师型”教师招聘管理办法》

等一系列制度文件，明确招聘的程序、组织、管理工作，细化招聘形式、内容、流程，做到公开透明。

为克服地处非中心城市的弊端，学校积极出台相关政策，吸引高层次人才来校工作。例如，为高层次人才提供住房、科研启动经费，为其配偶、子女解决工作、上学问题等，提高福利待遇标准。近5年，共引进高级人才22名，其中具有博士研究生学历的副教授3人、高级工程师4人、高级技师2人、高级讲师1人、博士12人。

为补充教师数量，学校积极开展高校毕业生招聘工作。每年，学校根据高校毕业生情况，划片区开展招聘宣传，奔赴50余所学校，进校宣讲、交流。每年学校联络的高校就业指导中心超过100家。近5年，学校招聘具有硕士研究生以上学历的人才255人，为教师队伍建设提供了强有力的补充。

“只有了解学生心中所想的老师，才能把课讲好。”为克服辅导员招聘工作中存在的招聘难、留人难的问题，学校创新用人机制和方法，提出“B类岗位教师”新举措。要求“B类岗位教师”需在辅导员岗位从事3年工作，3年后可根据个人意愿选择专职教师岗位或辅导员岗位工作。这一政策的出台，不仅使辅导员队伍紧缺的现象得到缓解，更为以后的教师培养打下基础。

2. 自主培养，助教师学历提升

学校自1973年成立以来，一直把营造“好学不倦，严谨治学”的师德精神放在师德建设首位，将教师学风与师风相结合，鼓励教职工在职进修，并根据相关政策，积极应对并做出改变，取得了良好成效。学校刚成立时，教师学历以专科、本科居多。为提高教职工学习、进修热情，改善教师队伍学历、学缘结构，学校印发《教职工学历进修管理办法》《教职工攻读学历学位奖励办法》，积极与专业相关本科院校对接，推荐教师带薪脱产攻读学位，还降低教师课时要求，给予攻读学位期间的生活费用补贴。经过不懈努力，2012年有47位教师取得硕士学位，大大提高了学校硕士研究生学历比例。随着国家研究生政策不断调整改革，学校修订《教职工学历进修管理办法》，切实解决教职工在攻读学位期间遇到的问题。近年来，随着在职研究生的招生规模日渐缩小，学历提升渐由在职向全日制转化。为此，学校出台了《教职工离职脱产攻读全日制博士学位暂行规定》，为脱产读博教职工缴纳各类社会保险并报销读博期间学费。教职工积极响应，攻读博士学位的热情高涨。超过 30 余人申请攻读博士学位，5 人已顺利毕业，26 名教师正在深造，学校自主培养成绩喜人。截至 2021 年年底，学校具有硕士、博士学位教师占比达 86.93%。经过不懈努力，学校形成了“人人爱学、人人肯学”的师德氛围。

3. 制度优化，搭建人才成长阶梯

为激励、保障人才发展环境，学校出台了《高层次（特殊）人才服务保障实施办法》，确定设立高层次人才校内特殊津贴，建立高层次人才健康服务档案，积极为高层次人才创造良好的工作环境和生活条件，提供优质服务和人文关怀。出台了《关于进一步加强人才队伍建设的指导意见》，明确学校人才队伍建设目标和要求，营造珍惜人才、关爱人才、重视人才的良好局面。印发了《高级专家延缓退休实施办法》《教科研管理办法》《校外获奖奖励办法》等激励文件，明确构建人才发展保障制度体系，使各类人才干事有平台、发展有空间。学校每年召开人才工作会议，邀请学校高层次人才、校领导、各学院院长、职能部门负责人参与，通过集体大会、分组研讨、个别交流、意见反馈的方式，共话学校发展，宣传学校政策，保障人才成长。

（三）创新人才评价体系，激励人才多维发展

学校配合中省“简政放权、放管结合、优化服务”（简称“放管服”）改革，开展了职称自主评审工作，制定了《职称评审管理办法》《教师专业技术职务任职资格评审条件》《辅导员专业技术职务任职

资格评审条件》《职称评审量化办法》等文件，分系列、分层次开展职称评审工作，完善职称评审标准，创新分类评价方式。克服唯论文、唯资质的弊端，重视工作业绩和能力，激励教师职业发展。近5年学校师资队伍结构得到明显改善，现有高级职称222人（其中教授38人、教授级高级工程师1人），占比32%，中级职称290人，占比42%。

创新实施《教师综合执教能力评价实施办法》，构建信息化教学能力、双语教学能力、“双师”素质能力、社会服务能力及初级、中级、高级的“四维度三进阶”教师综合执教能力评价体系，并将评价等级与职称评审等挂钩，鼓励教师多方面发展。

二、设施完善，为教师发展提供环境条件

学校教师发展中心建于2015年，先后投入300余万元。该中心建筑面积约1000平方米，包括教师沙龙、微格教学室、教学名师工作室、教科研开发室、教育教学培训室、国学室、教师专业阅览室等7个功能室，集“教能训练、研讨交流、研究开发、休闲提升”等功能于一体，为教师专业发展提供了良好的平台。在校党委领导下，学校教师发展中心以“依靠教师、关爱教师、服务教师、发展教师、成就教师”为宗旨，积极开展工作。（图3–3–1、图3–3–2）

（一）教师沙龙

教师沙龙建筑面积为120平方米，可容纳50～80人活动。沙龙室内主要配备有投影仪、音响设备、饮料机、咖啡研磨机等设备。可举办小型论坛、研讨交流会、各类聚会等活动。为教师提供了阅读、交流、休闲的良好环境。

图 3–3–1　王景全院士在陕铁院教师发展中心座谈交流

图 3–3–2　2022 年陕铁院教师发展中心承接教育部“职教国培”示范项目

（二）微格教学室

微格教学室建筑面积为40平方米，配备有高性能录音设备、高清摄像头、触控一体机和专业话筒。教学室具有良好的隔音吸音效果，可进行教学录像，为教师在线开放课程建设、个人教学反思、专家个性化指导提供了条件。

（三）教学名师工作室

教学名师工作室建筑面积为80平方米，主要分为两个区域。一是名师工作工位11间，每个工位既相对独立，又开放互通，并配备办公桌椅、高性能电脑与彩色打印机等设备。二是研讨交流区，配备有触控一体机、黑板、白板、会议桌等；特别是配备了专业的高清音视频采集系统，可将研讨会议即时记录，即时储存，或现场广播。

（四）教科研开发室

教科研开发室建筑面积为80平方米，可容纳16～20人开展教科研活动。这里配备了先进的计算机及专业教学和科研软件工具，主要供教科研团队进行研究与开发使用。目前，学校BIM技术研究开发中心已进驻教科研开发室。

（五）教育教学培训室

教育教学培训室建筑面积为80平方米，可容纳60人参加培训。这里主要配备有触控一体机等设备。特别是这里自带强大的资源库，其中储存了大量的教学课件、优秀教案、教学视频、教学软件、教学素材等，可供教师浏览、观摩，还可将培训过程进行实时录像，实时播送。

（六）国学室

国学室建筑面积为40平方米，可容纳10～16人活动。这里主要配备了经史子集等各类书籍以及茶台等茶艺设备。教师可在此研究和体验礼仪风俗、人文智慧、伦理道德等中华传文化精髓，培养教师对中华优秀传统文化的兴趣和爱国情怀。

（七）教师专业阅览室

教师专业阅览室建筑面积为 80 平方米，可容纳 30～50 人活动。这里主要配备了教育理论类、教育心理类、教师专业成长类、人文类和综合类等五大类书籍300余册，可满足教师专业发展方面的阅读需求。

（八）设施不断完善，作用显著发挥

近 5 年，中心设备设施不断完善，培训服务管理质量不断提高，承接培训规模不断扩大。其间，中心共承接诊改复核工作、陕西省职业院校教师素质提高计划、各类企业培训、学校新进教师入职培训、各类教学比赛等活动 200 余场，中心作用得到充分发挥。这 7 个功能室各司其职、互为补充，预约常常爆满，优美环境受到校内外专家学者一致认可，成为学校宣传的一张亮丽名片。

三、培养培训，服务教师成长成才

（一）体制先行，构建教师培养体系

1. 培优评先，做不断攀登的前行者

近年来，学校评选“最美教师”、教学名师、教学能手、教坛新秀等 80 余人，成立技术技能大师工作室 8 个，新聘校内专业带头人 40 人。他们当中，有初出茅庐的新进教师，有成为教研室中坚力量的骨干教师，有成绩颇丰的资深教师。不管处在职业发展成长的何种阶段，他们仍不满足地前进着、奋斗着。这些都与学校的培养体系密不可分。（表 3–3–1）

表 3-3-1　陕铁院省级校级教学名师一览表

序号	姓名	职称	称号
1	王津	二级教授	省级
2	焦胜军	二级教授	省级
3	王闯	三级教授	省级
4	刘超群	三级教授	省级
5	毛红梅	三级教授	省级
6	张福荣	三级教授	省级
7	何文敏	教授	省级
8	李新萍	教授	省级
9	叶超	教授	省级
10	祝和意	教授	省级
11	黎炜	教授	省级
12	蒋平江	教授	校级
13	张学钢	教授	校级
14	安宁	教授	校级
15	韩茂源	教授	校级
16	杨小玉	教授	校级
17	齐红军	教授	校级
18	刘明学	教授	校级
19	庞旭卿	教授	校级
20	孟红松	教授	校级
21	赵淑敏	副教授	校级
22	王薇	副教授	校级
23	李莉	副教授	校级
24	董艳	副教授	校级

续表

序号	姓名	职称	称号
25	王娟	副教授	校级
26	田倩	副教授	校级
27	李常茂	副教授	校级
28	陈明明	副教授	校级

2. 激励保障，做责任与义务的前行者

学校注重教师培养制度体系建设，印发、修订《教师发展标准》《技术技能大师工作室建设实施计划（2020—2024）》《专业带头人选拔与管理办法》《中青年骨干教师选拔与管理实施办法》等 10 项文件，聚焦教师培养，鼓励教师争优争先，为教师从入职到退休阶段成长提供参考的目标和坐标，帮助教师对标寻差，推动教师不断发展。

（二）培训助力，构建教师培训体制机制

学校出台《教师培训工作实施办法》，完善培训制度体系。学校每年开展新进教师岗前培训，形成入职培训体系；定期开展青年教师行动导向教学方法培训、专任教师双语培训、创新创业培训等，提高教师教学能力，提升学校人才培养质量。（图 3–3–3）近 5 年，学校组织出国培训 130 人次、国内培训 2000 人次，学校教师在中省各类教学能力比赛中获奖 182 项，获评国家级教师教学创新团队 2 个。

1. 培养骨干教师

充分发挥行业技术领军人物作用，通过名师带徒、技能研修、专项培训等措施，帮助骨干教师突破职业发展瓶颈，加大中青年骨干教师国内外进修和培训的支持力度，促使中青年人才快速成长，不断优化人才梯队结构。计划 5 年内培养出能够深度参与企业生产运作、改进企业生产工艺、解决生产技术难题、提供咨询服务的骨干教师 100 名。

图 3-3-3　陕铁院与德国北威州埃森培训中心签订教师培训合作协议

2. 提升双语能力

学校利用校内培训、校外集中强化、国际交流与实践等形式，每年举办 2 期专任教师双语教学能力培训班，每年培训教师 100 人次。学校选派教师到海外工程项目部挂职锻炼，积累国际工程实践经验，服务中国中铁、中国铁建等“走出去”企业，为涉外培训和技术服务奠定了良好基础。（图 3–3–4、图 3–3–5）

3. 提升技术服务能力

学校设立“青年科技创新人才”专项经费，资助教师立足行业企业需求，开展专项课题研究，提升教师技术创新能力和技术成果转化能力。学校依托技术技能创新服务平台，打造由大师引领，由企业专家、骨干教师和“双师型”教师组成的技术服务团队，服务企业生产、技术升级和产品研发。学校参与的技术服务合同总金额达 6928 万，学校教师获市厅级以上科技类成果奖 26 项。

4. 提升教学能力

以教师教学创新团队建设为抓手推动教师不断进行教学过程、教学内容、教学模式改革创新，实施团队合作的教学组织新方式、行动导向的模块化教学新模式。全面提升教师信息化教学能力，促进信息技术与教育教学融合创新发展。近 2 年，学校教师在核心期刊上发表论文、出版著作 234 篇（部），获省级以上教学成果奖 8 项，在全国教师教学能力大赛上获奖 4 项。

（三）成果导向，构建教师考核激励机制

学校印发《“最美教师”评选实施办法》《教学能手奖评选办法》《教学名师奖评选办法》《教坛新秀奖评选办法》《优秀教研室和优秀科室评选办法》《教职工年度考核实施办法》《技术技能大师工作室年度考核指标》《绩效工资分配办法》，形成基于“产出、绩效、评价”的考核激励制度体系。明确教师成长发展路径、年度目标任务、奖励激

图 3-3-4　陕铁院骨干教师在德国学习双元制职业教育

图 3-3-5　陕铁院骨干教师在澳大利亚学习职业教育

励标准，形成“人人肯干事，人人干实事”的良好格局。

【教师文化】

师资培训案例

学先进，为己用；抓教学，促改革

——行动导向教学法培训

2018 年 4 月，陕铁院邀请德国职业教育专家 Thomas Hug 教授为学校青年教师进行行动导向教学法培训（图 3–3–6）。这是继 2011 年以来学校组织的又一次大型行动导向教学法全员培训。培训历时 4 天，全校 200 余名专兼职青年教师参与。培训中，Hug 教授分析了职业教育的目标，并激发教师们思考如何在目标前提下进行课程设计；阐述与分析了课程与教学方法的关系，以及专业能力、社会能力与方法能力的关系；通过对学习机理和影响学习效果的重要要素的分析，介绍如何在教学中有效地利用现代教育心理学发展的理论成果，帮助教师们提高教学效率。针对如何处理专业教学内容的量与有限教学时间的关系等问题，Hug 教授剖析了学习量与学习深度的关系，结合他的教改实践，阐述了如何有效分析、优化课程教学内容，做好教学减法，优化教学方式，有效培养学生能力，并介绍了学生能力评价的方法。他还强调，教师在教学设计中应考虑和实施学习的个性化，在课堂上兼顾各种不同水平的学生的知识获取能力的差异，使他们的学习效率都能够最大化，充分体现了“以学生为中心”的理念。

通过此次培训，青年教师不仅学习了德国先进的职业教育理念和方法，更意识到教师应与时俱进，找准自己的角色定位，从激发学生的求知欲、提高学生的实践能力、培养学生的创新精神

图 3-3-6　Thomas Hug 教授为陕铁院青年教师进行行动导向教学法培训

入手，促进教与学的改革深化。

第四节　树典立范
——打造教书楷模，铸就育人标杆

学校有这样一群人，他们荣誉加身，仍不忘教育初心；他们奋斗在教育一线，用青春书写人生精彩。他们不忘教书育人的宗旨，担当立德树人的使命，秉持陕铁院人不忘初心、牢记使命的坚定信念，拥有忠于党、忠于教育事业的优秀品质，生动诠释着“吃苦奉献，拼搏争先”的学校精神。本节重点列举两个国家级职业教育教师教学创新团队和若干教学名师代表的先进事迹和典型案例，以展示陕铁院教师文化和教师队伍建设成效。

一、国家级职业教育教师教学创新团队——建筑工程技术团队

为贯彻落实《国家职业教育改革实施方案》《全国职业教育教师教学创新团队建设方案》等系列文件精神，学校紧抓职业教育发展的历史机遇、中国特色高水平高职学校和专业建设计划，根据国家级职业教育教师教学创新团队建设项目工作安排，优化团队建设方案，落实职业教育改革措施。依托陕西铁路建筑职业教育集团，学校与中铁一局、中建八局等 25 家企业深度合作，进一步完善“学校对接集团公司，学院对接分公司，教研室对接项目部，教师对接工程技术人员”的紧密型“四级对接”校企合作运行机制，共建生产性实训基地，开发教学资源，开展现代学徒制培养模式，构建了“学校 BIM 中心对接

集团公司 BIM 中心，专业学院对接分公司 BIM 中心，BIM 教学团队对接项目部 BIM 中心，教师对接 BIM 工程技术人员”的“四级对接”的紧密型校企合作运行机制，制定相关管理制度文件 8 项，实现了“产业技术与专业教育、业务发展与社会实践、技术研发与产业发展、人力资源与人才培养”四大融合。

借助学校国家级协同创新中心——BIM 技术应用研究中心，校企协同发力，服务行业技术升级。新签 BIM 技术应用研究合同 24 项，合同额共计 1512.06 万元。学校成立装配式技术应用研究中心，对接装配式建筑+BIM 技术，校企共建装配式建筑专业（方向），建成装配式建筑施工实训基地；双方就人才培养，共同制订了培养方案、教学标准等。

（一）构建校企共育机制，培育“双师型”教师团队

学校依托陕西铁路建筑职业教育集团，发挥“名师大师工作室+教师发展中心+企业 BIM 培训基地+BIM 技术扶贫工作站”的作用，使校企深度融合，突出校企互补、专业互补、经验互补、能力互补和技术互补，采用“引、聘、送、下、带”等措施，柔性引进上海鲁班软件股份有限公司董事长杨宝明担任产业导师，聘请中铁一局研发中心主任、教授级高级工程师李昌宁，中铁置业集团总经理、教授级高级工程师王建营等行业领军人物担任企业专家，选送张少峰、李阳、孟祥鑫三位教师攻读在职博士学位，遴选彭伟等 10 余名骨干教师进行下现场锻炼等。学校与企业联合开展课程教学、科学研究、技术服务、专业建设等，提升了建筑工程技术团队教师教学能力，初步建成一支能够解决生产技术难题的“双师型”教师团队。

（二）校企双引擎，打造高水平结构化教师教学创新团队

实行团队“教学名师+产业导师”双带头人引培制度，强化核心引领，促进团队创新发展。形成由学校副校长李林军教授担任团队带

头人，上海鲁班软件股份有限公司董事长杨宝明担任产业导师的校企双引擎。双带头人团结协作、优势互补，发挥核心引领作用，促进团队创新发展。

学校以国家级职业教育教师教学创新团队建设为载体，发挥“名师大师工作室＋教师发展中心＋企业培训基地＋创新技术协同中心”的作用，校企深度融合，构建“1＋X”技能等级培训团队，突出专业互补、经验互补、能力互补和技术互补，整体提升团队教师的实践能力。强化骨干教师“六个一”制度，发挥骨干教师示范带动作用，促进团队教师能力的整体提高。学校骨干教师挂职中铁一局建安公司某项目部，任工程部副部长，协作部长做好项目管理工作；团队成员完成的“基于物联网＋BIM 技术的装配式建筑智能应用系统”项目在第 10 届“挑战杯”陕西省大学生创业计划竞赛中荣获铜奖；团队成员申请教科研课题 20 余项，发表论文 50 余篇。

在参与装配式、BIM 技术应用研究项目的教师中遴选 26 名“精晓装配式、精通 BIM、熟练识图”的教师组成专任教师团队，分 13 批次参加职业技能等级标准宣贯会，举办交流研讨会，加强教师对标准的理解和掌握。与培训评价机构和中望、品茗、百库等行业领先企业合作，聘请企业兼职培训师 8 名，来校承担培训工作（192 课时），共同研讨教学内容，开发训练项目，探索培训形式，进行人才培养方案修订和课程体系构建，保证考核标准与课程标准的同心融合。

（三）落实“四类项目”，提升团队教师实践能力

建立以教师发展研究、专业培训、教学咨询为主要内容的教师教学服务体系，不断改进教师教学理念，实施“1＋BIM”证书标准与教学标准对接、训练项目与 BIM 项目对接、“1＋BIM”证书考核与课程考核对接。基于建筑工程技术专业人才培养模式，辐射拓展、创新交通土建类“基于 BIM 技术的‘产教合一，学训交替’人才培养模式”。

该人才培养模式获陕西省教学成果奖一等奖。

利用强化培训、课程开发、教学观摩、教学比赛等手段，提升教师教学能力。团队获陕西省教学成果奖3项，在国家级及省级职业院校教学能力比赛中获奖7项，其中2020年获得全国职业院校教学能力比赛一等奖。团队在BIM、装配式、建筑工程识图等竞赛中获奖52项。“1+X”BIM职业技能等级证书考试通过率为72%，位居全国前列。

开发专业教学资源库、精品在线开放课程、新形态一体化教材、虚拟仿真实训基地四类项目，全面提升团队信息技术应用能力。王闯教授主持国家级土木工程检测技术专业教学资源库，杨小玉教授主持省级BIM专业资源库1个，团队成员助力国家级地下与隧道工程技术专业资源库建设并顺利通过验收；开发新形态教材5部，其中2部进入国家“十三五”规划教材、4部推荐参评省级优秀教材；建成“全真实体+虚拟仿真”智慧建造实训基地，团队成员将信息化技术和专业相结合，带动道路桥梁工程技术专业发展，立项国家虚拟仿真示范实训基地，形成引领教学研发品牌。

依托国家级BIM协同创新中心、装配式应用技术研究中心和产教融合信息服务平台，聚焦交通土建行业“标准化设计、工厂化生产、装配化施工、信息化管理、智能化应用”关键技术，开展科技攻关与技术创新研究。团队进行项目建设以来，先后承接地方、企业BIM技术服务方面的研究课题5项，BIM技术服务合同额500余万元。其成果先后荣获BIM技术应用成果奖5项，其中获“智建杯”中国智慧建造应用大赛金奖1项，第三届“优路杯”全国BIM技术大赛银奖1项，第五届中国建设工程BIM大赛三等奖1项，陕西省“秦汉杯”一、二等奖各1项。杨小玉等4名教师受聘“1+X”建筑信息模型（BIM）专家委员会委员，高晶晶等4名教师受聘“1+X”建筑信息模型（BIM）师资培训讲师团成员，张学钢等8名教师入选陕西省首批BIM专家库和师资库，齐红军等3名教师受聘为“1+X”装配式建筑构件制作与安装职业考评员，李辉等 10 名教师受聘为“1+X”建筑工程识图培训员（中级）。

学校依托中国–东盟职教院校联盟及本校国际交通学院，实施拓展国际合作项目、强化国外培训、引进外籍人才、承担海外科研及技术服务项目、开展双语教学等六大工程。团队中的 5 名教师分两期参加西安外国语大学外语培训班（图 3–4–1），中外合作相关专业招生 217 人，完成 1400 余课时的教学任务。还完成马来西亚吉隆坡建设大学 6 人、540 人日；菲律宾国家铁路局工程师培训团 12 人、1152 人日的培训任务。

（四）开展课题研究，推进国家级教师教学团队建设

团队以《国家职业教育改革实施方案》文件精神为指导，根据《全国职业院校教师教学创新团队建设方案》部署安排，按照“系统设计、整体解决，合作共建、资源共享，试点实践、总结完善，推广应用、持续提升”的思路，深入相关院校、廊坊市中科建筑产业化创新研究中心等“1+X 职业技能等级证书”培训评价组织和中国建筑等建设类企业，调研企业转型升级对 BIM 技术提出的新需求，分析同类院校“1+X 证书制度”试点中遇到的问题，细化研究内容，确定研究方法，不断完善相关方案，总结经验，凝练成果并推广应用。

2020 年 7 月，国家级职业教育教师教学创新团队子课题“‘1+X 证书制度’在共同体专业人才培养试点探索与实践应用”成功立项。12 月 26 日，国家级职业教育教学创新团队课题开题评审会在重庆召开，各团队分别做了相关课题的报告，与会专家对相关课题进行了详细评议和指导，各团队的教师进行了探讨交流，对课题研究的思路、进度、成果等方面进行了统筹安排，各协作体团队达成了一致意见。现阶段已完成各共同体体制机制建设及学校配套制度（初稿）的制订，编制书证融通的人才培养方案，开发 BIM 职业技能模块

图 3-4-1　团队教师参加专业教师双语教学能力培训

化培训包，编制新型活页式教材 1 部，完成“1+X 职业技能等级证书”相关制度 1 套。

陕西高等教育教学改革研究项目“工科高职院校‘1+X 证书制度’的研究与实践”制订了《关于开展职业教育国家学分银行学习成果转换工作的公告》等系列配套制度（已实施），编制了书证衔接和融通的人才培养方案，凝练出具有借鉴作用的教师、教材、教法改革的典型经验。《基于 BIM 技术的“产教合一、学训交替”的人才培养模式》获陕西省教学成果奖一等奖，为“1+X 证书制度”推广提供了范式和综合改革方案。

团队负责人李林军教授主持中国高等教育学会课题“高职院校智慧建造专业群教学创新团队建设与保障机制研究”，建成智慧建造专业群教师教学创新团队建设标准，制定了服务“1+X 证书制度”专业教学标准与职业技能等级标准的融合配套制度。

齐红军教授主持中国职业技术教育学会质量保障与评估专业委员会科研课题“高职院校‘1+X 证书制度’的融合路径研究与实践”，项目成果以建筑工程技术专业为载体，形成融入“1+X”的人才培养方案和课程体系；主持全国职业教育科研课题“新时代高等职业院校建筑信息模型制作与应用专业领域团队教师教育教学改革创新与实践”，研究成果显著。

国家级职业教育教师教学创新团队通过建设与实践，以立德树人为根本，发挥校企与校际命运共同体在团队建设中的作用，产教融合、校企合作、工学结合、知行合一，对接产业资源，推进“三教”改革与“三全”育人，聚焦信息化技术，创新人才培养模式、重构课程体系，加强一般课程、教材、在线开放课等资源建设，全面培养德智体美劳全面发展的高素质复合型技术技能人才，助力行业产业转型升级和产业又好又快发展。

二、国家级教师教学创新团队——高速铁路施工与维护教师教学创新团队

高速铁路施工与维护专业教师教学创新团队共有成员 25 人，其中有全国优秀教师、技术能手、全国劳模等 4 人，有省级教学名师 3 名。团队师德师风高尚，梯队结构合理。团队负责人蒋平江教授，工程实践经验丰富，教学创新能力突出，引领示范作用明显。团队成员勇于创新，成果丰硕。近 5 年，团队教师主持和参与省级以上教科研课题 11 项，获国家级教学成果奖二等奖 5 项、省级教学成果奖 10 项（其中特等奖 3 项），获全国职业院校教师教学能力比赛奖项 5 项（其中一等奖 2 项），发表教科研论文 215 篇，其中 SCI 收录 8 篇、EI 收录 13 篇，授权专利 36 项（其中发明专利 7 项），获软件著作权 5 项。“高铁工程 BIM 技术应用研究成果”先后获得国家级奖 11 项、省级奖 24 项，获奖数量和等级位于全国高等职业院校前列。

团队负责人蒋平江，中国共产党党员，教授，副校长，主管教学、“双高计划”建设和国际交流合作。担任高速铁路施工与维护专业带头人、高速铁路施工与维护技术应用研究中心主任，长期致力于高速铁路施工与维护专业教学团队建设和教学研究工作，还先后在宝（鸡）兰（州）、郑（州）阜（阳）等 5 个高铁工程项目挂职锻炼。获国家教学成果奖二等奖 2 项，获陕西省教学成果奖特等奖 2 项、一等奖 2 项、二等奖 1 项。他主编的《桥梁施工技术》教材获 2018 年陕西省普通高等学校优秀教材一等奖，他也是国家精品资源共享课桥梁施工的主讲教师。主持和参与省级以上教科研项目 10 项、高铁 BIM 技术应用横向课题 2 项，公开发表论文 31 篇。兼任陕西省职教学会国际交流与合作工作委员会副主任委员，陕西教育考试与评价研究会高等教育分会理事，陕西高职院校诊断与改进专家委员会委员、理论组成员，受邀

为8个省的百余所学校做专题报告或评审专家。2017年被评为陕西高等学校教学管理工作先进个人。

（一）绩效目标考核优化建设机制，升级团队运行效能

团队坚持以“师德为先，能力为本，专兼结合，强化协作、提升水平”为原则，以“双师”素质培养为核心，以多方协作为主要形式，以专业教学标准建设、模块化课程体系创新、课堂教学革命和教学质量提升为抓手关键，推行“构建一个发展路径、打造三大载体、实施六项计划、提升五种能力”的团队建设模式，制定了团队教师成长路径、工程流程和评价标准，促进团队教师能力的全面提升。

（二）“六个一”工程着力骨干培养，升级教师成长路径

实施骨干教师能力提升“六个一”工程，即挂职一个企业，主持一项课题，每年发表一篇论文，每学期展示一堂公开课，每年开展一项技术服务或培训，每年指导一项技能大赛或“互联网+”创新创业项目。在“三铁”企业设立专业教师流动工作站，实施教师每5年不少于6个月的到企业轮训制度。

实施名师骨干结对活动。为每一位青年教师安排校内教学名师和企业专家与其结对，助力青年教师快速成长。定期开展职业教育理念、教学方法、信息化教学能力培训，提高青年教师教学水平。先后培育“1+X职业技能等级证书”教师教学创新团队2个，组织教师互访、研修交流38人次，教师在核心期刊发表论文、出版著作24篇（部）；团队“双师型”教师比例达85%，持有职业资格证书的教师比例达42%。

（三）高铁先进技术融入课程体系，升级人才培养规格

团队聚焦高铁智慧建造，及时融入高铁施工与维护领域的“机械化、信息化、智能化和装配式”新技术、新材料、新工艺、新设备，

对接国家、行业规范和建筑信息模型等职业技能等级标准，构建对接学校高速铁路施工与维护专业典型工作岗位的“三阶递进+模块运行”专业课程体系。紧随行业先进技术的发展，先后将京张高铁、银西高铁、川藏铁路等工程项目的技术资料转化为教学资源。

团队从培养方案、课程体系、师资队伍、实践项目、文化氛围、考核评价等6个维度构建了职业素养培养体系，制定了个性化职业素养培养方案、构建了一体化职业素养课程矩阵、建立了项目化职业素养实践平台、打造了协同化职业素养培养团队、建立了融合化职业素养文化体系、形成了智慧化职业素养评价体系。毕业生的出色表现被中央电视台、《光明日报》、新华网等主流媒体报道千余次，涌现出“最美奋斗者”、全国劳模窦铁成和“两省劳模”（福建、江西）唐昭平等一批先进典型。

（四）虚实结合优化实训条件，升级实践教学质量

团队围绕高铁建设中的线路、桥梁、隧道、站场等工程施工技术，质量控制、安全管理等职业岗位，深入分析高铁发展对学生综合职业能力提出的新需求，构建了“校企协同育人有机制、专业技能训练有基地、创新能力培养有平台、实践教学模式有创新、实践教学资源有保障、教学团队建设有措施、工匠精神培育有载体”的综合实践教学体系，为高铁智慧建造技术技能人才培养提供了有力支撑。

对接高铁智慧建造前沿技术和工电供一体化综合维修改革，针对高铁施工不可逆、作业周期长、安全风险大、实践教学内容不系统等制约学生实践技能培养的瓶颈问题，联合中铁一局、中国铁路西安局集团制定高铁建设类实践教学条件建设标准，建成了融高铁线路、桥梁、隧道、站场于一体的“全真实体+虚拟仿真+智慧管理”综合实训基地。开设动态监测、长钢轨精调等贯穿高铁智慧建造和综合维修全过程的实训项目351个，破解了高铁施工周期长、施工过程无法全方位展示、技

能无法反复训练、施工过程无法跟踪等难题。该基地投入使用以来，学生综合职业能力明显提升，先后在全国各类职业技能大赛中获奖31项。实训基地建设标准、经验被省内外89所院校学习和借鉴。

（五）线上线下打造优质资源，升级教学方式方法

团队紧跟高铁专业群“双高计划”建设步伐，通过不断优化各类教学资源，及时更新体现新技术、新工艺、新规范的资源，不断满足铁路产业升级对人才培养的需求。按照专业、模块、课程、知识点、技能点、素材6个层级，联合一流企业，融入高铁智慧建造、“互联网+智慧工地”、BIM技术等新技术、新理念，开发优质资源完善教学资源。

团队教师共参与建设2个国家教学资源库、10门省级精品在线开放课，其被全国210家单位的70000名用户学习使用；团队教师主编的教材《铁路桥梁施工与维护》《铁路轨道施工与维护》《工程力学》入选国家“十三五”规划教材，其中《铁路桥梁施工与维护》荣获首届全国教材建设奖二等奖、陕西省优秀教材奖一等奖。

（六）岗课赛证融通变革教学内容，升级人才提质路径

团队基于职业岗位需求，聚焦智慧建造BIM技术应用，将“1+X职业技能等级证书”标准融入专业教学内容，构建了“基础操作—专业应用—综合应用”三阶段培养路径。按照分类组织、分层递进、项目导向、强化技能的思路，将职业技能等级证书标准完全融入学校高速铁路施工与维护专业课程体系和教学内容，深化“课证融通”，变革教学内容，提高人才培养质量。

团队教师先后主持市厅级以上BIM课题10项，在全国师资培训会上做经验交流报告14场，为企业开展技术服务和培训60余项，为社会培训认证建模师2100余人，平均考证通过率达65%（超出全国水平10个百分点）。开展高铁智慧建造技术研究，为中铁一局等企业

开展 BIM 技术咨询服务 7 项，合同总额超 200 余万元。学生在省级及行业 BIM 技能竞赛中获奖 26 项，技能水平明显提高。

（七）协同创新破解企业难题，升级产、学、研、用效能

对应高铁装配化施工、智能化检测、动态化监测和智慧化管理，学校组建 BIM 技术应用研究中心，与中南大学高速铁路建造技术国家重点实验室、中铁一局技术研发中心等单位合作，围绕高铁智慧建造开展创新研究。聚焦铁路建设中的技术瓶颈问题，以市场为导向，与中国铁道建筑科学研究院等 33 个企业、高等院校、研究院、行业协会建立了战略合作关系。根据铁路发展需求，组建了高铁轨道精测精调、BIM 技术应用等 4 个科技创新团队。

依托重点工程项目，开展高性能喷射混凝土、高速铁路无砟轨道施工精测精调等多项关键技术研究，解决工程领域实际问题。联合广州南方测绘科技股份有限公司，为施工企业开展无砟轨道精调技术服务。团队教师共取得专利 15 项，为企业开展技术服务 27 项（图 3–4–2），签订技术服务合同多个，合同额达 500 余万元。BIM 技术应用研究中心被评为国家级协同创新中心。学生技术技能水平与综合素质不断提升，在“互联网 +”双创大赛中获国家级奖 4 项、省级金奖 6 项。

三、国家级技能大师工作室负责人——吆培洲

吆培洲，男，1976 年生，1996 年参加工作，中国共产党党员，本科学历，电焊工高级技师。担任过高压焊工及国家质量监督检验检疫总局和电力行业焊接操作指导教师、教练员等职。现为陕铁院焊接实训教师，是陕西省教育工会职工创新工作室、陕西省吆培洲技能大师工作室、国家级吆培洲技能大师工作室负责人，兼任全国职工职业技能大赛裁判员、国家职业技能鉴定考评员。

图 3-4-2　团队教师赴企业一线开展技术服务

曾获得陕西省技术能手、陕西带徒名师、国家电网公司生产技能专家、陕西省有突出贡献专家、三秦工匠、全国技术能手等称号和陕西省五一劳动奖章。

（一）立志报国，追求技能无止境

吡培洲参加工作时，正值全国进入改革开放新高潮。他抱着为人民服务、为国家奉献的信念，立志为社会主义现代化建设事业奋斗。他痴迷于技术革新，不断学习先进方法，刻苦钻研焊接技术，积极带领广大职工勇攀技术高峰。

刚刚步入企业，吡培洲就给自己定下目标：一定要成为顶尖技术专家！在老师傅的指导下他苦练技能，不断学习先进技术，为此他全身上下被烫伤无数次。在仰焊板练习中，一滴铁水滴在了他的头上，为了保证焊接质量，他硬是忍着钻心的疼痛焊完了最后一根焊条，结果头顶被烫了一个洞，一大片头发也被烧光了，回去后他直接把头发剃掉，继续进行训练。还有一次在施工中，焊花引燃了他的裤脚，为了不打断焊接节奏，他继续施焊，最后小腿部位被烧伤了一大片。这样的事情不胜枚举，每次他都把它们当作对自己意志的磨炼，并对自己说：扛住！不经历风雨，怎能见彩虹？百炼才能出精钢！他就是通过这样顽强的作风练就了一身本领。闲暇之余，他找来各种专业书籍，常常沉浸其中，独自研习到深夜。通过多年的努力学习，他成了企业唯一一个掌握手工电弧焊、气体保护焊、下向焊等 8 种焊接方法和多类高合金耐热钢及铝、铜、钛等有色金属焊接工艺和方法的焊接专业人才。他拥有氩弧焊、气保焊、摇摆焊、推焊法、镜面焊等绝招绝技多项，冠绝西北地区。他还取得了本科学历和高级技师职业资格，以及行业和国家焊接操作指导教师、国家职业技能鉴定考评员、全国职业技能大赛裁判员等职业资格。他也获得诸多荣誉和奖励，成为行业顶尖技能人才。

吡培洲拥有的知识和技能使他完成了20多项重点工程，解决了50多次焊接工艺难题，消除大小工程隐患20余次，为国家电力事业发展贡献了才智和力量。

在韩城第二发电厂安装西北首台600MW发电机组的施工中，日本东芝公司的工艺要求发电机外壳采用CO_2气体保护焊进行焊接。由于工期短、质量要求高，吡培洲主动请缨进行施工。他带领青年突击队发扬能打敢拼的革命精神，经过7个昼夜的不懈奋战最终完成了本来需要半个月才能完成的工作量。该项目获得公司安装质量标杆项目称号，吡培洲及其团队的技艺和作风也受到了日本专家的高度肯定和赞扬。该机组安装工程于2007年获得国家优质工程银质奖。

从业以来，吡培洲带领青年突击队奋战在一线，完成艰巨任务20多项，树立了多个质量标杆，累计参加火电站建设20余座、核电站建设1座，焊接完成高压焊口35800余个，一次检验合格率均在98%以上。参与建设项目荣获国家优质工程银质奖2项、全国优秀焊接工程2项、中国电力优质工程3项、金牌机组1项等荣誉。

（二）潜心钻研，开发推广新技术

焊工是现代化建设不可或缺的重要工种，覆盖国民经济的各行各业。焊工技艺的优劣直接关系到工程建设质量的高低和设备运行安全与否。他认为一个优秀的技术工人，必须下大力气努力钻研，要不断研究推广新技术、新工艺、新方法，不断地向高、精、尖技能迈进。为达此目的，他不断进行专业学习，积极参与焊接研究。

2009年，针对我国火力发电厂锅炉系统受热面壁温监测数据误差太大，严重影响设备运行安全及机组运行效率问题，吡培洲与西安热工研究院焊接所合作进行技术改革，经过多次实验，成功设计出热电偶炉内安装的新工艺。该项目在我国五大发电集团推广实施，累计进行技术改造35次、安装设备200余套，极大地提高了各个发电厂热工控制的精确性，保证了发电机组的效率、寿命和安全，产生直接经济效益 3000 余万元。

为适应新形势下对焊接技术的新要求，叱培洲积极参与企业集团课题开发和新材料、新工艺的焊接技术研究，先后完成了 T23、P92 及 TP347、Super304H、HR3C、T91/TP347 等多型超临界发电机组用耐热钢和异种钢的焊接工艺研究。这些技术为企业施工积累了大量的实验数据和技术资料，填补了西北地区的空白；为高效率、大容量、高参数的发电机组安装施工做好了技术储备，奠定了良好的工艺理论基础。他累计参与完成新型耐热钢焊接性研究 20 余项，独立编写了《T23 钢的焊接工艺研究》《Super304H 钢的焊接性研究》等论文多篇和焊接培训资料 20 余份，主持开发培训项目 30 余项，完成焊接操作指导教案 40 余份，为企业创造经济效益 8000 余万元。

多年来在省级各部门和各技术协会的组织下，叱培洲多次参与新技术、新工艺、新方法推广项目，多次在重大活动中进行焊接表演、示范及讲解，极大地促进了陕西省职工队伍焊接技术水平的提升、发展，促进了先进焊接方法及技术在各行业的推广、普及和提高。

（三）攻坚克难，一身本领献国家

在施工一线多年的努力工作和认真钻研，使叱培洲熟练掌握了各类耐热钢和有色金属的性能特点与焊接工艺要求、焊接质量管理和技术管理，令他做到了焊接修复技艺高超、安装管理经验丰富、焊接技能娴熟精湛。

2003 年，在三峡移民项目建峰化工厂电厂施工中，安装焊口出现大面积塌腰缺陷，叱培洲受命专程去解决。经现场分析，他认为以前使用的成熟的焊接操作方法已经不能适应现代工程质量的要求，必须彻底改进。于是他带领多名施工人员从方案、工艺、方法入手，进行了操作方法技术革新，发明并成功实施了解决水平位置排管仰焊塌腰缺陷的推焊法新技术。经企业全面推广，在建工程焊接质量大幅提高，同类问题彻底解决。

2009 年，渭河化肥厂大型空压机运行时发生泄漏，随时有发生爆炸的危险。经过排查后，发现设备上有 50 多道高压焊口未焊透。由于现场空间狭小，20 多根异形弯管纵横交错在 1 立方米的空间内，企业和厂家代表都确认无法修复。叱培洲再一次临危受命，经过认真分析，制订修复方案，确定焊接顺序。他利用自身镜面焊接绝技，在狭窄的空间内奋战一昼夜，成功完成所有管道的焊接修复工作，经检测 100%合格。他为企业挽回了巨大的经济损失，保证了设备运行安全和企业生产安全。

多年来，叱培洲共计参与解决全国各类大型火电、核电、水电、石化、航空航天企业焊接修复工艺难题和技术改造项目 100 余次，创造经济效益 1.2 亿余元，为众多生产企业的安全、高效运行做出了巨大的贡献。

（四）传道授业，培养工匠接班人

习近平新时代中国特色社会主义思想深入人心，中国特色社会主义建设进入了全面发展新时代，国家经济建设各条战线需要的高技能人才缺口越来越大。叱培洲利用自己的专业技能优势，充分发挥技术能手和技能专家的引领和示范作用，积极投身到人才培养的光辉事业中去。

多年来，叱培洲教授学生 1500 余人次，其中多人次获得省级和行业职业院校技能竞赛一、二、三等奖。累计参与培训各类压力容器焊工 2600 余人次，向社会输送了大批高技术人才，其中 30 余人成长为高技能人才（全国技术能手 3 人，国家级技能大师 1 人，陕西省青工技术状元 1 人，陕西省技术能手 8 人，高级技师 24 人）。他们奋战在社会主义现代化建设的各条战线上，为国家建设做出了巨大的贡献。他积极对外提供智力支持，参与企业职工技能鉴定 300 余人次；被多家企业和院校聘为焊接技能专家，进行基础理论和焊接方法、工艺、修复等教学及实训授课1800余课时；编写施工方案40余份。这些工作有力地提高了企业技术人员和院校师生的基础理论知识储备和技能水平，带动了一大批职工和学子走上技能成才之路。

积极参与焊接技能大赛，取得了优异成绩，在技术比赛方面积累了大量经验，形成了有体系的比赛理论指导和技术支持。叱培洲多次负责陕西省焊工代表队的集训教练和领队工作，多次主持和参与陕西省职工职业技能大赛和全国职工职业技能大赛的裁判工作，为国家选拔和培养出了一大批优秀技术工人和能工巧匠，为国家人才培养、技术推广、高技能人才储备做出了突出的贡献。

四、全国优秀教师——毛红梅

毛红梅，女，1973年生，中国共产党党员，三级教授。全国优秀教师，黄炎培职业教育奖杰出教师，陕西省特支计划教学名师，陕西省高等教育教学名师，陕西省劳动竞赛标兵，渭南高新区拔尖人才，全国煤炭行业职业教育指导委员会委员，教育部“全断面隧道掘进机操作‘1+X职业技能等级证书’”项目专家委员会专家。主要从事隧道与城轨专业的教学与科研工作；主持国家“双高计划”城市轨道交通工程技术高水平专业群、地下与隧道工程技术国家级专业教学资源库等10余项国家级职业教育重点项目；主持创建了教育部目录外专业——盾构施工技术专业；规划设计建设了国内第一个高速铁路隧道实训基地；主编有《地下铁道施工》《全断面隧道掘进机操作》等教材7部。荣获国家级教学成果奖1项、省级教学成果奖5项、中铁一局科技进步一等奖1项。2022年当选中国共产党陕西省第十四次代表大会代表。

从教26年，毛红梅始终不忘初心、牢记使命，为铁路教育做出了卓越贡献。主持完成了国家骨干院校地隧专业及专业群、国家创新发展行动计划5个项目，成功申报了地下与隧道工程技术、城市轨道交通工程技术两个省级“一流专业”，由她负责的2个专业分别作为专业群主专业和群专业被陕西省推荐参评国家“双高计划”。她率领45家单位，主持建设了地隧专业教学资源库，以第一位次获教育部立项。建设了五大板块、五个层级14门标准化课程及21门特色课程，用户达37000人，惠及全国31个省区700所院校和100家企业。资源贡献度居全国第三，两次入选教育部典型案例，她多次应邀在全国资源库大会做交流发言。

主持设计与建设了国内第一个时速200千米的高速铁路隧道实训基地，购置直径为6.34米的土压平衡盾构机，营造了真实施工场景与企业文化，开发隧道、地铁施工系列实训项目160余项，受到师生与国内外来访者的一致好评，在人才培养、对外培训与交流、科技研发等方面发挥了重要作用。毛红梅带领团队开展技术服务30余项，创收470余万元。主持编写了国家铁路局“隧道工程”视频录制大纲，为中交、中铁建两大系统开发盾构机操作手技能标准，开展盾构技术培训2000余人次。主持省部级课题4项，在《岩土工程学报》等学术期刊发表论文20余篇，主编出版专著1部，获发明专利2项。主编《盾构构造与操作维护》等专业核心教材4部，主持建设了3门省级精品课程。所在学院在校生规模超过2000人，学生提前两年就被企业预定，60%以上学生拿学校与企业双份奖学金，就业率、就业质量、收入均全国领先。

五、全国优秀教师——张福荣

张福荣，女，1971年生，中国共产党党员，三级教授。怀着对教育事业的热爱和追求，就读于西安地质学院测量工程专业的张福荣，1994年大学毕业后就踏入了教育工作这片热土，一干就是20多年。在测绘技术技能人才培养的道路上，她敬业乐业，立足三尺讲台，兢兢业业地履行教师职责，用生命的痕迹激励感召后来人，以高尚的师德赢得了学生的爱戴和同事的尊敬。

张福荣现任陕铁院测绘与检测学院院长。在她的带领下，工程测量教研室荣获 2022 年全国工人先锋号称号，所在学院先后取得陕西省教育系统精神文明建设先进集体、陕西高等学校先进基层党总支、陕西省劳动竞赛示范岗等荣誉，连续多年被学校评为优秀部门。作为一名教师和教学管理者，她被评为全国优秀教师、陕西省五一巾帼标兵、校级教学名师，多次荣获学校优秀教师、优秀共产党员等称号。获得陕西省教学成果奖一等奖 1 项、校级教学成果奖一等奖 2 项，建设省级精品课程 1 门、校级精品资源共享课程 2 门，被陕西省教育厅聘为职业院校技能大赛中职组评委，被陕西省职业技能鉴定指导中心聘为工程测量技术专业专家，先后被学校评为专业带头人、中青年骨干教师、“双师”素质教师，负责国家骨干院校土建类专业测绘综合实训基地、中央财政支持的工程测量技术专业、省级测绘教学团队的建设工作。陕西省教育厅网站等媒体对其先进事迹进行过专题报道。

六、全国高校思想政治理论课教师年度影响力人物——李新萍

李新萍，女，1969 年生，中国共产党党员，教授。现任陕铁院马克思主义学院院长，教育部高等学校思想政治理论课教学指导委员会委员，教育部高校思想政治理论课教学展示活动指定教学依据《“思想道德修养与法律基础”课教学建议（高职高专版）》副主编，全国机械职业教育思想政治工作研究会课程与资源建设委员会委员，全国高职高专院校思想政治理论课建设联盟副秘书长，陕西省高等学校思想政治教育研究会理事，陕西省高等学校思想政治教育研究会学术委员会

委员，陕西省高职高专院校思想政治理论课教学研究会副会长，陕西省职业院校思想政治理论课教学工作委员会副主任委员，陕西省职业教育教材建设指导委员会委员。荣获全国高校思想政治理论课教师2017年度影响力人物、陕西省教学名师、陕西省第四届黄炎培职业教育杰出教师、陕西省高校思想政治理论课优秀教师、陕西省高校首届思想政治理论课教学能手等称号。

七、全国交通运输职业教育教学名师——叶超

叶超，男，1975年生，中国共产党党员，教授。全国交通运输职业教育教学名师，兼任陕西省职业技术教育学会交通运输类专业委员会秘书长、陕西省职业技术教育学会电子商务与物流管理专业建设指导委员会副主任委员、校级教学名师，现任陕铁院工程管理与物流学院院长。

先后承担路基路面施工与检测、公路施工、道路与桥梁工程概论、桥梁施工等多门课程的教学任务及施工实习、毕业设计等实训课的指导工作。积极进行职业教育教学改革，丰富教学资源，不断提升教科研能力。先后主持院级精品资源共享课1门，主持开发在线开放课程2门，主持陕西省交通运营管理（国家骨干、省级“一流”）专业建设标准开发与实践工作。作为专业带头人，他积极带领教学团队开展专业建设，深入企业调研，创新人才培养模式，基于工作过程系统化构建课程体系。主编《路基路面施工》教材1部，其获校级优秀教材奖一等奖。作为项目主持人，他获得全国物流行业指导委员会教学成果奖二等奖1项。主持建设省级专业教学资源库1个。积极开展教学内容和教学方法的研究与实践，主持完成陕西省教育厅专项科学研究计划项目1项、陕西省教育厅科研项目1项、陕西省教学改革项目1项、渭南市科技计划项目1项、校级教改课题3项。公开发表论文26篇，其中在核心期刊发表论文12篇。取得实用新型发明专利2项。

第四章

匠心锤炼

——吃苦奉献、拼搏争先的学生文化

学生文化是校园文化的重要组成部分，是学生的价值观念及行为标准的统称。学生文化并非孤立产生，而是受社会大文化的影响，与整个社会文化的性质密切相关。在学校生活和活动中的学生群体所表现的价值观及行为，都是影响学生文化的重要因素。陕铁院因铁路而生，倚铁路而长，随着铁路的延伸而不断发展。在近 50 年的办学进程中，学校全面落实立德树人根本任务，充分发挥学生文化对学生人格塑造和职业精神养成的独特作用，着力传承铁路精神，融通校企文化，推进优秀铁路文化进教育、企业文化进校园、职业文化进课堂，培养了 7 万余名铁路工匠，打造了铁路文化、思政文化、榜样文化、公寓文化和技能文化五类学生文化品牌，形成了“吃苦奉献，拼搏争先”的学生文化。

第一节　铁路文化
——传承铁路精神，培育铁路工匠

陕铁院在学生文化建设中，开展了具有铁路特色、体现校企合作的文化建设系列活动。在人才培养过程中，学校始终坚持理想信念教育着力传承铁路精神、养成教育着力发扬铁路传统、素质教育着力满足铁路施工企业对人才的职业素养要求、校企合作着力吸纳铁路企业文化、劳动教育与铁路企业对人才的要求紧密融合，形成了特色鲜明的校园文化，为铁路行业急需的高素质技能型人才创造了良好的育人环境。

一、理想信念教育着力传承铁路精神

（一）传统教育突出“铁军风采”

在每年新生入学开展的诸如校史教育、校情教育、专业教育等一系列主题教育活动中，学校注重用丰富的校史资源对学生进行熏陶，充分展示学校具有“铁军风采”的铁路文化特色。学校前身隶属于铁道部第一铁路工程局，自成立以来，即坚持“校园文化传承铁路文化，开办专业突出铁路工程，实践教学强化铁路技能，工学结合依托铁路企业，毕业生安心铁路建设”这一鲜明的办学特色，在近 50 年中实现了跨越式发展。

（二）校徽、校训、校歌等的凝练，彰显铁路特点

学校开展了校徽、校风、校训、校歌、道路名、广场名等征集活动，在广泛征求全校师生的意见和建议后，最终确定了具有铁路特色的校徽和校歌，凝练形成了“德修身，技立业”的校训，“博爱、诚信、和谐、创新”的校风。通过在全体师生中开展青藏铁路精神——“挑战极限、勇创一流”“艰苦不怕吃苦、缺氧不缺精神、风暴强意志更强、海拔高追求更高”的学习活动后，在师生中形成了“吃苦奉献，拼搏争先”的陕铁院精神。通过对毕业生就业市场的广泛调研，结合高等职业教育理念和铁路施工企业的特点，学校总结形成了“勤学、勤练、勤思考”的学风和“严肃、严谨、严要求”的教风。特别是“德修身，技立业”的校训和“吃苦奉献，拼搏争先”的陕铁院精神，成为师生治学态度、精神意志和思想境界上的共同追求，激励着陕铁院人奋勇拼搏，勇攀高峰。

（三）校园环境布置突出铁路行业特点

在基础建设中更加注重校园基础文化建设的投入，并力求突出铁路工程行业特点。一是打造具有铁路特色的路文化和广场文化。以我国铁路干线和建筑工程专家之名命名校园内道路，如青藏路、陇海路、京沪路、京广路、鲁班路、以升路等，并在道路牌上注明国家路网中该路段的方位、修建年代、发挥的作用和意义以及该专家做的杰出贡献。校园文化雕塑区树立了詹天佑、茅以升、鲁班的头像。二是设置具有铁路特色的食堂文化。学生食堂餐厅的名称以铁路大动脉之名命名为京广厅、陇海厅等，食堂管理传承铁路“铁的纪律、安全正点、优质服务”的特点。三是设计具有铁路特色的楼道文化。教学楼设计了由反映国家重点铁路、公路工程建设技术先进及施工复杂的桥梁、隧道等的照片组成的文化长廊。建设了校友风采长廊，以奋战在各条铁路、公路建设上的历届优秀校友的先进事迹来激励学生向先进典型学习。实验实训中心购置了全国铁路、公路沙盘模型供广大学生参观学习，让学生置身其中，接受铁路文化氛围的熏陶。

二、养成教育着力发扬铁路传统

坚持以具有铁路特色的管理模式管理学生。学校坚持发扬“严字当头，铁的纪律”的铁路优良传统，将半军事化管理融入文化建设及人才培养的全过程，对学生实行依法、严格、科学管理，培养政治合格、作风过硬的铁路建设者，做到了步调统一、严格守时、令行禁止。新生入校后均要参加为期三周的军训活动，以培养学生的团队精神、集体意识和艰苦奋斗、吃苦耐劳的品质，使学生养成良好的行为和生活习惯。学校每周一坚持开展升国旗活动，规定学生每天坚持做早操、坚持上晚自习，学校每晚坚持查寝查铺。

三、素质教育着力满足铁路施工企业对人才的职业素养要求

（一）开展技能大比武活动，塑造“技高为荣”的校园文化品格

铁路施工企业要求员工具有“专业技能过硬、综合素质高”的品质，要求员工能快速适应企业工作，尽快独当一面。学校在全面推进素质教育的过程中，充分考虑企业对人才的要求。学校每年 11 月面向师生开展技能竞赛活动。竞赛活动坚持依托行业企业、贴近专业、贴近岗位的原则，竞赛项目包括计算机综合应用能力、网页制作、测量、建材实验、土工实验、演讲、CAD 制图等。每年还有由国内外著名测绘企业赞助举办的测量技能竞赛，如“索佳杯”“南方杯”“徕卡杯”等赛事。这些赛事均作为一种制度而长期坚持下来，达到了“以赛促训，以训促学，以学促教，教学致用，学用结合”的目的，塑造出“技高为荣”的校园文化品格，促进了学生职业岗位能力和职业素养的提升，让一大批优秀技能人才脱颖而出，在人才培养工作中发挥了重要的推动作用。

（二）社团文化建设突出铁路施工技能培养

大学生社团是校园文化的重要载体，是第二课堂的重要组成部分。学校坚持以“抓特色、保质量、增才干”的原则，加强社团文化建设，培养“理想远大、热爱祖国的人，追求真理、勇于创新的人，德才兼备、全面发展的人，视野开阔、胸怀宽广的人，知行统一、脚踏实地的人”。学校成立有大学生艺术团、路魂文学社、测量协会、制图学社、城轨学社、军乐团、书画协会、摄影协会、采访通讯社等 80 多个具有铁路特点、突出铁路施工技能培养的学生社团，广泛开展科技、艺术、体育、文化、社会调查等训练和演出活动，为提升学生素质搭建了广阔的平台。测量协会被共青团陕西省委评为优秀学生社团。大

学生艺术团自编自导，讲述青藏铁路建设故事的舞蹈《天路》，荣获陕西省第二届校园文化艺术节三等奖。路魂文学社中的“路魂”是铁路之魂魄的意思，该社伴随着学校的发展而不断成长壮大，凸显了文化建设对学生素质培养做出的贡献。

（三）二课活动着意提升校园文化品位

学校开展了丰富多彩的二课活动，基本上做到了月月有大型活动、周周有小型活动，营造出浓郁的校园文化氛围。学校每年开展一次校园文化艺术节活动和校园科技艺术节活动，学生文体比赛作为日常性的工作也开展得有声有色、富有成效。学校团委每年会组织举办各类晚会，如迎新晚会、欢庆国庆晚会、元旦晚会、庆祝建党晚会、每周歌舞会、新生文体节、纪念“一二·九”趣味体育节等。学生志愿者多次上街进行义务劳动和文明宣传，还深入敬老院、困难家庭、特殊教育学校进行公益资助，开展献爱心、送温暖活动。学校充分利用重大节日开展主题教育活动，如“学习红军长征精神”主题教育活动，激发广大学生的民族自豪感、历史责任感和爱国主义热情。

四、校企合作着力吸纳铁路企业文化

（一）成功打造校企合作办学品牌

学校坚持“依托铁路行业，紧密结合市场，发挥以铁道工程为主干的‘集束型’专业群优势，精致管理，做优做精，走内涵发展之路，实施品牌战略”的办学思路，明确培养铁路建设及基础设施建设一线需要的“下得去、留得住、用得上、干得好”的高技能应用型人才的办学定位，结合铁路施工企业发展需要开展深层次的合作办学，建立了围绕校企合作进行人才培养的长效机制。按照铁路施工企业的实际需要，调整教学计划，优化专业布局，扩展专业设置，整合课程内容，打造出校企合作办学品牌。近年来，学校在铁路、公路、建筑等系统共计建立校企合作科研教育基地100余个，聘请中国中铁、中国铁建及各铁路局集团等国内大型企业的40多名专家学者为专业带头人或兼职教授，并根据专业岗位群能力要求，以培养学生职业能力为主线，设计人才培养方案，把素质教育、人文精神教育、技能证书教育及就业教育纳入教学计划，在教育实践中探索形成了“两段三结合”的人才培养模式。

（二）校园文化着力融通铁路企业文化

校企合作着力吸纳铁路企业文化，将铁路特有的文化元素加以吸收、深化和发扬。聘请铁路企业专家学者、火车头奖章获得者、技能型专家等先进人物以及历届校友定期为广大师生做报告。例如，邀请中国中铁专家型技术工人窦铁成来校做先进事迹报告会，开展“铁成精神进校园”学习活动，并形成长效学习机制。学校还制定了校领导深入企业调研制度，规定每年都要由校领导带队深入铁路施工企业进行调研，深化校企合作。“两段三结合”人才培养模式重点强调了校企文化的融合。学生在第三学年须深入企业顶岗实习，提前接受铁路企业文化的熏陶，回校后向同学们进行广泛宣传，引导大家弘扬铁路优良传统，切实将铁路企业文化根植到每一位学生内心深处。针对个别学生不能胜任岗位的情况，对毕业生实施召回制。这折射出学校教育的人性化，也反映出学校“自省、自重、自纠、自爱”的勇气和信心，更是对教学体制的一种创新。

五、劳动教育与铁路企业对人才的要求紧密结合

（一）五课联动，用好课堂主渠道

学校开设有劳动教育（简称“劳育”）必修课程。每学年开设为期一周的公益劳动必修课程。课程的理论部分主要讲授劳动知识及铁路

施工一线的安全要求等，课程的实践部分主要是开展校园卫生清扫、教室宿舍水电维修等。课程成绩计入学生期末成绩，纳入奖学金评定及评优评先工作。

将劳动教育融入思政课和专业课。一是融入思政课程。学校邀请渭南临渭区法院专家通过案例、讲座等形式，向全校师生解读我国与劳动相关的法律法规和政策。开展“铁成精神进校园”系列活动，诠释劳模精神、工匠精神的新时代内涵。二是融入专业课程。举办各类技能大赛，引导学生崇尚技能、精益求精。目前，学校已连续举办15届技能大赛，并设49个专业技能项目，其中对接世界技能大赛2个、国家技能大赛14个。

将劳动教育融入就业和创业类课程。一是融入就业指导课程。针对铁路专业特点，要求学生学习劳动安全知识和技能，培养学生“四得”劳动精神，树立新时代正确的就业观和择业观。二是融入创新创业课程。举办大学生“互联网+”创新创业大赛，增强学生的创新意识。在校内建设大学生创新创业孵化基地，让学生把创业理论转化为实实在在的成果，增强大学生的创业获得感和劳动幸福感。

（二）多管齐下，搭建劳动实践平台

搭建日常生活实践平台。学校秉承铁路行业优良传统，实行半军事化管理。每周一坚持升国旗仪式；周内做早操、上晚自习；每周四下午开展大扫除活动，打扫教室、宿舍及校园公共区域等；每天检查宿舍内务情况，每月进行汇总通报。这些均被作为学生评优评先的重要参考。学校每年开展叠军被大赛、宿舍美化大赛、教室美化大赛等，规范学生行为习惯，从一点一滴培养学生的劳动精神。

搭建实习实训平台。学生大一时即开展认识实习。学校联系市区及周边的企业及施工现场，结合实际开展认识实习，每班安排两名指导教师跟班指导。大二时开展实习实训。实习实训项目包括钢筋工、隧道工等，在校内外高速铁路实训工区、建筑施工综合实训基地等地进行，由校内教师和企业专家共同指导。大三时开展顶岗实习。实习单位主要为中国中铁、西安铁路局等国有大型企业，90%以上的学生在就业单位实习。校企共同制订实习计划，开展劳动精神、专业技能及岗位职责等内容的教育。

搭建志愿服务实践平台。目前，学校学生在志愿云系统注册人数达 12030 名，累计服务时长 162307.5 小时。学校现有青年志愿者协会等劳动服务型社团 23 个，开展“三下乡”“三走进”“万名学子扶千村”等社会实践和志愿服务活动。每年开展“甘于奉献”青春榜样评选活动，树立学生典型，在五四青年节上隆重表彰；开展“雷锋月”系列活动，评选学雷锋标兵及学雷锋先进集体。面对新冠肺炎疫情的防控，学校 1000 余名师生参与到社区、学校的疫情防控志愿服务工作中，全力打赢疫情防控阻击战。

搭建创新创业实践平台。一是学校按照铁路施工过程和企业标准，开发了 500 余个创新训练项目，学生通过申请在基地内自主开展创新创业活动。二是学校划拨专门场地，投入 100 万元，建设了 1000 平方米的创新创业孵化基地，包含 3 个模型设计创作室、7 个学生服务社、10 个创新创业工作室和快递超市，提供实践岗位 300 余个。三是材料检测学社、建模协会等 35 个专业技术类和创新创业类学生社团，在专业教师指导下，开展技术创新实践活动。

（三）四方协同，打造高水平劳育队伍

专兼结合，打造“专家型”劳育队伍。学校成立了劳动与健康教育教研室，配备教研室主任 1 名、劳动教育专职教师 2 名、兼职教师 8 名，其中 1 位教师为教育部职业院校文化素质教育指导委员会劳动教育研究院研究员。劳育教师 95%以上为研究生学历，80%以上具有劳动教育的相关培训经历，并熟悉铁路建设与施工的各个环节。

培育匠心，打造“工匠型”榜样队伍。学校组建了由全国劳动模范窦铁成、白芝勇等组成的大国工匠劳动教育队伍，成立了窦铁成、白芝勇等技能大师工作室及铁成班、刘勋班和邹超班等。定期邀请大国工匠来校做讲座，与学生面对面交流，激励学生树立职业信心、提升劳动素养。

校企合作，打造“双师型”教师队伍。学校实施专业课教师每 5 年至少有 6 个月到企业实践的制度，专业课教师的“双师”比例达到 90%以上。教师通过企业实践锻炼，不断挖掘专业课程中的劳动教育元素，将其反哺教学，融入教材、课堂、实训等各个环节，以增强自身的实践技能育人水平。

立德树人，打造“融合型”思政队伍。学校实施“思政课教师队伍与劳育队伍相融合，思政课教学与劳动育人相融合；志愿服务社会实践与劳动教育相结合，网络思政与劳动教育相结合，课程思政与劳动教育相结合”的“两融合三结合”机制，在思政教育中融入劳动教育，实现思想同心、目标同向以及思政与劳育的有机融合。

（四）三位一体，健全劳育保障体系

组织机构到位。学校高度重视劳动教育，成立了以校党委书记、校长为双组长，教务处、学生处、后勤保障处等为成员的劳动教育工作领导小组，出台了《深化劳动教育改革实施方案》，全面构建劳动教育长效工作机制。

经费保障到位。学校作为教育部职业院校文化素质教育指导委员会劳动教育研究院成员单位，每年划拨 10 万元经费用于大学生劳动教育及专项调研和理论研究等工作；每年划拨校园文化建设经费 50 万元，用于完善劳动文化景观，营造校园劳动育人氛围。

氛围营造到位。学校构建了“三馆三廊三室一广场”的文化载体群：“三馆”即窦铁成事迹展览馆、中国铁路发展史馆、青藏铁路精神展馆，“三廊”即企业文化长廊、校友风采长廊、公寓文化走廊，“三室”即窦铁成、叱培洲、白芝勇技能大师工作室，“一广场”即铁路文化广场。该文化载体群通过影像、实物等展现我国厚重的铁路建设历史和丰富的铁路劳动文化内涵，使学生时时处处都能受到浓郁的劳动文化环境的熏陶。

第二节　思政文化
——打造思政品牌，构筑育人高地

2016 年 12 月，习近平在全国高校思想政治工作会议上指出，做好高校学生思想政治工作，“要运用新媒体新技术使工作活起来，推动思想政治工作传统优势同信息技术高度融合，增强时代感和吸引力”。互联网给高校思政教育工作带来了新的变化和重大影响。面对当代大学生无人不网、无日不网、无处不网的客观形势，学校强化互联网思维，紧紧围绕立德铸魂这一主题，积极运用新媒体、新技术，通过建制度、强队伍、搭平台、育特色等措施，全面提升了网络思政育人水平，增强了大学生思想政治工作的吸引力，为培养中国特色社会主义合格建设者和可靠接班人提供了有力的思想保证。

一、实施三项制度，加强网络思政教育阵地建设

（1）网络信息安全管理制度。学校成立了以校党委书记为组长的网络信息安全工作领导小组，全面落实网络信息安全的主体责任。出台了学校意识形态工作责任制实施细则，进一步加强网络意识形态工作。每学期召开专题会议，总结和部署网络思政教育阵地建设和管理等工作。

（2）新媒体平台管理制度。学校印发了校园新媒体建设与管理办法，明确了校园新媒体平台的范畴、组织管理和审批制度、内容发布和信息安全等。同时，每学年由党委宣传部牵头，对各级微信公众号、微博账号等新媒体账号开展普查和登记备案工作，进一步规范各类校园新媒体平台，特别是贴吧、学生自媒体微信公众号等。2022 年，学校普查和登记各部门及师生个人 500 余个微信公众号、微博账号、微信群、QQ 群和二级网站。

（3）网络思政作品宣传奖励制度。学校出台了网络思政工作奖励办法，并在年底进行考核和评比表彰。例如 2021 年，对 200 余名网络思政工作成绩突出的教职工进行了表彰，奖励金额超 10 万元。修订了教师职称评审办法，明确发表优秀网络宣传作品等同论文发表，极大地调动了广大教师参与网络思政工作的积极性。对各二级部门微信公众号推送的网络思政文章以阅读量为标准进行奖励，单篇最高奖励 1000 元，大大提高了师生创作优秀网络思政作品的积极性。

二、锻造四支队伍，提高网络思政教育人员素质

（1）通讯员和网评员教师队伍。建有通讯员和网评员两支网络宣传教师队伍。每年举办网络宣传队伍业务提升班，选派教师赴省内外参加培训，做到培训工作全覆盖。网评员主要由思政课专兼职教师和辅导员、班主任构成，主要活跃在学校贴吧、各类 QQ 群、微信群及学生自媒体平台，积极引导大学生培育和践行社会主义核心价值观，担当学生引路人的角色。思政课教师充分利用信息化手段，实行网络课程育人，蓝墨云班课、云课堂等网络平台覆盖率达到 100%。利用智慧树、尔雅通识课等网络慕课平台让学生通过网络走进名校，聆听名师的授课，开辟了网络思政教育新途径。

（2）新媒体平台和易班运维学生队伍。学校建有新媒体平台和易

班平台两支运维学生队伍，其中新媒体学生团队重点运维学校微博、微信、抖音、各二级部门微信公众号，人数达 236 人。易班学生工作站共有 2 个校分站、8 个院（部）分站，共有成员 200 人。各个班级设立一名易班负责人，负责班级易班文化建设。

三、建设“三微两网一社区”，创新网络思政教育传播平台

（1）“三微”即微博、微信和微视频。目前，全校有 23 个部门开通了微信公众号，占全校部门总数的 70%，9 个二级学院全部开通微博账号。2021 年发稿量达 3043 篇，总阅读量超过 219 万人次。官方微信公众号目前的粉丝数超 7 万人。其日常选题聚焦师生群体，设有出彩铁院人、“最美教师”、铁小匠访谈等栏目，通过宣传典型人物、优秀校友事迹等，达到网络思政育人潜移默化的效果。学校组织创作的《青春助力中国高铁》MV 在新媒体平台一经发布，便引发师生共鸣和社会各界好评，短短一天的浏览量突破 2.8 万人次。这个作品被教育部微信公众号 3 次刊发展示,并得到 10 多家官方新媒体平台转发。

学校微博通过配齐人员，创新栏目设置，增加与二级部门和兄弟院校的互动等方法，进一步扩大学校在学生中的影响力。2021 年发布微博图文有 2000 余条，累计阅读量 125 万人次，综合影响力排名 20 余次，进入全省高校 20 强，在高等职业院校中稳居第一。2018 年学校开通官方抖音平台，通过发布学生喜闻乐见的短视频，拓宽了网络思政工作渠道。

（2）“两网”即校园网和陕西大学生在线网。校园网开设有铁院要闻、名师风采及学子获奖等 10 个栏目，下设 42 个二级网站，其中包括思想政治专题网和党建网等，全年更新信息 3000 余条，浏览量超 70 万人次。

从 2007 年起，学校一直参与陕西大学生在线网共建工作。该网站

通过宣传展示陕西思政课大练兵网络课堂展、十九大专题学习和陕西好人等专栏内容，组织学生参与线上线下活动，发挥育人功能。2021年学校与陕西大学生在线网共建频道累计发稿 30000 篇，参与网站建设和各类活动的学生近千人，连续 11 年荣获陕西大学生在线网全省高校“十佳频道”。

（3）“一社区”即易班互动社区。2016 年，学校作为陕西省首批高校参与易班网站建设，截至目前，易班网站用户近 2 万人，公共群 407 个。易班互动社区实施“易班+团建”“易班+党建”的网络思政育人模式，围绕党的十九大、中华人民共和国成立 70 周年、中国共产党成立 100 周年、二十大等重大事件开展征集祝福、最佳评论、“我和祖国的故事”等活动，切实使大学生思想政治教育工作活起来。学校易班平台活跃度多次位列全国高校第一，双指数多次进入全国 20 强。

四、打造铁小匠网络思政品牌，彰显网络思政育人特色

（1）铁小匠文化内涵。党的十九大报告提出“弘扬劳模精神和工匠精神”。2017 年以来，学校打造了铁小匠网络思政人物品牌，并被师生熟知。铁小匠作为学校学生的化身，以“德修身，技立业”的校训、“吃苦奉献，拼搏争先”的学校精神作为自己的座右铭，通过勤学、勤练、勤思考来提升专业技能和知识水平，将成为一名祖国铁路事业急需的“大国工匠”作为自己的奋斗目标。2018 年，形成了铁小匠卡通形象，男版铁小匠为身穿蓝色工装、头戴黄色安全帽的工人形象，女版铁小匠为身穿粉色制服、头戴小礼帽的“动姐”（高速铁路列车乘务员）形象，充分反映了学校特色和学生未来的职业角色。

（2）铁小匠系列文创产品。依托铁小匠卡通形象，学校推出了一系列线上线下文创产品，成功塑造了铁小匠文化品牌。例如，创作了 30 多个铁小匠表情包，成为师生交流的必用神器；推出铁小匠书签、

水杯、抱枕、笔记本、钥匙扣和手提袋等文创用品，在各类网络思政活动中使用推广；中秋节推出铁小匠定制版月饼，新生报到时设计铁小匠网红打卡点，受到师生的欢迎。

（3）铁小匠品牌栏目。学校官方微信公众号推出铁小匠系列访谈100余篇，以大学生的视角报道身边的优秀师生典型。例如，《学霸宿舍诞生记》讲述了学校学霸宿舍的故事，成为学生学习的榜样；《她，就是毛红梅》讲述了全国优秀教师毛红梅在教书育人道路上的故事。这些文章在微信公众号上推出后，学生产生了强烈共鸣并纷纷留言："一颗丹心育英才，三尺讲台铸辉煌。祝贺毛老师！""怀铁院心，铸铁院人。虽已毕业，仍念母校。"

第三节　榜样文化
——弘扬铁成精神，引领青年成长

榜样教育因其真实、生动、鲜活而备受推崇。在价值多元、观念嬗变的今天，需要什么样的榜样，榜样在哪里，是教育工作者应深入思考的问题。作为新时期涌现出来的专家型技术工人，窦铁成无疑是技术技能强国的典范。作为窦铁成的母校，学校敏锐意识到，他是实施大学生思想政治教育、培育铁路工匠的生动载体和最好的榜样。

窦铁成，100位新中国成立以来感动中国人物之一，新中国"最美奋斗者"，全国劳模，中铁一局电务公司高级技师，学校杰出校友。他在为企业创造巨大物质财富的同时，还给我们留下了宝贵的精神财富——铁成精神（忠诚企业、爱企如家的主人翁精神，孜孜以求、刻苦钻研的进取精神，恪尽职守、精益求精的敬业精神，敢于攻坚、勇攀高峰的创新精神，团结互助、乐于奉献的团队精神）。2009年以来，学校结合新时代铁路行业对高素质技术技能人才培养要求，将弘扬、践行铁成精神作为面向广大师生的一项常态化教育活动，健全完善育人体系，在实施大学生思想政治教育中发挥了巨大作用。

铁成精神的孕育和形成，源于铁路一线，契合铁路企业用人标准，也是社会主义核心价值观的生动实践。多年来，学校在校园文化建设中，全面深入开展“铁成精神进校园”活动，使之成为广大师生的精神符号和文化基因，目的在于进一步补好学生精神之钙，更好地服务于学生成长成才，使其成为“肯吃苦、讲奉献、敢拼搏、能力强、技术专”的新时代铁路工匠。在建设过程中，学校紧紧围绕“弘扬铁成精神，培育铁路工匠”这条主线，按照物化、研传、弘扬、践行的步骤，着力“打造四大载体，物化铁成精神；组建四支队伍，研传铁成精神；构建四大平台，弘扬铁成精神；开展四类实践，践行铁成精神”，打造全方位融入、一体化推进的铁路特色文化生态，为培养铁路建设和管理急需的高素质技术技能人才打造良好的育人环境。

一、打造四大载体，物化铁成精神

学校高度重视铁成精神载体建设，建成了“一路一廊一展馆一广场”，使之成为铁成精神的重要宣传阵地。

（1）“一路”，即铁成路。在校园内将学生公寓通往教学楼的必经道路命名为铁成路。道路两侧宣传栏张贴窦铁成先进事迹，路旁树木由历届校友捐赠并亲手栽种，让铁成精神在这条路上生根开花。

（2）“一廊”，即校友风采长廊。教学大楼内悬挂以窦铁成为代表的历届优秀校友风采照片，图文并茂地展示校友的优异表现和突出业绩，他们是大学生思想政治教育的活素材。

（3）“一展馆”，即窦铁成事迹展览馆。学校与中铁一局合作，广泛搜集实物，深入挖掘史料，建成了窦铁成事迹展览馆。其分历程、精神和荣誉等三个展区，生动诠释了铁成精神。

（4）“一广场”，即工匠精神文化广场。以窦铁成半身塑像、先进事迹宣传栏、优秀校友墙及休闲廊亭为内容的文化广场，是学校学生休闲娱乐、读书、举办二课活动的重要场所。

路、廊、馆、广场四位一体，构成了独特的校园文化景观，成为新生入学、新教工入职、大学生入团和入党教育的第一站，成为大学生思想政治教育的重要阵地。同时，窦铁成说的“岗位就是责任，工作就是奉献”等励志名言被挂上教室、宿舍等的墙壁，与师生朝夕相对，使师生时时处处受到铁成精神的感染和激励。

二、组建四支队伍，研传铁成精神

（1）教师研究团队。学校依托马克思主义学院三个研究中心和窦铁成技能大师工作室，围绕“窦铁成精神的时代内涵及时代意义”“窦铁成精神进校园的研究与实践”等主题进行立项研究。编印《窦铁成精神教育》《中国金牌工人窦铁成》校本教材，将其分发给师生。各专业将铁成精神系统植入人才培养方案，编入《学生手册》，使学生入校即明确发展方向和目标。

（2）教师宣讲团队。精心选拔出 10 名政治素质强、理论水平高的思政课教师和辅导员，组成以校党委副书记为团长的铁成精神宣讲团，每年深入各系（部）开展巡回宣讲，并将铁成精神列入思政课教学计划，进行专题讲授。同时，将铁成精神作为课程思政的重要元素，用以教育引导大学生。

（3）学生讲解团队。选拔优秀学生组成铁成精神讲解团，主要负责窦铁成事迹展览馆、铁路文化广场的讲解服务。他们在讲解活动中不仅提升了个人素质，也深刻地受到了铁成精神的教育。

（4）学生网媒团队。新媒体中心学生团队充分挖掘以窦铁成为代表的优秀校友事迹，讲好铁成故事，传承铁成精神，并在学校官方微信公众号和马克思主义学院微信平台开辟了铁成精神专栏。

三、构建四大平台，弘扬铁成精神

（1）教育宣讲平台。依托铁成精神宣讲团，面向师生开展宣讲活动，做到所有班级全覆盖、师生无遗漏，使铁成精神深入人心。设立“铁成讲坛”，每年邀请窦铁成现身说法，举办先进模范、优秀校友讲座数十场。

（2）展示推介平台。在思政专题网开辟了“铁成精神进校园”专题板块，摄制了《时代命题 铁院答卷》工匠精神专题片，以及《铁成路》《情洒千里铁道线》等微电影，同时通过微博、微信、抖音等新媒体平台丰富铁成精神传播渠道。

（3）示范引领平台。强化示范带动和朋辈影响，使学生眼中有标杆，心中有榜样，效学有依托。一是在新生中择优组建铁成班，制定“责任、坚韧、创新、奉献”的班训，任课教师均由优秀骨干教师担任，发挥示范效应。二是每年在大学生中评树刻苦学习、自强自立、甘于奉献等“五类十佳”青春榜样，挖掘身边先进典型，凝聚育人合力。三是设立铁成奖学金，激发学生学习积极性，营造优良学风。

（4）现场教学平台。学校与中铁一局共建窦铁成技能大师工作室，三位电气化专业教师拜窦铁成为师，每年定期到工地一线进行现场教学。同时，窦铁成多次来学校指导学生参加全省技能大赛，通过手把手指导、面对面交流，学生们深深感受到了大师的风采。

四、开展四类实践，践行铁成精神

结合窦铁成的五种精神，分级分类组织学生进行实践体验，感悟和培育铁成精神。

（1）励志进取实践。一年级新生入校均要参加为期三周的军训活动，每周一坚持开展升国旗活动，每天坚持做早操、上晚自习，每晚坚持查寝查铺。同时，开展“五个一”主题教育活动，着重培养主人翁精神和进取精神。具体为：参观一次“一廊”“一馆”，每天行走“铁成路”；开展一次以铁成精神为主题的班团活动；开展一次读书周，研读铁成精神；参加一次志愿服务活动；进行一次五公里徒步测量，磨炼坚强意志。同时，围绕工匠精神培养等，组织各类主题演讲、征文等比赛，使主题教育活动贯穿全年。

（2）创新合作实践。针对二年级学生开展技能竞赛活动和社会实践活动，着重培养学生的创新精神和团队精神。一是每年举办技能竞赛月活动，师生同台竞技，全员参与，同时积极选派优秀学生组队参加校外各级各类技能竞赛；二是利用寒暑假开展社会实践，对优秀团队和先进个人进行宣传和表彰，以此增强学生的竞争意识、创新意识和团队精神。

（3）工匠精神实践。针对毕业班学生，开展现场顶岗实习，着重培养工匠精神。每年安排毕业班学生到企业开展为期半年的现场教学和顶岗实习，教师教在现场，学生学在岗位。组建以学生党员为骨干的铁成先锋队，要求他们在工作中精益求精，充分展现铁成精神传人的精神风貌。

（4）榜样领航实践。邀请劳模、大师、企业家、技术能手和优秀毕业生走进校园现身说法，展示他们的工匠情怀、先进事迹和突出贡献。聘请窦铁成、禹丽峰、唐昭平等先进模范人物及入选陕西省高校毕业生建功立业先进事迹报告团校友代表定期回校做报告，传播前沿施工技术，交流成功经验，激励在校学生尊重职业、尊重技术技能、尊重工匠。

第四节　公寓文化
——坚持半军事化管理，凸显公寓育人功能

在高校后勤社会化改革进程中，学生公寓已由原来简单的居住场所发展成为集生活起居、学习交流、文化娱乐等多重功用为一体的内涵丰富的新型学生生活区，公寓文化对学生成长的重要影响日益显现。

学校始终把公寓文化育人摆在突出的地位。在公寓文化建设中，秉承铁路优良传统，彰显铁路工程特色，坚持半军事化管理，紧紧以制度管理精细化、内务整理标准化、氛围营造企业化、思想教育常态化、活动开展主题化、服务学生亲情化的“六化建设”为载体，在平常教育中渗透铁路精神，在日常管理中彰显铁军风采，形成了既喜闻乐见又特色彰显、既从严管理又以人为本的具有半军事化传统的公寓文化。公寓文化育人全过程的沁润，使学生形成了严谨的组织纪律、规律的生活习惯、良好的人际关系，有力地提升了学生的综合素质和核心竞争力。这样的毕业生深受用人单位欢迎。

一、制度管理精细化，优化公寓育人机制

学校在学生处设立学生公寓管理中心，直接管理公寓。这与由后勤部门管理相比，既避免了学生管理工作存在空档和扯皮，又杜绝了后勤社会化后趋于功利的问题，提高了学生教育管理工作的效率，增强了教育管理学生的针对性。学校对公寓的管理始终以半军事化为原则，以精细化为标准，将公寓文化建设制度化、规范化、长期化。

（1）制度严格具体。学校以半军事化的理念制定了《辅导员进公寓实施办法》《一日生活制度》《公寓内务基本标准》等 16 项规章制度，内容涉及学生日常生活、工作人员教育管理等公寓管理的各个方面，特别是对学生每天的作息、内务、早操等行为都提出了具体要求。同时，所有工作情况、检查记录都认真登记，建立了夜不归宿检查登记、课间学生进出登记、来客登记等 8 种事项的登记簿。

（2）实施“三级巡视制”和“三查一点名”，即校领导每周巡视、学生处定期巡查、学院日常检查的立体巡查制度，以及查夜不归宿、查内务整理、查公寓安全、每晚点名。校领导带领两名处、科级干部每周至少巡视公寓一次，重点检查公寓安全、日常管理等，并形成巡视意见，督办责任部门；公寓管理中心连同学生会干部、公寓楼长（层长、舍长）定期巡查公寓两次；二级学院党总支书记连同辅导员、班主任、学生党员、入党积极分子、班级干部实施日常检查。每天通报检查结果，每周一汇总，每月一小结，并将检查结果作为评定先进集体与个人的主要依据之一。学校根据每个学生的具体问题进行“一对一”教育，此举大大提高了学生思想工作的针对性，在日常管理中形成“严”字当头的“铁”的纪律和作风。

（3）加强公寓管理员队伍建设。学校按照“热情服务、科学管理、讲求和谐、保持稳定”的工作思路，在保证每栋学生公寓楼配备三名正式职工的基础上，聘请了一批责任心强、工作认真的外聘公寓管理员。管理员队伍专兼结合，稳定可靠，形成了“勤说、勤转、勤看、勤干”的“四勤”工作作风，为学生安心学习、快乐成长提供保障。

二、内务整理标准化，坚持铁军优良传统

铁路工程是百年大计，工程质量取决于施工标准的贯彻。按照“习

惯符合标准，结果达到标准，标准成为习惯”的理念，学校制定了《公寓内务基本标准》，从日常生活入手，培养学生良好的生活习惯，进而使学生形成良好的工作习惯。新生入校军训的一项重要内容就是内务整理，并将整理标准一直延续到学生毕业。要求学生公寓每天必须地面清扫干净整洁、被褥叠放整齐划一、物品摆放井然有序。公寓管理员每天对公寓进行内务检查并打分评比，每周公布一次，打分结果作为文明宿舍评比的重要依据。

三、氛围营造企业化，拓宽文化融通渠道

在公寓环境布置中，学校以校企文化融通为主线，全面引入铁路元素和施工企业管理理念、企业精神、价值观念等内容，通过文化融合，培育学生的职业素养。

公寓内门牌、标语、信息公告栏等标示内容均按照校园形象设计标准，将具有铁路特色、富含铁路元素的校徽、校训、校歌、学校精神融入其中。学生公寓楼道图片布置系列化，张贴了专业知识系列（如反映技术先进、施工复杂的桥隧施工照片）、企业文化系列（如各铁路局集团的管理理念和人才标准）、优秀校友风采系列，还张贴了先贤榜样系列（如鲁班、茅以升、詹天佑、林徽因等大师的相片和生平成就）；学校通过对企业氛围的营造，让学生尽早在潜移默化中认知工作环境、感悟大师风范，受到先贤感召，体现榜样示范作用的影响。

积极开展专业社团进公寓活动。电子产品维修服务队定期在公寓为学生维修电脑、手机、收音机等；制图学社、城轨等专业学社在公寓内设置专门场所，组织开展有益学生专业水平提高的各项活动。

四、思想教育常态化，占领每寸育人阵地

学生思想政治工作进公寓，是高等教育内涵发展的时代要求，是新时期高校学生思想政治工作的战略抉择。长期以来，学校坚守公寓思想育人的重要阵地，通过常态化的方法积极开展公寓思想教育工作。

一是充分利用每栋楼下的宣传栏发布天气预报、健康知识、温馨提示及通知。二是充分发挥楼管会的文化宣传作用，如介绍消防安全知识、卫生知识、公寓管理知识、公寓文化活动、节约用水用电知识等。三是开展好公寓文化建设活动。如每学年开展文明宿舍、新生优秀宿舍和青春榜样等评比活动，在学生党员中间开展“亮身份、讲奉献”“我是党员，向我看齐”“党员宿舍做表率”等活动。学校通过这些活动，树立公寓学习、生活的先进个人和典型宿舍，再通过榜样的力量引导学生。

五、公寓活动主题化，构建文化育人平台

丰富多彩的文化活动是公寓文化建设的重要载体。学校通过主题鲜明的文化活动，给学生提供展示自我的平台。这既是张扬学生青春风采的舞台，也是文化育人的阵地。

学校将零散的活动有机组织起来，充分整合，并赋予鲜明的主题，从而实现活动的品牌化，提升活动的影响力和号召力。将宿舍美化大赛、新生叠军被大赛、文明宿舍创建、卫生检查评比、学生党员示范宿舍评比等一系列活动在时间上有机联系起来，在形式上充分整合，统一形成清洁和文明卫生月活动；将 119 消防日、公寓防盗、防意外

事件安全教育等整合成以警示为主题的安全月活动；将养成良好生活习惯、节约用水用电、反对奢侈浪费活动整合成以勤俭节约为主题的节约月活动。

每年 5 月学校还举办公寓文化节。文化节以“怎么过公寓生活，过怎样的公寓生活”为主题，围绕“五个一”活动来进行。具体为：读一本好书，写出心得体会，并公开演讲；做一个好手工品，创意无限；写一幅好字、绘一幅好画、拍一张好照片，选择优秀作品举行书画摄影作品展，吸引全校学生驻足欣赏。

每一栋公寓都设立了学生党建和学生会办公室，充分发挥学生骨干的作用，实施“三帮一保一服务”活动。“三帮”，即一帮思想，带动周围同学积极上进，通过学生骨干宣传党的理论和政策；二帮学习，带动全宿舍同学提高学习成绩；三帮生活，带动困难学生树立信心，完成学业。“一保”，即保稳定安全，协助公寓管理员进行日常管理，开展宿舍安全知识教育，并形成学生信息反馈网络，提高应对突发事件的能力，确保公寓安全稳定。“一服务”是指在每栋公寓设立心理健康工作站，及时对学生进行心理引导和救助。

六、公寓服务亲情化，营造和谐公寓氛围

学生公寓做到环境设施突出人性、服务工作突出周到、教育学生突出亲为，让学生在平淡中受教育，在细微中见亲情。

环境设施突出人性。在公寓门口的宣传栏里每天张贴天气预报，温馨提示添减衣服；值班室配有免费的针线盒，每层楼道内配有全自动洗衣机，方便学生所需；每栋公寓楼内设立生活服务社，以保本为原则，交由学生经营，学生足不出户就可以购买到便宜的日常用品。这些设施使学生即使住在学生公寓也能感到家的温馨。

服务工作突出周到。学校实行了全员挂牌上岗制，将每位楼长、

公寓管理员的照片和工号上墙公布，自觉接受学生监督；要求工作人员在岗时必须使用文明用语，杜绝服务忌语；实行了日常维修不超过八小时的承诺；要求管理员每天走访学生宿舍，进一步拉近学生和管理服务人员之间的距离。同时，在管理与服务过程中，对内加大监控检查力度，对外定期进行师生满意度调查和召开学生座谈会；坚持每周三学生接待日等活动，直接听取学生意见，不断改进管理方法，提高服务质量。

教育学生突出亲为。工作中大力倡导以引导、沟通为主的工作方法。公寓管理员对有困难的学生嘘寒问暖，为生病学生做饭送饭、为自理能力较差的学生缝补衣服已经成为常有之事。为了让学生在学校能感受到家的温暖，公寓管理中心连续几年都坚持在中秋节慰问特困生，在除夕和餐饮中心一起与留校学生共进年夜饭。老师们用自己细微的举动，体现着对学生的爱护。

第五节　技能文化
——技达四海，能行天下

技娴通达四海，能强可行天下。高等职业教育的培养目标是“素质高+技能强”的高素质技术技能型人才，因此，其文化建设不仅具备大学文化的共性，更要凸显职业特征。多年来，学校在校园文化建设中，坚持校园环境营造技能文化氛围，教学改革强化职业技能培养，校企合作融通企业技能文化，技能竞赛打造技能文化平台，专业社团拓展技能文化内涵，大力弘扬“崇尚技能，技高为荣”的技能文化理念，使学生崇尚技能、学习技能蔚然成风，为培养铁路、公路等基础设施建设和管理急需的高素质技术技能型人才创造了良好的育人环境。

一、校园环境营造技能文化氛围

为将技能文化内涵转化为具体的文化符号融入校园环境之中，学校通过集思广益，精雕细琢，努力将校园的一标一识、一景一物、一墙一壁都打造成为技能文化的宣传阵地。

（1）校园 VI 设计：让一标一识都“传能”。学校吸纳企业文化元素，将技能文化融入校园 VI 设计，凝练成凸显技能文化精神的校训、校徽和校歌等。如学校确立的校训是“德修身，技立业”，意思是“以德修身，育人先厚本；以技立业，成才须固根”，砥砺师生厚德强技，奋发有为。

（2）技能文化景观：让一景一物都“含情”。打造体现技能特色的路文化和广场文化。例如，以我国铁路干线和建筑工程专家之名命名校园内道路，如青藏路、鲁班路等，将学校主广场命名为天佑广场；在校园文化雕塑区树立了建筑大师鲁班、詹天佑、茅以升的头像；教室内陈列有历届学生自制的隧道、桥梁、盾构机等的模型。

（3）技能文化环境：让一墙一壁都“说话”。在教学楼、公寓楼道设计了企业文化长廊、校友风采长廊；在校内实训室做到操作规范、技术标准等上墙，利用图片、警句等营造职业氛围；在宿舍楼梯墙壁上张贴技能文化宣传标语，使学生时时处处都能受到浓郁的技能文化环境的熏陶。

二、教学改革强化职业技能培养

（1）理念创新，把技能实践作为教学中心。按照理论够用，重在实践技能的原则，强化实践教学环节。学校各专业实践性教学课程所占比例均达到50%以上，使实践育人真正落到实处。

（2）模式改革，把五大能力作为教育重点。按照“能力目标、项目训练、学生主体”的原则，所有专业课程均实施“基于工作过程”的课改模式，推行“项目导向、任务驱动、工学交替”的教学模式。学校对接企业岗位需求，将“识图能力、测量能力、试验检测能力、力学计算能力和计算机应用能力”作为所有土木类专业学生的五大基本核心技能进行重点培养，同时突出各专业的个性化专业能力培养，实现每个学生都基础牢固、优势明显、特长突出。

三、校企合作融通企业技能文化

深度的校企合作离不开校企之间的文化对接，而文化对接同样离不开校企合作。学校通过校企战略对话、思想文化互动等五大载体促进校企技能文化有效融通。

一是校企战略对话。学校制定了校领导深入企业调研制度，并定期邀请企业领导来校座谈，形成战略对话机制。二是思想文化互动。建立专家论坛、校友论坛等平台，如聘请王梦恕、窦铁成等先进模范人物及历届校友定期来校做报告，传播前沿施工技术，交流成功经验。三是人员文化交流。建立校企人员互兼互聘制度，每年均安排20名以上骨干教师和10余名处、科级干部深入企业挂职锻炼。定期组织大学生艺术团到施工现场慰问演出，加强校企双方的文化交流。四是企业文化体验。每年安排大批学生到企业现场教学和顶岗实习，将技能培训课堂搬到施工现场，在锻炼、提升专业技能的同时，也让他们充分感知、体验企业文化，提前进行职场预演。五是制度文化借鉴。吸收、借鉴铁路企业先进管理经验，在办公室、教室、实训室等场所均推行6S管理模式，优化教育环境，提高工作效能。传承铁路企业优良传统，对学生实行严格的半军事化管理，培养政治合格、作风过硬的铁路建设者。

四、技能竞赛打造技能文化平台

技能竞赛是检验教育教学改革质量、学生技能水平的试金石。学校通过校内建舞台、校外搭平台，实现以赛促教、以赛促学。

（1）开展校内比武，打造技能文化盛宴。学校每年举行一次由企业冠名赞助的技能竞赛月活动。竞赛项目包括测量、建材实验、土工实验、CAD 制图等近 20 项。师生全员参与、同台竞技，企业人员全程参与。迄今为止，学校已成功举办“索佳杯”“南方杯”“徕卡杯”“科力达杯”等赛事。每年一届的技能大赛已成为学校强化学生专业技能的一大法宝和对外交流的一张亮丽名片。

（2）参加校外竞赛，展示铁院学子风采。学校积极选派学生参加各级各类技能竞赛，做到有赛必参、有赛必备。学校成立专门竞赛组织机构，层层选拔参赛选手，并选派骨干师资进行培训和指导。同时不断完善奖励制度：对于获奖学生除给予物质和精神奖励外，还在奖学金评定中予以优先考虑；对于优秀典型，将在全校班级中巡回宣讲其经验和事迹，在全校形成“榜样引领学技能，切磋交流共提升”的文化氛围。

五、专业社团拓展技能文化内涵

学校成立有测量协会、制图学社、桥梁学社、城轨学社、材料学社和造价学社等 20 多个专注铁路技能培养的专业社团。为发挥专业社团的育人功能，拓展技能文化内涵，学校实施了多项举措：

一是进行政策支持。每年投入 20 余万元，在资金、设备上为社团建设提供必要的条件。校内实训室周六、周天开放，免费提供专用机房。出台奖励制度支持学生参加各类竞赛。

二是实施分类指导。所有专业社团均挂靠专业所在的系团总支和教研室，系团总支管理协助社团的日常事务，教研室安排专业骨干教师指导社团开展活动，进行专业训练。

三是承接项目，发挥专业特长，积极承担社会服务。如测量协会在专业教师的指导下，多次承担了铁路施工现场的测绘任务，不仅使会员自身的技能水平得到了很大提高，同时还获得了一定的经济效益。

第五章

立德树人

——润物无声、春风化雨的思政路径

第一节 “四个攻坚”，推进“三全育人”综合改革

“三全育人”改革是加强改进新形势下高校思想政治工作，全面落实立德树人根本任务的战略措施，也是办好中国特色社会主义大学的内在要求。习近平总书记在全国学校思想政治工作会议上强调：“要坚持把立德树人作为中心环节，把思想政治工作贯穿教育教学全过程，实现全程育人、全方位育人，努力开创我国高等教育事业发展新局面。”

历年来，学校始终坚持立德树人的根本任务，紧紧围绕“为谁培养人、培养什么人、怎样培养人”的根本问题，全面加强思想政治教育工作，将全员、全过程、全方位育人落到实处，不断提高学校思想政治工作的针对性和实效性，打好“四个攻坚战役”，系统化推进“三全育人”综合改革，全力培养德智体美劳全面发展的具有铁路特色的时代新人。

一、打好“共识”攻坚战，凝聚全员育人合力

思想上有共识，行动上才能有共振。形成广泛的思想共识是实施

"三全育人"综合改革的先决条件。通过教育培训、立体宣传、开展大讨论等途径，实施领导带头、党员示范、全员参与，通过打造示范型、融合型、服务型三支队伍，在全校形成全员育人合力。

（一）广泛开展宣传宣讲

学校通过政策制定、学习培训、理念讨论等形式，引导全校教职工形成落实立德树人、开展思想政治教育的思想自觉和行动自觉。并将育人政策、理念、方法等学习纳入教职工入职培训、干部年度培训、教职工教学能力提升、"三会一课"、教研活动主题研讨等，形成"五个纳入"培训工作机制，构建了提升教职工育人水平的长效机制。

（二）示范型管理队伍

实施领导干部进班讲授开学第一课制度，围绕时政热点、社会焦点，开展社会主义核心价值观教育；实施领导干部联系一个班级、联系一个社团、联系一个宿舍、帮扶一名学生的"四个一"联系制度，了解学生思想动态、成长过程、发展需求。2012 年以来，学校连续 9 年开展"一对一"结对帮扶困难学生 3700 余人次，教职工参与率达到 90%以上，帮扶资金累计达 222.8 万元，全方位、多途径指引学生成长成才。建立校领导联系二级学院党总支和教师党支部指导理论学习制度，切实解决了基层党组织理论学习"最后一公里"的难题。

（三）融合型教师队伍

学校坚持实施思政教师、课程思政教师、日常思政教师三支队伍相互融合的思政教育工作机制，依托高铁文化研究中心这一平台，课程思政教师与思政教师共同研讨思政育人元素，保证思政教师队伍与课程思政教师队伍同频共振、同向同行；通过遴选思想政治素质过硬的思政教师到党委宣传部、学生工作部等党务部门挂职，从日常思政教师队伍中遴选优秀骨干教师承担思政课专题教学任务，保证主渠道和主阵地工作队伍的交叉聚合和有效联动；实施思政教师队伍和课程思政教师队伍担任班主任工作制度，让他们全程参与学生管理工作，课程思政教师与日常思政教师互融共促。学校的思想导航工作室被授予陕西高校省级辅导员示范工作室，思政教师入选教育部高等学校思想政治理论课教学指导委员会委员，学校入选教育部职业院校文化素质教育指导委员会课程思政研究中心。

（四）服务型保障队伍

实施“智慧陕铁”“美丽陕铁”“文明陕铁”等校园环境提升行动，提升环境育人、服务育人水平。实施一键式保修、人像识别进校门、服务一码点评等校园信息化提升工程，提升师生获得感；定期组织师生开展垃圾分类、植树种草、清洁校园等“美丽陕铁”活动，培养学生的劳动精神；定期举办消防演练、健康卫生、节水知识讲座等宣讲活动，培养学生现代健康安全文明意识。学校先后荣获全国教育后勤信息化建设优秀单位、陕西省节水型高校等荣誉称号。

二、打好“融入”攻坚战，健全协作体制机制

体制机制创新是活力之源。形成完善的体制机制是学校实施“三全育人”综合改革的制度保障。学校成立了“三全育人”领导小组，出台了“三全育人”综合改革实施方案，将“三全育人”综合改革融入内部治理、专业建设、教育教学等制度体系，实现“把思想政治工作作为学校各项工作的生命线紧紧抓在手上，贯穿学校教育管理全过程，牢固树立科学的教育发展理念，坚决克服短视行为、功利化倾向”。

（一）领导统筹机制

学校党委认真学习领会党中央关于学校党建和思想政治工作的最新精神，把学校党建和思想政治工作纳入整体发展规划和年度工作计划，每年定期分析研究思想政治工作领域工作规律，了解和分析师生思想政治状况，研究解决学校思想政治工作中的重难点问题，协调推进重点任务落实等。学校党委书记和校长按照社会主义政治家、教育家标准要求自己，落实责任。党委主要负责统筹落实领导责任，分管领导落实直接责任。党委书记是思想政治工作第一责任人，校长和其他班子成员履行“党政同责，一岗双责”。党委教师工作部和党委学生工作部发挥规划、协调、督办、检查等部门职责，每年定期分别召开专题会议，审议教师和学生教育管理中的重要事项和问题，在党委的领导下制定年度工作要点，明确路线图、时间表、责任人，协调推进工作进程，年末总结、考核，推进学校思想政治工作目标任务落实。

（二）责任落实机制

校党委不断压实党群部门、院系党组织、教师党支部（教研室）的主体责任，构建形成“党委协调机构统筹协调、党委教师工作部归口管理、二级院系党组织承上启下、教师党支部（教研室）推进落实”的责任落实机制。其中，院系党组织具体落实“五个到位”，即领导和运行机制到位、政治把关作用到位、思想政治工作到位、基层组织制度执行到位、推动改革发展到位。教师党支部（教研室）具体落实“两个有力”，即教育、管理、监督党员有力，组织、宣传、凝聚、服务师生有力。在《陕西铁路工程职业技术学院“三全育人”综合改革实施方案》的指引下，学校各部门按照职责要求制订配套政策，先后出台《习近平新时代中国特色社会主义思想进课程教材实施方案》《进一步加强思想政治教师队伍建设实施办法》《课程思政建设实施方案》

《网络文明建设实施方案》等配套政策，形成了“1+N”制度体系，充分发挥课堂、科研、实践、文化、网络、心理、管理、服务、资助、组织等方面工作的育人功能。

（三）全程联动机制

学校围绕学生全面发展，按照职业教育规律和学生成长规律，实施入学季“蓝图计划”、成长期“卓越计划”、毕业季“起航计划”分段培养工程，从学生思想道德素质、科学文化素质、身心健康素质等6个方面，设置23个质量控制点，通过学生间的多维度对比分析，促进学生查找差距，改进提升。首先是入学季“蓝图计划”。以入学第一学期为实施时间，围绕理想信念、日常养成、专业发展、团队精神、心理健康、安全教育六大主题，通过“六个一”活动，即参观一次中国铁路发展史馆和校史馆、学习一本学生校规校纪手册、上一次专业前景教育课、参加一次劳动教育实践活动、听一场优秀毕业生先进事迹报告会、设计一份学业规划，引导学生树立为铁路事业奋斗的理想，高质量融入大学生活。其次是成长期“卓越计划”。以第二学期至第五学期为实施时间，依托专业课教育和第二课堂，引导学生树立正确的三观，提升职业技能。以优秀校友报告会、“五类十佳”青春榜样评选等活动为引领，激励全体学生向榜样看齐，对标对表，成长成才；大力推进学生参加校级、省级和行业内、国家级三级职业技能大赛活动，数学建模竞赛、电子竞赛、创新创业大赛等全国大学生竞赛，以及职业技能等级认定考试，提高学生为铁路事业奋斗的职业技能和职业素养。最后是毕业季“起航计划”。以第六学期为实施时间，实行学校、企业“双导师”培养工作机制，学校导师指导理论，企业导师带领实践，在学习中强化职业规范教育，夯实职业技能，融入企业文化和企业精神，使学生明确职业发展定位，助力学生开启人生新阶段。在顶岗实习期间，学生先后荣获铁路局、中国中铁等大型国企单位的先进工作者、青年岗位能手等荣誉称号。

三、打好“协同”攻坚战，构建全要素育人载体

环境影响人的成长，让学校的成长环境对学生的未来现实产生辐射效应。营造立体化育人环境是学校实施“三全育人”综合改革的重要支撑。学校通过组织整合重点推进项目、载体、资源的育人要素协同，全面统筹办学治校各领域、教育教学各环节、人才培养各方面的育人资源和育人平台，在学校教育场域内实现“全要素育人”合力发挥作用。

（一）课堂协同育人平台

构建“思政+文化”研究中心和课程思政“三联三融八推动”的运行机制，成立红色文化、传统文化、高铁文化三个研究中心，依托陕西丰富的红色资源、文化资源，在思政课中有机融入杰出校友故事、与铁路相关的典型事迹，把专业情怀融入思政课。持续开展“课程思政·陕铁行动”教学比赛，发挥高铁文化研究中心的平台作用。专业课教师与思政教师合力挖掘专业课程思政育人元素，在中国铁路发展史、技术进步史中厚植铁路报国情怀，用思政元素点亮专业课，发挥课堂的育人主渠道作用。学校教师在全国职业院校技能大赛教学能力比赛中荣获一等奖 2 项。

（二）党校协同育人平台

实施党建领航行动，系统构建“党建融入机制树核心、党建融入文化抓引领、党建融入红色强根基、党建融入教学提质量、党建融入实践验成效”的“五融”模式，全面提升组织育人水平。实施领导干部上党课、最佳党日评选等制度。学校 2 个教师党支部入选教育部样

板支部，2 名党支部书记荣获全国优秀教师称号。

（三）网络协同育人平台

出台网络思政工作奖励办法，优化成果评价方法。完善网络文化成果评价认证体系，把优秀网络文化成果列为教师职称评聘条件，作为师生评奖评优依据，充分调动广大教师参与网络思政工作的积极性。通过微博、微信公众号、微视频、校园网、陕西大学生在线网、直播平台和易班平台打造“三微两网两平台”网络思政育人载体。学校官微连续多次入选全国职业院校官微 10 强，学校铁小匠网络文化工作室入选全国十佳职院媒体。

（四）实践协同育人平台

学校构建以“校内外实训基地＋红色基地＋人文素养＋创新创业＋学生社团＋假期实践＋志愿服务”为载体的实践育人平台，充分发挥学校“三馆两廊两广场”的育人阵地功能，努力培养德智体美劳全面发展的社会主义建设者和接班人。学校连续三年入选全国高等职业院校思想政治工作创新示范案例 50 强。

（五）文化协同育人平台

学校坚持“校园文化传承铁路文化，开设专业突出铁路工程，实践教学强化铁路技能，工学结合依托铁路企业，毕业学生奉献铁路事业”的鲜明办学特色，构建了以“铁军 · 精技 · 匠心”为核心的文化理念，建设激励师生奋勇拼搏、勇攀高峰。加强中华优秀传统文化教育，开展科技艺术节、“高雅艺术进校园”等活动，打造“一院一品”特色文化品牌。学校入选职业院校校园文化“一校一品”学校。

四、打好“评价”攻坚战，建立健全评价考核机制

评价考核是指挥棒，有什么样的评价考核指挥棒，就有什么样的办学导向。建立健全评价考核机制是构建现代大学治理体系的重要内容，也是人才培养的重要环节，更是深化“三全育人”综合改革的重要抓手。学校在完善领导协调和指导支持机制的基础上，形成了评价考核、监督问责等环节机制，强化工作落实。

（一）评价考核机制

2020 年 10 月，中共中央、国务院印发了《深化新时代教育评价改革总体方案》，明确提出“改革学校评价，推进落实立德树人根本任务”的导向。国家在“双一流”建设成效评价、学科评估、本科教育教学评估等相关指标中，均明显加大了对学校全面从严治党、提升人才培养质量、加强思想政治教育、科研成果支撑教育教学等方面的评价评估要求。从学校自身而言，不断主动适应党和国家对学校评价的新要求，才能建立基于高质量发展、可持续发展和内涵式发展的评价考核体系。在此基础上，学校首先把完善立德树人成效作为一项制度纳入办学根本标准；其次，把党建和思想政治工作成效有机纳入职能部处、二级单位、干部和教师等分层分类的评价考核体系；再次，不断完善鼓励教师践行教书育人使命的相关制度。坚持把师德师风作为第一标准，坚决克服“重科研轻教学、重教书轻育人”等现象，把师德表现作为教师资格定期注册、业绩考核、职称评聘、评优奖励的首要要求。坚持思想政治素质和业务能力双重考察，进一步明确职务聘任中的思想政治工作要求并将其纳入教师聘用合同，持续推动师德师风建设常态化、长效化。不断突出教育教学实绩，把认真履行教育教学职责作为评价教师的基本要求，引导教师上好每一节课，关爱每一

个学生。

（二）典型引领机制

学校将全员育人队伍建设工程作为“三全育人”重点工程之一，分层分类开展部门示范引领，开展包括文明处室、文明院（部）、文明教研室、文明餐厅示范窗口在内的“四个文明”评比活动；选树优秀管理干部、优秀辅导员、“最美教师”和“最美工人”的“两优两美”典型，评选范围覆盖全校教学、科研、管理、服务等各个岗位，以“十大育人”要求为准则。

（三）监督问责机制

学校建立健全干部述职评议考核制度和教师失范行为调查处理机制。实施党总支书记和党支部书记抓党建和思想政治工作述职评议考核制度，强化对党建和思想政治工作的监督检查。完善教师失范行为调查处理相关制度，贯彻落实教育部《新时代高校教师职业行为十项准则》《关于高校教师师德失范行为处理的指导意见》等重要文件精神，建立并完善由学校纪委、学术委员会、教学指导委员会等构成的监督工作体系，规范教师在教学、科研等方面的职业行为，并把师德师风要求作为人才引进、课题申报、职称评聘、导师遴选等评聘和考核的第一标准，实施师德一票否决制。

第二节　“一体两翼”，打造思政课综合改革示范高地

党的十八大以来，各高校全面贯彻落实习近平总书记系列重要讲话精神，特别是习近平总书记在学校思想政治理论课教师座谈会上的重要讲话精神，思政课建设受到高度重视，对其建设力度之大前所未

有。高等职业院校思政课教学也以此为契机，积极探索适合高等职业院校特点、满足高等职业院校学生成长成才需求的思政课教学模式，全面深化思政课改革创新，整体推进课程改革，切实提高教学质量，增强学生对思政课的获得感。时任教育部部长陈宝生提出："针对不同授课对象和具体问题，要创新教学方法，建立独特的教学方法体系，把教材和教学联系起来，把理论和实践统一在课堂。不同方法有不同的作用，要根据不同课程和学科专业学生的特点，运用多种方式方法，发挥综合作用，产生良好的课堂效果，逐步完成进头脑的任务。广大教师要从话语体系突破，靠感情连接，运用学生喜闻乐见的语言，使教材内容真正活起来。"[1] 高等职业院校"工学结合"人才培养模式的改革，对思政课实践教学提出了新挑战，也带来了新机遇。陕铁院将校园文化、行业文化、民族精神、优秀理论成果等融入思政课教学，将"一体两翼"实践教学模式引入思政课教学，积极探索和实践体现高等职业院校"工学结合"人才培养模式改革要求的思政课实践教学新模式，取得了良好的教学效果，加深了学生对课堂教学中所学理论知识的理解，提高了学生分析问题、解决问题的能力，有助于学生知行统一。

一、"一体两翼"教学模式的内涵

（一）"一体两翼"教学模式的基本内容

构建"一体两翼"思政课教学模式，正是针对当前高等职业院校思政课课堂教学存在的问题进行的积极探索。"一体两翼"教学模式中的"一体"是指以课堂理论教学为主体，"两翼"则是指延展课程覆盖

[1] 陈宝生. 扎实推进党的理论创新成果进头脑[N]. 光明日报, 2018-07-24(13).

面，做实课内和课外两个实践教学。“一体两翼”思政课教学模式适合不同层次的学生。在这样的教学模式下，无论在课堂理论教学还是课内课外实践教学中，每个学生的潜力都能得到很好的激发，每个人都有充分的展示机会。“一体两翼”教学模式，重在发挥教师和学生双主体的作用，以课堂教学为主体，延伸、拓展课外实践环节，增加体验式现场教学，激发学生学习兴趣，既体现了教师在教学过程中的主导作用，又激发了学生的主观能动性，体现了学生的主体性，让学生在参与中达到“学、感、悟、行”的有机统一。

（二）构建“一体两翼”教学模式的理论依据

构建“一体两翼”教学模式的理论依据是社会系统理论。社会系统理论认为，社会系统是由若干相联系又相区别的子系统组成。各子系统的各个要素相互联结，相互作用，相互碰撞与融合，共同促进系统的完善与发展；各子系统之间都有一定的界线，在各自的范围内完成自己的任务，履行各自的边界功能，但又与其他子系统相互渗透，相互影响，相互作用。根据与环境的关系，系统可以分为开放系统与封闭系统，系统以输入、输出的方式与环境发生作用，并发挥整体的功能。

社会系统被看作是基于要素和关系的动态体系，这一系统的复杂性突出了选择的作用，也就是说社会系统中的任何一个运作都是在诸多可能性中的一种选择。从宏观上看，我们所处的社会系统与其周边环境进而与世界构成一个多层次的结构体。系统与环境的互动，可以使环境中存在的可能性成为系统运作的组成部分，同时也使系统的产物成为环境的选择。

（三）构建“一体两翼”教学模式的实践依据

建设这样一个全方位的教学模式，需要学校与社会的协调，需要学校内教务处、马克思主义学院、学工部、人事处、财务处等多个部门的协调，是一项涉及各种要素与多重关系的工程。为了建设一个适合本校应用的思政课实践教学模式，学校支持思政课教师积极探索，并形成了以李新萍教授为带头人的科研团队。该团队主要以思政课程的创新改革为核心科研方向，并结合学校实际，就“一体两翼”教学模式进行研究开发，取得了一系列创新成果。

（1）不断把思政课实践教学模式研究与思政课教学实施方案、质量工程建设相结合。首先，在制订教学实施方案时，与教务处协调，给予思政课 1 学分、12～16 课时的实践教学学时，从而使实践教学时间得到顶层制度的保障。其次，在学校质量工程建设中，主干课程思想道德与法治、毛泽东思想和中国特色社会主义理论体系概论均获得学校批准，支持建设国家级精品在线开放课程。目前，这两门课程均为省级精品在线开放课程，学校教师正在努力将其建设成国家级精品在线开放课程，从而使这两门课程的实践教学探索获得更高、更好的平台。

（2）不断形成课内课外、校内校外、省内省外的理论与实践“大思政”格局，不断“走出去，学进来”，借鉴其他高校实践经验。2018 年，学校课题组人员参加了由陕西省教育厅主办的红色资源与思想政治理论课建设学术研讨会，参观了西安交通大学的西迁精神纪念馆等思政课校外实践基地。2019 年，学校课题组人员参加了延安大学思政课实践教学活动之“历史剧汇演”。这是该校思政课教学团队构建的“一主三辅”实践教学模式中“校园实践”的重要内容。为了进一步了解各个高校实践教学模式，学校课题组人员还多次参加了陕西省教育厅组织的思政课实践教学现场观摩活动、实践研修等。为了不断提升研究与实践水平，学校马克思主义学院还组织老师多次到省内外高校进行思政课实践教学模式调研活动，为“一体两翼”教学模式的开展奠定了坚实的基础。

（3）不断加强文献资料研究，精读精研学界专家的代表思想，为“一体两翼”教学模式做好理论准备。为了借鉴兄弟院校的思政课实践教学模式，学校课题组成员主要研读了首都经济贸易大学马克思主义学院院长、博士研究生导师刘冠军教授著的《学科视域中的思想政治理论课教学研究——教学内容创新设计与实践教学模式建构》，云南师范大学钱明辉教授著的《思想政治理论课教学方法改革新探——“12358 教学方法”及其实践教学模式》，以及学者蔡田、李翔宇、贾伟杰编著的《高校思想政治教育前沿问题探究》等著作；还研读了海口经济学院陈玉书教授等人的《高校思想政治理论课实践教学模式创设与运行保障》、学者焦子国的《高校思想政治理论课实践教学模式》等 100 余篇与思政课实践教学相关的研究文章。这些都对我们构建“一体两翼”教学模式提供了充分的科学理论指导。

（4）不断加强思政课实践教学基地建设，实现校地共建、人才共育、发展共享的合作模式。为了满足实践教学的需要，学校先后建设了红色文化长廊、窦铁成事迹展览馆、校史馆、中国铁路发展史馆等校内实践基地。同时还在杨虎城将军纪念馆、袁家村、仓颉庙等地建成校外实践基地。这些基地均分布在学校周边，既有红色文化基地，又有传统文化、历史文化等基地，还有现代养老、敬老基地，为学校思政课实践教学模式的创建提供了条件保障。

二、实施阶段与过程

“一体两翼”教学模式注重优化教学内容、拓宽教学载体、改进教学方法、凝练教学团队。其实施过程主要分为四个阶段。

第一阶段（2011 年 9 月—2012 年 1 月）：试点推广，漏洞查摆。学校将部分班级作为改革试点，凝练经验，总结实施过程中的问题，不断改正推进。

第二阶段（2012 年 2 月—2014 年 7 月）：学材撰写，构建体系。撰写、编辑修改相关学材内容，不断完善思政课实践教学中的考核体系、场馆建设等相关工作。在这一阶段，学校初步取得了实践教学的成果，得到了陕西省教育厅的认可，并进一步与省内各高等职业院校进行交流。

第三阶段（2014 年 9 月—2016 年 7 月）：优化方案，良性运行。将校园文化、行业文化、民族精神、优秀理论等成果融入思政课教学内容，增加校内外实践教学基地，完善实践教学的运行和保障机制，进一步优化教学内容，促使这一模式良性运行。

第四阶段（2016 年 9 月至今）：模式成型，全面推广。在前期经验积累的基础上，形成稳定的模式框架，机制体制全面建立，并将这一模式进行全面推广、实施，让课堂教学真正实现翻转，努力帮助实现思政课立德树人关键课程作用。

三、具体措施

（一）创新实践教学内容，让实践教学“活”起来

（1）让身边典型人物“活”起来。在师生、校友等身边的平凡人中遴选在思政和德育教育方面成绩较为突出者作为典型，形成专题实践教学资源库。让学生零距离感受和学习来自身边的、鲜活的、触手可及的榜样，感受榜样的魅力和力量，帮助学生在繁杂的世界里找到真知，自信前行。

（2）让校园文化资源“活”起来。充分利用校园基础设施建设物化铁路文化，如以铁路干线、桥梁隧道的专业知识或名称来命名校园道路和楼宇，以建筑工程专家姓名来命名广场，整合形成思政课实践教学专题，提升思政课实践教学实效性。

（3）让工匠精神“活”起来。将工匠精神贯穿、融入具有学院特

色的隧道学社、轨道学社、盾构学社等诸多学生社团的活动和专业实习实训中，将活动和实训内容整合为思政课实践教学专题，让工匠知识、工匠形象和工匠精神入脑入心。

（4）让理论成果“活”起来。将改革开放以来我国在经济建设、政治建设、文化建设、社会建设、生态文明建设等方面取得的举世瞩目的成就，整合为 8 个思政课实践教学专题，将理论与实践紧密结合，使实践教学动起来、“活”起来。

（二）创新实践教学载体，让实践教学“亮”起来

（1）课堂实践教学。目前，思想道德与法治课的 6 章内容，采用“虚实结合，理实一体”的模式开发了 8 课时专题实践课；毛泽东思想和中国特色社会主义理论体系概论课的 14 章内容，开发了 16 课时专题实践课。

（2）校内实践教学。以图片、视频资料、经典红歌为主要资源，借助声、光、电等现代教学手段，建成校内实践教学基地“两廊三馆”，即红色文化长廊、党建文化长廊，以及校史馆、中国铁路发展史馆、窦铁成事迹展览馆。

（3）校外实践教学基地。针对铁路施工企业流动不定的特点，按照专业对口、工学交替的原则，在铁路建设沿线组建工地课堂。同时，挖掘当地文化教育资源，开展紧贴群众生活的社会服务活动，让学生在社会服务和实践中感受思政课实践教学的魅力。

（4）假期专题社会实践。充分利用寒暑假及专业社会实习、专业实训基地和顶岗实习等机会开展思政课实践教学。学校目前已汇编形成 10 余辑师生优秀社会实践成果《知与行》。

（5）网上认知实践。利用网络技术手段，打造“青春微实践”专栏，通过线上教育对思政课实践教学进行必要补充。

（三）创新实践教学方法，让实践教学“活”起来

（1）解放课堂，发挥学生主动性。课堂实践教学配套开发课堂专题实践项目，即由学生自由组合，利用课余时间自行完成，在课堂上分团队亮相、时事述评、作业汇报、互动提问、感悟体会等五个环节进行展示汇报。让学生主动参与到课堂教学中，以主人翁的心态对待课堂，以敬畏之心对待理论知识，从而主动思考，寻求答案，达到情感上的共鸣和思想上的升华。

（2）利用网络深度互动，激发学生学习兴趣。利用微课、慕课、职教云平台，将古板的知识讲授变为师生之间线上线下的频繁互动，将填鸭式教学转换为自主探究学习,让教师与学生在互动中提升自我。

（3）科学构思，形成科学的评价方法。鼓励和倡导辅导员、班主任、学生管理工作者参与到学生实践教学中，指导学生主动参加社会实践，带领学生开展第二课堂活动，并给予相应的评分权限，形成全员参与、多方评价的新局面。

四、主要成效及经验

陕铁院“一体两翼”教学模式已经在学校层面普遍实施，并在省内外部分高等职业院校产生了一定的影响，发挥了思政课教学改革创新方面的示范引领作用。陕西省教育厅网站及《陕西教育》《陕西日报》《中国青年报》等主流媒体均对其进行过相关报道。

（一）守正创新，拓宽第一课堂育人路径，学生的自主性、互动性增强

“一体两翼”教学模式围绕思政课教学目标，结合教学环境和教学对象的新变化，从“教学内容选什么”“教学载体是什么”“教学方法怎么做”三条具体路径实施，让学生动脑、入心、致用，能够正确处

理基本理论与具体情境、理论认同与行为养成之间的关系。最终，学生将知识体系转化为价值体系和信仰体系，实现思政课“一体两翼”教学模式的育人实效性。例如，为进一步提升思政课教学质量和水平，学校已经改变了思政课传统的大班授课模式，将原来的100人大班授课改为50人的小班授课、小班研讨。这使得辩论赛、情景剧、知识竞赛、模拟联合国等多种新颖的学习形式在课堂上得以展现，真正实现了“学理论，进头脑”的效果。学生纷纷表示：“以往学思政课就是单纯为了应付考试，现在寓教于乐的形式让我迷上了理论学习。”

除此之外，案例教学不是单纯教理论，而是要教会学生用马克思主义理论分析和解决问题。《屠呦呦：非常诺奖之路》《那些年，习近平总书记走过的扶贫路》《塞罕坝：那一抹“中国绿”惊艳了全世界》……一个个贴近生活、贴近实际、贴近大学生的鲜活生动的案例受到学生的好评，推动了教材体系向教学体系、知识体系向价值体系和信仰体系的转化，实现了青年学生“真学、真懂、真信、真用”。这些案例是青年学生比较关注的社会热点问题，拉近了理论与现实生活的距离，让学生在思考具体问题中学习了理论知识，提升了认知能力与水平。教师在案例选择上遵循了贴近学校发展目标、贴近高等职业院校学生学习现状、贴近课堂教学实际的“三贴近”原则，在内容的确立上“接地气、有底气、激活力、真受益”，实现了思政课实践教学资源和内容的创新，解决了高等职业院校学生抽象思维能力差的问题。课堂实践教学、校内实践教学基地、校外实践教学基地、假期专题社会实践、网上认知实践等教学实践载体，加强了学生的感性认识，促进他们全面且有个性地发展。

近年来，随着“一体两翼”教学模式的推广与应用，目前毛泽东思想和中国特色社会主义理论体系概论课的学生评教满意度连续五年在90%以上，思想道德与法治课的学生评教满意度连续四年在95%以上，教学改革初见成效。学校马克思主义学院的教师依托此教学模式，先后有6人获得国家级教学比赛奖励，有4人获得省级教学比赛包括陕西省思政课教师“大练兵”展示活动教学标兵称号，有20余人参加教学能力比赛，有50多人参加其他行业类教学比赛，获得省级教学成果奖1项、院级教学成果奖5项。

（二）积极主动做思政课的先行者，为其他高等职业院校教学改革提供参考经验

马克思主义认识论认为，认识是在实践基础上主体对客体的能动反映。这种能动的反映活动是一个随着实践的发展由浅入深、由表及里、由低级到高级的永无止境的辩证发展过程。因此，在思政课教学过程中，不仅要重视课堂理论教学，发挥教师的主导作用，还必须组织学生进行课内课外实践教学，让学生亲身体会理论的强大指导力量，将感性认知上升为理性认识，从而增强理论对学生的吸引力和感染力，让学生在实践中产生一种“我要学理论”的渴望。“一体两翼”当中所谓的“两翼”，即延展课程覆盖面，做实课内和课外两个实践教学。其中，课内实践教学主要通过“三个一”，即一次时事述评、一本好书分享、一场影视观后感交流来实现，从而开阔学生的视野，培养学生关心国家大事的意识。

早在2011年，陕铁院马克思主义学院就开始探索高等职业院校思政课教学改革，在实践基础上，逐步摸索出“一体两翼”的高等职业院校思政课教学模式。其中，时事述评是“课内实践教学”的重要部分。通过让学生在课前对新近发生的国内外重大新闻事件进行描述、分析和评价，有述有评、评述结合，充分发挥学生在学习中的主体作用，调动学生学习的积极性、主动性。在发挥思政课作为立德树人关键课程作用的同时，还锻炼了学生的信息搜集加工能力、语言表达能力、创新思维能力，提高了学生的综合素质，从而达到学以致用的目的，实现立德树人的要求，使学生成为德才兼备、全面发展的人才。

近年来，陕铁院思政课教学团队在教学中普遍组织学生进行时事述评，每年参与此项教学活动的学生达3500余人，达到了很好的教学效果。教学团队在教学实践的基础上，积极进行相关教学研究和教学资源开发，公开发表相关学术论文30余篇，印制了统一的实践教学记录册，制订了详细的实施办法和成绩考核标准。为了进一步激发学生参与时事述评的积极性，一方面，学校每学期期末公开评选优秀时事述评员并举行隆重的颁奖仪式；另一方面，充分利用马克思主义学院微信公众号“陕铁院马院”，择优推送学生的优秀时事述评，并配上学生照片和相关图片，图文并茂，受到学生的欢迎。

学校思政课教学中应用时事述评的做法，在陕西省高校中产生了一定的影响，在推动思政课教学方法改革创新方面发挥了一定的示范引领作用。在2016年陕西省高校思政研究会年会、2016年陕西省职教学会思政教学指导委员会工作会议上，陕铁院马克思主义学院教师代表在会上分享交流了心得，得到与会高校思政课教师及有关专家学者的充分肯定。同时，思政教师进一步丰富课堂时事述评的形式，对学生述评质量严格要求，课前对时事述评讲稿提前进行检查并优化，提高了时事述评的教学质量。学校通过微信公众号“陕铁院马院”以“青春视点·时事述评”栏目展示学生的优秀述评，并不断丰富其形式——在文字、图片的基础上，又加入音频、视频等形式，更加充分地发挥时事述评这一课内实践教学方法的作用，锻炼和提高学生的综合素质，强健青年学生思想的翅膀。在好书分享环节，推荐学生阅读《习近平谈治国理政》《习近平的七年知青岁月》《梁家河》《习近平新时代中国特色社会主义思想三十讲》等书，并鼓励学生分享学习新思想的心得体会。在课外实践教学方面，引导学生观看《辉煌中国》《大国外交》《将改革进行到底》《今天我学习》等纪录片、微视频，安排学生利用节假日到农村、社区、企业实践考察，让学生亲身了解习近平新时代中国特色社会主义思想的生动实践，从而加深对相关理论知识的感知和理解。

2014 年，陕西省教育厅以《陕铁院“四位一体”实践育人模式提升学生综合素养效果好》为题报道了学校思政课实践教学的效果。学校还在“陕西省高职高专思想政治教育年会（西安 · 2015）”上进行了经验交流，得到了同类院校的认可和好评。对西安职业技术学院、陕西青年职业技术学院、陕西警官职业学院、渭南职业技术学院、西安铁路职业技术学院等学校的教师团队进行了培训，并与其交流。

（三）育人效果受到行业赞赏，培养了一批能吃苦、肯奉献、投身铁路建设事业的新时代铁路建设者

近年来，陕铁院构建了以“红色基地＋素质教育＋创新创业＋学生社团＋假期实践＋志愿服务”为载体的实践育人平台，为实践育人提供不竭动力。第一，校内建有全国“双百人物”、全国劳模、优秀校友窦铁成事迹展览馆，中国铁路发展史馆，红色文化长廊等校内实践教学基地，校外依托杨虎城将军纪念馆、渭华起义纪念馆、习仲勋陵园等爱国主义教育基地，持续面向学生开展以爱国主义、理想信念等为主要内容的思想政治教育。第二，建成学生素质教育中心。其包括形体综合训练室、MIDI（乐器数字接口）音乐教室、书画教室、录音室、心理健康教育中心等，学生在潜移默化中受到文化艺术熏陶，提升了基本素质。第三，将创新创业教育融入人才培养方案。投入 80 万元，建成 1000 平方米创新创业孵化基地，其包含 3 个模型设计创作室、7 个学生服务社、10 个创新创业工作室和快递超市。每年举办科技创新文化节，培养学生创业精神、创新能力。学校多次在全省高等职业院校教学工作会上做双创教育经验交流。第四，成立路魂文学社、测量学社、青年志愿者服务队等 74 个涵盖人文素养、科技文化的学生社团，让学生在社团活动中锻炼成长。其中有 7 个社团获得陕西省优秀学生社团称号。第五，每年利用寒暑假组织学生围绕经济、政治、

文化和社会实际广泛开展社会实践活动，并评选表彰优秀社会实践报告，组织获奖学生到各班级巡回宣讲，增强学生参与社会实践的主动性和积极性。第六，利用渭南市敬老院和曙光特殊教育学校等爱心教育基地，开展常态化志愿服务活动，提升学生思想素质的同时，助力渭南全国文明城市创建工作。学校两次荣获国家计生委、国家红十字总会授予的全国无偿献血促进奖，两个团支部被团中央分别授予全国高校践行社会主义核心价值观示范团支部和全国高校共青团活力团支部称号，一个项目被团中央评为全国高校共青团“四进四信”活动基层优秀项目。

“一体两翼”思政课教学模式的推广和应用，在人才培养过程中的重要作用逐渐显现。据第三方对毕业生的统计调查结果显示，2017 年用人单位对学校毕业生满意度高达 98.3%，其中近 70%的学生扎根铁路，建功立业，奉献青春，得到用人单位和社会的广泛赞誉。在 2020 届毕业生中，分别有 76%、74%、69%的人认为学校帮助自己在“人生的乐观态度”“积极努力、追求上进”“关注社会”方面得到显著提升，而 2014 届毕业生的该三项数据分别是 52%、47%、45%。此外，用人单位普遍反映：学校毕业生的创新精神、奉献意识、文化适应性很强，工作踏实负责，能够下得去、用得上、留得住、干得好。学校学生先后有 7 人入选陕西省高校毕业生建功立业先进事迹报告团，涌现出全国铁路系统技能竞赛冠军张戈亮、“两省劳模”唐昭平（江西、福建）和贺琪（陕西、新疆）、中国中铁十大标兵王刘勋等一批先进典型。总之，“一体两翼”思政课教学模式，通过理念思路、内容形式、方法手段的创新，做到了情理结合、寓情于理，把外部灌输与内心感悟、课堂讲授与现场体验、理性思维与情感体验相结合，增强了思政课的生动性、吸引力和感染力。在学习新思想的过程中，“一体两翼”思政课教学模式的优势是既重视在课堂理论教学中讲清、讲透、讲活新思想的丰富内容，又在课内课外安排恰当的实践环节，让学生在实践中去领悟新思想、贯彻新思想、宣传新思想，坚定“四个自信”，从而不断增强全民族的凝聚力、向心力，共同为实现中华民族伟大复兴的中国梦而努力奋斗。

综上，“一体两翼”思政课教学模式重在以学生为本，对接学生关注点，针对性强，易于操作，改变了过去生硬古板、满堂灌的教学模式，将思政教育渗透于人才培养全过程，潜移默化地改变着学生的精神气质和理想追求，使思政理论入脑、入心，真正做到了“有虚有实，有棱有角，有情有义，有滋有味”，实现了思政课在教学理念、教学内容、教学手段上的改革创新。

第三节　多措并举，构筑课程思政育人同心圆

大学生思想政治教育仅仅依靠思政课程一枝独秀显然不行，其他各门课程也必须“守好渠”，“种好田”，形成“春色满园”，才能整体实现立德树人的教育目标。2016 年 12 月，习近平总书记在全国高校思想政治工作会议上指出：“要用好课堂教学这个主渠道……其他各门课都要守好一段渠、种好责任田。”2017 年中共中央、国务院印发《关于加强和改进新形势下高校思想政治工作的意见》，提出“要加强对课堂教学和各类思想文化阵地的建设管理。充分挖掘和运用各学科蕴含的思想政治教育资源……坚持全员全过程全方位育人。把思想价值引领贯穿教育教学全过程和各环节”。2020 年 5 月，教育部发布《高等学校课程思政建设指导纲要》，全面推进高校课程思政建设，提出结合专业特点分类推进，使各个专业教学院系、各位专业课教师都能在课程思政建设工作中找到自己的角色，干出自己的特色。在加强和改进思政课教育教学的同时，要求发挥高校各门课程的育人功能，推进课程思政工作。思政课程与课程思政共同形成思想政治教育共同

体，是提升高校思想政治教育同质效力、同向效果的重要举措和手段。陕铁院深入学习贯彻落实习近平总书记关于高校思想政治工作的重要论述，率先制定了《关于推进“课程思政”建设的实施意见（2017—2018）的通知》，其中要求各门课程都能“守好一段渠、种好责任田”。同时学校积极开展课程思政的理论与实践探索，坚持以思政课程为圆心，以理服人，启人以大德；形成课程思政多层次互补的圈层效应，以情感人，引人以大美。学校通过思政课教师与各门专业课教师手拉手串联同心圆，达到通“情”达“理”，最终实现思政课程与课程思政的同频共振、协同育人。

一、指导思想

坚持以习近平新时代中国特色社会主义思想为指导，以习近平总书记关于教育的重要论述为根本遵循，贯彻落实陕西省关于进一步加强和改进高校思想政治工作的部署和要求，深入学习习近平总书记在全国高校思想政治工作会议、全国教育大会、学校思想政治理论课教师座谈会上的重要讲话精神，围绕立德树人根本任务，健全全员育人、全过程育人、全方位育人的体制机制，培养德智体美劳全面发展的社会主义建设者和接班人。

二、基本原则

（一）学校整体推进原则

学校是课程思政建设的总体设计者，也是重要推进者。在大学生思想政治教育工作规划、部署、实施中，学校十分注重发挥好思政课程和课程思政的作用，统筹推进课程思政与思政课程建设，把各门课程所蕴含的思想政治教育元素有机融入课堂教学,使各门课程都能“守好一段渠、种好责任田”，与思政课程形成协同育人效应。

（二）二级学院主导原则

二级学院是课程思政建设的重要组织者和推动者，院（部）党政负责人要自觉承担起通过教育教学落实立德树人根本任务的责任。教师党支部要将课程思政建设作为加强党支部政治建设的重要内容和载体。

（三）教师主体原则

教师是推进课程思政建设的直接实践者,教师的自身素质和业务水平是影响课程思政的重要因素。要坚持教育者先受教育的原则，提升教师自身思想政治素质和教书育人能力。同时，教师要创新教育教学方法，使课程思政要求与课堂教学有机结合，增强课程育人的实效性。

三、主要目标和内容

在大力推进课程思政建设时，要统筹好以下几个方面：

（一）学校整体规划，院（部）重点落实

学校是推进课程思政建设的核心动力。校党委和行政部门要积极营造“思政课程+课程思政”共同铸魂育人的氛围，坚持一盘棋统筹规划，整体推进，不能参差不齐。同时，二级院（部）要重点落实，发动专业教师与思政教师多探讨、多交流，参与课程思政主题研讨研究。这是建设好课程思政的支撑和保证。

（二）彰显行业特色，注重专业特点

学院是落实课程思政建设的重要枢纽。各学院要结合“一院一特色”实际，找准课程思政的切入点，使课程思政的建设有机融入学院整体的教育教学，形成自己的亮点和特色。其余各教学单位也要自觉结合所承担的教学任务，特色化推进课程思政建设。专业是落实课程思政建设的重要平台。要充分挖掘和充实各专业蕴含的思想政治教育元素，结合专业特点，有机融入本专业的建设内容、方法和载体，贯穿人才培养方案、师资队伍建设、课程建设、科研建设等各个方面。

（三）教师风格明显，课堂“红色”鲜明

教师是解决课程思政建设“最后一公里”的关键因素。要尊重教师的创造精神，保持教师原有的自然风格，不要刻板打造，而要因人而定，充分发挥教师的主观能动性。支持教师在把思想政治教育元素有机融入课堂教学过程中，体现教师的风格，增强吸引力和感染力，让我们的课程始终站在正确的立场之上，始终展现人们的家国情怀和担当，让我们的课程始终彰显 “中国红”的主题。

（四）课程品牌打造，成果落地固化

各专业要选准课程，精选教学内容和案例，加强集体备课，把课程和专业的思想政治教育元素有机融入教学大纲和课程教案，进行精良制作、精心备课、精益求精，在有效的基础之上打造一批课程思政品牌课程，逐步形成品牌效应。同时，固化成果是持续深入推进课程思政阶段性工作。在积极实践课程思政的过程中，各专业要总结、凝练好的制度、做法和经验，形成可延续更迭发展的研究成果，使得课程思政可落地、可入心、可复制。

四、实施“五大工程”方案，构建高质量课程思政体系

陕铁院认真学习贯彻习近平总书记关于教育的重要论述，深入落实教育部关于课程思政建设的部署要求，围绕立德树人根本任务，实施课程思政建设“五大工程”，加强统筹设计，注重分类指导，深化教学改革，实施专题培训，开展成效评价，着力构建高质量课程思政体系，切实提高人才培养质量。

（一）体系设计工程

陕铁院以课程思政重点课程建设为点，以课程大纲修订工作为面，构建从一枝独秀到百花齐放的课程思政建设生态体系。课程建设着重强化价值观教育的引领地位，将担当精神、社会责任感等作为课程育人的必备品格，示范引领其他课程回归育人本质。例如，铁道概论课程着力培养学生的问题意识、人文情怀、批判精神和现实关怀，在内容上增设适合媒介融合背景的课程内容模块，加大对案例的分析；创新教育课程以生态文明、美丽中国、科学精神为主线，引导学生增强创新创造意识和社会责任感。全面落实“学生中心、产出导向、持续改进”理念，推进全校 500 余门课程的大纲修订工作，每门课程每个章节设置包括认知类、过程与方法类、情感态度价值观类在内的三维目标，将育人元素植根于每门课程的每个章节，实现教书与育人深度融合。围绕政治认同、家国情怀、文化素养、法治意识、道德修养，结合学校历史文脉传承和学科专业特色，将社会主义核心价值观教育、法制教育和中华优秀传统文化教育、爱国爱家教育等有机融入人才培养目标。制订《课程思政建设实施方案》，深入推进课程思政建设与改革。挖掘提炼思政元素，在课程教学大纲中设计课程思政核心素材模块，形成课程育人目标的映射与支撑矩阵。明确路径方法，加强课程

思政示范课程的示范引领，将思政教育与专业教育有机融合，促进思政课程与课程思政同频共振。

（二）分类建设工程

专业课程蕴含着丰富的思政元素。一方面，专业知识本身具有明显的价值倾向、家国情怀等；另一方面，教师可以通过深度挖掘，在已有思政元素的基础上实现进一步拓展和开发。由此，专业课教材和课程内容应体现时代性，教师在知识传授中应注重主流价值观引领。专业课教师应当具有正确的政治立场和坚定的政治意识，履行好教书育人的岗位初心，主动承担起培养社会主义建设者和接班人的时代重任。需要特别注意的是，课程思政不是简单的“课程”加“思政”，不是在专业课程中拨出几节课时讲授思政内容。思政与课程的关系，应当是“如春在花，如盐化水”，而非“眼中金屑，米中掺沙”。要避免将德育内容生硬楔入专业课程的倾向，两者不应该是机械组合，而应该是有机融合、相互促进、协调发展。国情教育和主流价值观熏陶，是其最为基本的两个维度。教师不宜硬性灌输，或生硬地直接给出结论，而应由近及远、由表及里、引人入胜地引导学生理解社会制度的历史性变革和国家取得的历史性胜利，应在扎实的文献研究和社会调查的基础上，把家国情怀自然渗入课程的方方面面，实现润物无声的效果。课程思政建设应着力打破思政课程与专业课程之间、专业课程与专业课程之间以及课程教学不同环节之间的藩篱，将课程思政建设贯穿课程育人全链条。依托教师教学发展中心搭建专业课教师与思政教师的交流平台，帮助专业课教师更好地挖掘专业课的思政元素，也让思政教师建设适应具有授课对象专业背景特色的思政教育内容体系，促进思政课程与课程思政双频共振。探索构建专业课程“一体化育人格局”，建立课程目标与毕业要求、课程内容、教学方法、考核方式之间的矩阵关系，实现每门课程的育人目标环环相扣、层层递进，共同支撑毕业要求的达成。推进课堂教学各环节联动互治，将课程思政建设理念贯穿于人才培养和课程建设的全环节和全链条。

注重分类指导，根据学科专业特点，明确公共基础、专业课程、实践课程的思政目标，实现课程思政建设全覆盖，使专业课教师能在课程思政建设中找到角色、干出特色。聚焦提高学生思想道德修养、人文素质、科学精神、法治意识、国家安全意识，完善公共基础课程体系。结合学科特色和专业优势，构建集历史与现实、本土化与国际化、知识性与人文性于一体的专业课程体系。完善实践课程体系，注重学思结合、知行统一。在实验实习、创新创业、社会实践等实践类课程中，注重增强学生创新精神、创造意识、创业能力、劳动精神。在公共基础课程、专业课程、实践课程中落实课程思政要求，每年分类建设 80 门校级课程思政示范课程。

（三）改革研究工程

学校每个专业推选一门专业课程作为课程思政试点项目。深化教学改革，在课堂讲授、教学研讨、实验实训、考核评价等环节有机融入课程思政理念和元素。注重课程思政教学方法多样化，采取启发式、研究性、案例式等教学方法，推动课程思政与现代教育技术深度融合。注重挖掘课程思政元素，编著精品教材、教学指导用书，出台教材管理办法，严格落实“马工程”教材统一使用规定，建设课程思政资源库。聚焦课程思政建设中的热点、重点、难点开展研究，设立课程思政建设研究与成果专项，加大对高水平课程思政研究与实践成果的推广应用，形成示范性强、可推广的专业类课程思政研究与实践成果。

一是要求每门试点课程进行课程教学建设，形成一套课程思政的教学文件。每门试点课程应撰写体现课程思政改革思路的课程教学大纲、教案等教学文件。二是授课团队建设。组建一支由试点课程教师与思政教师、企业导师共建的教学团队。学校采取“企业请进来，学生走出去”的方式，探索出了一条具有铁路特色的课程思政新模式。学校计划用三年时间，聘请一批国内的有经验、有实力的企业专家为知行导师，树榜样，立标杆，逐步打造具有学校特色的校外企业思想政治教育教学资源库，真正帮助学生做到知行统一。陕铁院成功举办课程思政报告会暨知行导师聘任仪式，邀请优秀校友、中铁一局项目部经理和中铁十四局总工程师为学校的知行导师，并为学生做了主题为《铁路事关重大》的报告。三是教学成果建设。建立一组课程思政教学案例库。每门试点课程选编 3～5 个包含设计方案与实施成果的思政育人典型教学案例，编写具有课程特色的教学参考资料。四是教学效果评价建设。完成课程思政育人教学效果评价。每门试点课程应根据课程性质、授课内容和教学过程等，完成本门课程思政育人的教学效果评价。

（四）素养提升工程

强化学校、学院、教研室之间的上下协同联动，建立立体式、网格化的课程思政培训机制，将课程思政教学改革动力传送给每一位教师。在学校层面，以课程思政教学改革为内容的业务培训，如依托作为理事长单位的高校课程思政建设工作委员会、课程思政教学研究中心、院系基层教学组织等平台，以及教学技能工作坊、教学管理百家谈、名师大讲堂等载体，开展课程思政经验交流、现场教学观摩、教师教学培训活动，增进了教学院长、专业负责人和教研室主任对课程思政的认知认同。在学院层面，通过举行教学研讨周，开展院长说办学、教研室主任说专业、授课教师说课程的“三说”活动，引导全体教师潜心教书育人。在教研室层面，注重在日常教研活动中，引导教师将课程思政教学改革持续不断地转化为教学实践。强化职能部门之间的横向协同联动，以“十大育人体系”建设，优化体制机制、完善政策制度、创新工作思路、丰富载体抓手，推动课程思政工作体系贯通学科体系、教学体系、教材体系、管理体系，反哺课程育人实效。强化学校与社会之间的内外协同联动，建立课程教学与行业实践的协同育人机制。例如，邀请外校骨干教师担任学校综合实践课程的指导教师，用人格魅力感染和影响学生；与实践基地协同开设示范课程，丰富课程思政建设载体，不断提升育人水平。除此之外，还要定期对理论培训进行检验，在教师中组织开展各类教学比赛活动，探索课程思政建设新路径。举办课程思政专项讲课竞赛、教学设计竞赛，以赛促教，以赛促建、以赛促学，持续提升教师思想政治理论素养，锤炼课程思政教学技能。选树课程思政育人典型，加强课程思政名师和团队建设，建立课程思政集体备课制度，增强教师课程思政意识和能力。学校自 2016 年至今，连续在专业课教师中举办多项课程思政竞赛、课程思政教学案例比赛、课程思政教学设计大赛活动。2020 年，测绘与检测学院“云联北斗　隧贯山河——隧道平面控制测量”课在全国职业教育院校技能大赛教学能力比赛中斩获一等奖。

（五）质量保障工程

习近平总书记在主持中央政治局第十七次集体学习时指出：“要增强制度意识，善于在制度的轨道上推进各项事业。”要充分挖掘和拓展专业课程的育人价值，推动专业课程走向课程思政。完善的制度是提高课程思政实施质量的有力保障。陕铁院印发《关于课程思政建设实施意见》，制订涵盖“全课程育人格局、全要素育人体系、全过程育人管理”3 个方面、11 项举措的“311”课程思政建设方案，对课程思政建设重点领域进行系统化和整体性设计。印发《课程思政项目实施方案》，成立课程思政研究中心，遴选建设课程思政重点课程 100 门、示范课程 30 门，通过修订课程大纲、优化课程内容、规范课堂教学、改进教学方法、严格教材选用、创新考核方式和丰富教学资源等，推进课程思政建设。印发《课程思政建设的核心任务与育人重点指引表》

《课程思政项目建设任务指引》，分类设置各学科专业课程思政建设的核心任务和育人重点，制订包括课程规范性建设、教师队伍、课程内容、课程实施、课程评价、教材选用与建设、课程资源等在内的 10 个必达性目标和 5 个选达性目标，画好课程思政建设重点任务施工图。除此之外，在管理方面也不断强化日常教学监控，将课程思政要求纳入干部听课、督导听课、学生评教的指标体系，进一步完善教学质量评价制度。创新课程思政育人成效考核，推动教师精心设计课堂讲授、课堂讨论、实验实训、课后作业、开放性考题等，全面考查学生的理解度和接受度。探索建立课程思政教学评价的止向标准与负面清单，推行教师教学反思制度，评选优秀教学反思案例，促进教师课程思政教学与反思研究相结合。建立专业育人成效评价制度、教材选用和课程教案审查制度等，推进思政元素有机融入课程、教材、教案，着力打造“门门有思政、课课有特色、人人重育人”的良好格局。

推进高校课程思政、落实立德树人工作责任重大，使命光荣。学校将进一步以习近平新时代中国特色社会主义思想为指导，牢牢把握思想政治工作规律、教书育人规律、学生成长规律，改革创新，奋发有为，扎实工作，深入探索，持续推进、深化课程思政，落实立德树人，不断把学校思想政治工作推向新境界，努力开创学校事业发展新局面。

第六章

产教融合

——根植铁路专业文化

陕铁院是铁路类工程院校，产教融合是其当前专业文化建设中必不可少的环节。通过对接铁路产业，学校构建了五类三级专业群建设体系，并且创设了以培养学生应用能力和实践操作能力为核心的七维度综合实践教学体系，建立了教师“走出去”、学生“送出去”、境外人员“请进来”的三步走国际合作模式。

第一节 对接铁路产业，构建五类三级专业群建设体系

高等职业院校是一种面向行业和企业办学的专业教育类型，产教融合是其办学的根本特色，促进产业文化进校园、企业文化与课堂融合是其推进专业文化建设、提升学生职业素养的重要途径之一。因此，学校不断丰富和更新专业文化内容，加强人才培养工作的针对性，提高服务社会经济发展的能力，建立起专业和企业、行业、产业文化相互借鉴与融合的有效机制。学校教师主持建设国家专业教学资源库 2 个，主持或参与制订国家教学标准、课程标准等 31 项，编写的 3 部教材获首届国家优秀教材奖。学校立项建设省级高水平专业群 7 个，超过 80%的毕业生就职于铁路企业，入选“全国 100 所高职院校学生发展指数优秀院校”。学校在国家智慧教育平台上线专业教学资源库 8

个、在线开放课 60 门，有信息化教学资源注册用户 34 万人，访问量达 1.9 亿人次，“资源贡献”排全国第三，“教学应用”排全国第二。教育部职业教育与成人教育司副司长谢俐点名表扬学校地隧资源库助力高铁“走出去”。

一、专业文化的内涵

文化作为一种社会现象，是人类在改造自然、社会和自我的过程中所创造的物质财富和精神财富的总和。专业文化作为文化的一种表现形式，是指在特定时期专业本身所具有的价值观念、知识能力体系，以及从事专业教学与研究的专业人员特有的精神风貌和行为规范的总和。陕铁院的专业文化体现在以下几个方面：

第一，紧随铁路的专业集群发展特色。学校坚持围绕铁路办专业，45 个专业全部服务铁路建设与管理，形成了铁路工程、运输、装备制造三大专业集群，覆盖铁路线上线下。高铁专业入选全国示范专业点，铁路工程类专业在实训条件、教学资源、师生竞赛、教学成果等方面全国领先。

第二，根植铁路的深度产教融合特色。学校牵头组建陕西铁路建筑职业教育集团，构建“四级对接”校企合作运行机制。校企共建校内外实训基地 441 个，学校与 41 家企业开设现代学徒制试点班 133 个，全省高等职业院校唯一的高性能混凝土实验室和全国率先成立的 BIM 技术中心获评国家级协同创新中心。

第三，铁军精神引领的文化育人特色。学校秉承铁路企业半军事化管理传统，深化校企文化融通，发挥 2 个国家级文化研究中心、2 个国家级文化示范基地、3 个校级文化研究中心的作用，素质培养实施“八大工程”，技能培养强化“五大能力”，培育出技能文化、工匠精神等系列文化育人品牌。学校教师 8 次获陕西高校文化成果奖一等奖，其中有 1 项获国家三等奖、3 项获国家优秀奖，获奖数位居陕西高校第一。

第四，涉外铁路培训先行的国际合作特色。学校入选教育部百千万交流计划中方院校，成立中外合作办学机构——萨马拉交通学院。建立肯尼亚铁路培训学院，连续四年选派 50 余名教师赴肯尼亚开展铁路建设培训，培训员工 5.1 万人日，《中国教育报》头版曾专门报道。

学校是中铁工程局招聘员工的首选学校，是铁路局招聘员工的指定学校。学校 80%的学生来自农村，90%的毕业生在中铁工程局和铁路局等央企就业，70%的毕业生扎根西部，“一人就业，全家脱贫”。学校毕业生安心铁路事业，扎根一线，奉献青春。中央电视台等媒体报道相关人物事迹 1130 余次，涌现出最美奋斗者窦铁成、全国优秀项目经理刘勃、全国铁路系统技能竞赛冠军张戈亮等一大批优秀校友。

二、专业文化的特征

通过对专业文化特点的了解，我们能够更好地理解专业文化的内涵。学校坚持育人为本、德育为先，紧紧围绕立德铸魂这一主题，把培育和践行社会主义核心价值观纳入校园文化建设的总体规划，融入校园核心文化理念之中，落实到教育教学和管理服务的各个环节，覆盖到全体师生员工，形成校园文化“泡菜坛”，培养具有各学院专业特质的铁路工匠，培养德智体美劳全面发展的社会主义建设者和接班人。学校是全国唯一以“铁路工程”命名的高等职业院校，铁路行业特色鲜明。学生的职业岗位多分布在铁路施工一线，工作地点流动性大，环境恶劣，条件艰苦。这样的工作性质决定了施工人员必须具备良好的职业素养，所以铁路施工企业把吃苦奉献作为用人第一准则。这就要求毕业生必须具备“能吃苦、能战斗、能奉献”的铁军精神，才能扎根一线，“下得去、留得住”。

（一）专业文化的技能性

高等职业教育的培养目标是培养“素质高+技能强”的技术技能人才，技术技能性是其与本科教育的根本区别。随着我国高铁技术的不断发展，铁路企业要求从业者具备精湛的技艺，以适应新技术、新工艺、新材料和新设备的相继应用。因此，将“精技”融入学校核心文化理念之中，形成“崇尚技能、技高为荣”的技能文化，提高教师的专业能力，引导学生学技能、专技能、爱技能、精技能，使毕业生的专业能力在企业“用得上”。

（二）专业文化的地域性

学校毕业生从事国家铁路工程项目建设，造价高、质量严、安全责任大，必须践行敬业精益、专注创新的工匠精神，才能“干得好”。另外，学校扎根于关中大地，历史文化资源丰富，剪纸、皮影等民间艺术独具匠心。学校依托地域文化优势，传承非遗剪纸技艺，在实践中感悟精裁细剪的深刻内涵，培养严谨细致的工作态度和精益求精的工作作风，现已成为全国职业院校非遗教育传承示范基地和传统技艺传承示范基地。在企业文化和地域文化的熏陶下，学校逐步形成了“匠心”的文化理念，培育师生的匠心匠艺，涵养民族精神。

（三）专业文化的实践性

在长期的专业教育实践过程中，学校形成了“铁军·精技·匠心”的核心文化理念，凝练出“以学生为本，教学做合一”的办学理念，“博爱、诚信、和谐、创新”的校风，“严肃、严谨、严要求”的教风，“勤学、勤练、勤思考”的学风，“德修身，技立业”的校训和“吃苦奉献，拼搏争先”的学校精神，形成了“传承铁军精神、彰显铁路特色、体现时代特征”的专业文化，确立了“省内示范、行业领先、国内一流、国际知名”的发展目标和“下得去、留得住、用得上、干得好”的高素质技术技能人才的培养目标。这是一代又一代陕铁院人在不同时期的历史困境及长期的实践中不断探索和积累的。

三、专业建设的历史变迁

专业建设是高等学校最重要的教学基本建设之一，是高等学校优化结构、体现特色、提高质量、培养高素质人才的根本性任务。它是由一定的指导思想所决定的专业建设中各要素的地位及其相互关系。专业建设模式的要素主要包括人才培养目标、专业师资队伍建设、专业课程体系与教材建设等。

（一）专业建设阶段的分期

1. 专业建设的探索期（2003—2005）

2003年以来，发挥以铁路工程为主干的集束工程专业群优势，以市场需求设置专业，并不断调整优化专业结构。坚持“沿铁路”办专业的思路，全校专业数已由建校初期的5个发展到现在的45个，涵盖8个专业大类，形成了以土建工程类专业为龙头、相关岗位群专业为补充的专业布局。

2005年，成立了实验实训中心，积极开展学生实践教学能力的培养与管理。同时重视实训基地的建设，加强实践课程的教学，进行技能强化训练。每年11月为学校技能大赛月，学生在校级、省级及全国职业技能大赛、社会实践活动等各类竞赛中取得优异的成绩。目前，学校有中央财政支持实训基地1个、省级实训基地5个，基本能够满足实践教学的需求。

2. 专业建设的改造期（2005—2012）

2005年，首届高等职业院校党委班子上任后，加快了高等职业院校的体制建设步伐。按照教育部制定的高等职业院校建设评估标准，学校对教学系（部）进行了更加科学的设置和调整。同年5月30日，学校党委会议研究决定并下发文件（陕铁院党〔2005〕4号），设立铁道工程系、公路与桥梁工程系、建筑工程系、机电工程系、基础课部等“四系一部”，同时撤销原渭南铁路工程学校铁道工程科、公路桥梁科、建筑工程科、机电工程科、基础课部等机构设置。

2008年4月25日，为进一步增强系（部）管理自主性、加大系（部）管理力度，经校党委会研究，决定完善系（部）机构设置。并于5月19日下发文件（陕铁院党〔2008〕15号），决定在铁道工程系、道桥工程系、建筑工程系、基础课部均下设系（部）办公室、学生工作办公室。

2009年12月3日，为平衡系（部）发展，促进专业建设，使系（部）建设及机构设置能适应学校事业发展的需要，为“省级示范性高等职业院校”建设和争创“国家示范性高等职业院校”奠定基础，经校党委会议研究并于12月4日下发文件（陕铁院党〔2009〕65号），对学院系（部）进行调整，将“四系一部”分割调整为“七系三部”，并对专业、课程、实验室重新划分。

2012年6月28日，经校党委会研究决定并下发文件（陕铁院党〔2012〕26号），调整体育教学部为独立设置部门，副处级建制，形成了“七系四部”的教学机构格局。

3. 专业建设的提升期（2012—2022）

2012年以来，学校依托铁路行业、围绕工程办专业，坚持突出铁路工程特色。做强铁路工程类专业，做精地下工程与隧道类专业，做优道路桥梁工程类和工程测量类专业，做大建筑工程类和工程管理类专业，发展机电类专业。顺应行业发展、新兴产业和区域产业升级的需要，增强可持续发展能力。立足陕西，面向全国，服务铁路建设行业及地方经济发展。

学校以培养铁路、公路、城轨、房建等基础设施建设和管理一线需要的“下得去、留得住、用得上、干得好”的技术技能人才为人才培养目标，专业建设格局始终围绕“一体（即交通土建类专业）两翼（即铁路运输类专业、装备制造类专业）一延伸（即服务区域经济类专业）”。立足陕西地方文化，服务地方社会经济，面向全国，服务轨道交通、基础设施建设行业及铁路“走出去”战略。

（二）专业建设发展脉络

学校以改革教育思想和更新教育观念为先导，结合实际，通过深入调查和研究，反复讨论，逐步形成了具有学校特色的办学发展思路，始终坚持“质量立校，人才兴校，专业强校、特色名校”的办学方针，依托铁路行业，紧密结合市场，实施质量特色、人才兴校、品牌工程、校企合作、专业发展等战略，走内涵发展之路。坚持“以学生为本，教学做合一”的办学理念，不断深化教育教学改革，推进人才培养模式创新。到 2015 年，基本完成新校区工程建设任务，把学校建设成为国家示范性高等职业院校，使学校成为教育资源充足，基础设施完备，专业群优势明显，人才培养质量高、特色鲜明的高等职业技术学院，实现“省内示范、行业领先、国内一流”的总体目标。

同时，学校还制定了切合实际的教育事业发展规划。2005 年，学校制定《2006—2010 教育事业发展规划（草案）》（即“十一五”规划）。“十一五”规划发展目标是：到 2010 年，在校学生规模控制在 8000 人左右；基本建设、专业建设、实验实训基地建设、教育科学研究水平、管理水平、办学规模和办学效益显著提高；总体办学水平达到省内同类院校一流水平，部分专业水平达到国内同类院校先进水平；学校的自我发展能力和竞争实力明显增强，成为全国培养铁路工程类高等技术应用型专门人才的基地，建成“国内知名、行业一流、特色鲜明”的高等职业院校。

为实现上述总体目标，学校实施“三步走”战略。

第一步：2006 年为奠定基础阶段。按照改革、发展、稳定的要求，学校办学规模控制在 6000 人以内。重点加强教学基本建设，改革教学方法和考试方法，探索建立具有职业教育特点的人才培养模式，不断提高教学质量和办学效益；根据高等职业教育的培养目标，顺应经济和社会发展的需要，按照技术领域和职业岗位的实际要求设置和调整专业，完成学科专业结构调整和改造，构建科学合理的学科专业框架；制定专兼职结合的教师队伍和“双师型”教师培养规划，改善师资结构；依据所设专业的实际需要，加强校内外实验室和实习实训基地建设，满足实践教学的需要；加强教学规范化管理，努力办出职业教育特色；按照校园建设总体规划，完成临渭校区一期工程建设任务，提出新校区可行性论证报告。

第二步：2007 年为迎评促建阶段。以教育部《关于加强高职高专教育人才培养工作的意见》和《高职高专院校人才培养工作水平评估》为依据，认真贯彻“以评促建，以评促改，以评促管，评建结合，重在建设”的方针，深化教学改革，强化教学管理，改善办学条件，使学校规模、质量、效益协调发展，全面促进学校教学建设和提升教学质量；加强重点实验室和实习实训基地建设；继续加强师资队伍建设，形成一支学历层次较高、职称和专业结构合理、“双师型”素质突出、专兼结合的教师队伍；按照校园建设规划，临渭校区二期工程基本完成；人才培养工作水平评估达到优秀。

第三步：2008—2010 年为巩固提高阶段。办学资源得到优化配置，使办学条件更加完善，全日制在校学生控制在 8000 人以内；基本形成专业设置合理、覆盖面较广的教育体系，部分专业特色优势明显，部分实验室和实习实训基地建设达到全省同类院校一流水平；进一步完善基础设施，完成现有校园总体建设规划；完成新校区调研论证报告。

在学校办学思想指导下，在明确办学定位的基础上，2011 年 5 月 25 日，学校出台《2011—2015 年教育事业发展规划》（陕铁院党〔2011〕32 号）（即“十二五”规划）。“十二五”规划发展目标是：到 2015 年，全日制在校学生 10000 人，总规模达到 12000 人；专业总数达到 30 个左右，建成 7～8 个特色鲜明的重点专业群；建成国家骨干高职院校和全国文明单位；组建理事会及“四方联动，四级对接”校企合作长效体制机制；校内专兼职教师数达到 450 人以上，同时建立 300 人以上的校外兼职教师资源库，教师中有高级职称的人数占比 25%以上，教授 30 名以上，博士研究生 20 名以上，硕士研究生占比达到 80%，“双师”素质教师占比达到 90%；培养国家级、省级教学名师 3～5 人，院级教学名师 10 人，建成国家级、省级优秀教学团队 8 个；建成院级重点专业 10 个、省级重点专业 10 个，建设院级精品课程 50 门、省级精品课程 10 门、国家级精品课程 2～4 门；建成国家级实训基地 2～3 个、省级实训基地 4～6 个；取得国家级教学成果奖 1～2 项、省级教学成果奖 2～3 项；每年公开发表论文 200 篇以上，承担省级以上各类教科研项目 8 个以上，建成 2～3 个融教学、科研、服务功能于一体的产学实体，每年提供技术服务的到款额达 300 万元以上；毕业生就业率继续保持在 96%以上；基本建成新校区并投入使用。

通过实施国家骨干高职院校建设工程、新校区建设工程、校企合作体制机制建设工程、教学质量工程、人才队伍建设工程、管理体制机制改革工程和文明校园建设工程等七大工程，坚持正确的办学方向，加强党建和思想政治工作；完善和落实党委领导下的院长负责制工作规则和系（部）党政联席会议制度；深化校内管理体制及分配制度改革，完善绩效评价及考核制度，进一步提高各部门工作人员的积极性和工作效率；遵循以人为本、依法治校的思想，建立健全各项管理制度，优化以制度管人、以制度管事的运行机制；建立责权清晰、奖惩明确的发展规划目标责任制，将规划任务层层分解，逐项落实；加强校内审计、监察工作，继续坚持校务公开制度和重大事项民主决策制度；提高资源筹措能力，提高资金使用效益，努力改善教职工工作条件、生活条件和福利待遇，解决好职工的住房问题，调动广大教职员工投身学校发展建设的积极性和主动性；加强校园文化建设，营造良好的文化环境，创建资源节约型校园。

从学校定位与“十二五”规划发展目标的实现方面来看，学校还制定了《2011—2015 年专业建设规划》（陕铁院〔2012〕166 号）、《2011—2015 年师资队伍建设规划》（陕铁院〔2012〕29 号）等规划。

为确保专业建设规范有序地进行，学校制定了专业建设规划，出台了《专业设置管理办法》等规章制度。在新专业设置上，坚持“需求性、效益性、发展性、优先性”的原则，按照“质量立校，人才兴校，专业强校，特色名校”的办学方针，以服务为宗旨，以就业为导向，以社会需要来调整开发专业及进行专业建设。紧密结合铁路行业及市场需要，围绕铁路工程创建优势特色专业群，积极稳妥地开发新专业，把专业办在企业人才需求的“兴奋点”和职业岗位的紧缺口上。随着城市轻轨、地铁的发展，学校及时开办了城市轨道交通工程技术、盾构施工技术专业；随着房地产业的迅猛发展，在建筑工程技术专业的基础上，开办了建筑工程管理专业和建筑装饰工程技术专业，满足社会的需求。对社会需求量较大、毕业生就业形势好的铁道工程技术、道路桥梁工程技术、建筑工程技术等骨干专业及时进行调整和改造，优化专业课程体系，及时更新课程内容，既能满足经济社会的发展需求，又能满足产业结构调整与发展的需求。

2003 年以来，学校办有三年制大专、五年制大专和二年制高中专三个层次、三种学制的教育形式。三年制大专的招生对象为普通高中毕业生和三校生（中专、职高、技校毕业生）；五年制大专的招生对象为初中毕业生；从 2006 年秋季开办二年制高中专，招收高中毕业生。同时学校还成立了继续教育部，扩大非学历教育与技能培训规模，努力拓宽与国内其他职业院校和国外高校合作办学的空间和领域。

2004 年，为加强专业建设，全面推进教育教学改革，学校及时开展了专业教学改革试点工作。学校教学工作委员会负责领导全校的专业教学改革试点工作，各教学改革试点专业所在系（部）成立了以系（部）主任为组长的专业教学改革领导小组，负责本系（部）的教学改革试点工作。校系两级领导小组根据职责的不同，经常检查试点工作情况，及时解决试点工作中存在的问题和困难，每学期听取一次试点工作进展情况汇报，较好地保证了专业教学改革试点工作的顺利实施。

为了确保专业教学改革试点工作取得显著成效，学校按照“优秀教改专业为重点，教改试点专业为基础，全面带动专业建设与改革”的思路，积极推进专业教学改革试点工作。学校 2004 年进行教学改革试点的专业有 4 个，经过两年的努力，其中 2 个专业获评 2006 年校级优秀教学改革试点专业。

2008 年 7 月，学校启动了省级示范性高等职业院校建设项目，其包括三个重点建设专业与专业群，分别是铁道工程技术专业与专业群、道路桥梁工程技术专业与专业群、建筑工程技术专业与专业群。学校对这三个专业群投入的建设资金分别是 1318.5 万元、1495 万元、1112.1 万元。2010 年 11 月 30 日，学校被确定为国家示范性高等职业院校建设计划骨干高职立项建设院校，开始按照国家骨干高职院校标准进行建设。

2007 年至今，建设重点专业，发展优势特色专业。积极吸收行业企业的精英、专家加入学校建设指导委员会。紧扣铁路行业和经济发展需求，选择工学结合紧密、对行业企业人才支撑作用大、区域示范与辐射功能强的专业，在政策、资金、师资力量等方面给予倾斜和保证，形成以骨干专业为引领、重点专业为支撑的特色专业群。优化传统专业，确定重点专业，创建特色专业，努力形成更为合理的专业结构布局。

2010年，学校成功进入全国100所国家骨干高职院校建设行列。按照国家骨干高职院校建设方案，努力做好铁道工程、地下工程、材料工程、建筑工程等四个重点专业及其专业群的建设工作。同时，顺应新兴产业和区域产业升级的发展，调整现有专业结构，围绕水利水电、矿产资源开发等领域开设新专业，有计划、分批次地予以重点扶持，形成新的增长点。

2016年4月，学校印发《2016—2020年教育事业发展规划》(陕铁院党〔2016〕11号)，将加强专业建设作为“十三五”期间的一项重要任务，对“一流专业”培育做出顶层规划和设计。11月，陕西省委下发《关于进一步落实追赶超越要求的通知》，号召全省各部门增强意识、研判形势，科学确定目标任务。11月30日，学校党委部署要求校内各部门明确“追赶超越”目标，设立对象标杆，细化任务，制订了总体和年度计划。

2017年3月，陕西省委高教工委、省教育厅发布《省属高校追赶超越季度考核工作方案》，提出要全面落实五大发展理念，以实现“追赶超越”为目标，以推进“五个扎实”为要求，以落实“三项机制”为保障，坚持全面从严治党，坚持定性与量化考核相结合，坚持客观公正，坚持奖惩结合，推动省属高校提振“追赶超越”精气神，加快推进综合改革，开创“四个一流”建设新局面。随后，又印发了《省属高校追赶超越季度考核有关工作事项的通知》，确立考核按照共性指标（全面从严治党相关指标）和目标任务指标（经济社会发展相关指标）两部分进行。同时，学校党委立即着手下发了《中共陕铁院委员会“追赶超越”实施方案》，部署安排各项重点工作。

2017年4月5日，学校向陕西省委高教工委、省教育厅上报了2017年第一季度“追赶超越”工作总结报告，提供了各共性指标和目标任务指标对应的支撑材料。4月12日，校长王津在陕西省高等职业院校“追赶超越”工作座谈会上做了题为《全面“追赶超越”，争创“一流学院”》的交流报告。报告从“抓专业建设、强办学特色”“抓质量提升、强学院品牌”“抓产教融合、强发展优势”三个方面分享了陕铁院紧抓创新发展行动计划这一高等职业院校发展蓝本和项目“宝库”，扎实推进承担的40个任务和40个项目（子项目）建设，实施“追赶超越”的工作情况，获得了兄弟院校的高度认可。

2017年5月，学校党委成立“追赶超越”工作领导小组，由党委书记王晖、校长王津任组长，领导小组下设办公室，办公室设在党委组织部，办公室主任由郑毅刚担任，副主任由段东旭担任。此外，根据陕西省委高教工委最新有关“追赶超越”工作指导精神，学校党委对实施方案进行了专门的研究修订，提出按照“解放思想、聚焦追赶，汇集众智、聚力超越”的总体要求，以立德树人为根本任务，以深化综合改革为主题，以转型提升为主线，以改革创新为动力，以全面从严治党为保证，推进学校在发展目标取向、人才培养规格、师资队伍水平、专业课程体系、社会服务面向、国际合作交流等方面全方位提档升级，续写学校创新发展、跨越发展、和谐发展新篇章，并提出了“经过三年努力，学校核心发展力、综合竞争力、改革创新力、社会影响力显著增强，铁路办学特色更加鲜明，综合办学水平位居全国示范性（骨干）高等职业院校第一方阵”的建设（追赶）目标，明确了通过实施治理体系创新工程、“一流专业”培育工程、素质教育强化工程、人才队伍兴校工程、办学条件保障工程、社会能力提升工程、国际合作突破工程、党建工作引领工程等八项工程，力促学校在创新发展中追赶超越、跨越发展。5月27日，为进一步推进学校“追赶超越”工作，学校出台了《中共陕铁院委员会处科级干部鼓励激励、容错纠错、能上能下实施办法》，鼓励干部开拓创新，勇于担当，主动作为。

2017年9月，学校在高新校区博爱厅召开国家优质高等职业院校及“一流学院”建设推进会。学校党委书记王晖，校长王津，党委副书记车绪武，党委副书记、纪委书记杨云峰，副校长王闯、焦胜军、李林军，以及全体处科级干部和专兼职教师400余人参加了会议。王津校长对学校落实创新发展行动计划情况进行了总结讲话。16个部门围绕国家优质学院建设、“一流学院、一流专业”建设，结合承担的创新发展行动计划任务，从职教集团建设、国际合作交流、师资队伍建设、学生思想政治教育、教学诊断改进推进情况、现代学徒制试点、创新创业试点、精品在线开放课程、生产性实训基地、技能大师工作室等方面做了交流发言。焦胜军副校长对各部门发言情况做了点评。学校党委书记王晖以《创新发展建设优质院校，追赶超越争创“两个一流”》为题，做了总结讲话。9月底，在全校师生中开展“强化大学精神，建设‘一流学院’”系列主题活动。开展的主题班会、教师座谈会、参观校史馆等活动，使学校精神深入人心，强化了师生的责任感和使命感，号召大家为建设“一流学院”贡献了力量。

2017年9月30日，根据《关于公布陕西高校“一流专业”遴选结果的通知》(陕教〔2017〕355号)，学校16个专业入选“一流专业”，其中5个专业为建设项目、11个专业为培育项目，“一流专业”项目建设周期为3年，结项时间为2020年6月30日。

2017年10月，学校下发《关于制定“一流专业”建设方案的通知》，要求16个“一流专业”分析专业现有基础，明确建设预期效果，制定建设措施，合理经费预算，初步编制形成“一流专业”建设方案；经教务处、财务处等相关部门审定后报送陕西省教育厅备案。

2017年11月，根据《关于开展陕西普通高校“一流学院”申报工作的通知》(陕教〔2017〕267号)，学校启动“一流学院”申报材料准备工作。12月4日，陕西省教育厅对申报材料进行为期7天的公示。

2018年1月16日，陕西省教育厅安排“一流学院”申报单位答辩，王津校长顺利完成申报陈述和答辩。2 月，根据《关于对陕西普通高校“一流学院”遴选结果进行公示的公告》，学院入选“一流学院”培育项目。

2018 年 5 月，学校在认真分析现有基础、明确建设目标、理清建设思路后组织编写“一流学院”建设方案。5 月 24 日，将审定好的“一流学院”建设方案俱公文一起报送至陕西省教育厅。7 月，根据陕西省教育厅反馈意见，学校对“一流学院”建设方案做了修改后再次报送。“一流学院”建设预算经费 2.21 亿元。

（三）专业群建设体系

学校“双高计划”建设方案以习近平新时代中国特色社会主义思想为指导，贯彻落实《国家职业教育改革实施方案》（国发〔2019〕4 号）、《教育部财政部关于实施中国特色高水平高职学校和专业建设计划的意见》（教职成〔2019〕5 号）、《教育部财政部关于印发〈中国特色高水平高职学校和专业建设计划项目遴选管理办法（试行）〉的通知》（教职成〔2019〕8 号）、教育部办公厅、财政部办公厅《关于开展中国特色高水平高职学校和专业建设计划项目申报的通知》（教职成厅函〔2019〕9 号）等文件精神，主动对接“一带一路”倡议及中国制造 2025、高铁“走出去”、乡村振兴等国家战略，服务陕西省“三纵五横”和“关中城际铁路网”建设，紧密结合学校实际，在充分调研论证的基础上，制定“中国特色、世界水平”的高等职业学校建设的科学蓝本。

建设方案内容共分三个部分，即学校总体建设方案、高速铁道工程技术专业群建设方案、城市轨道交通工程技术专业群建设方案。学校总体建设方案分为建设基础、机遇挑战、建设思路、建设目标、建设内容、预期成效及标志性成果、经费预算、保障措施等 8 个部分。按照“系统设计、分步实施，项目推进、示范引领”建设思路，在全面落实“一加强、四打造、五提升”规定建设任务的基础上，进一步明确学校“双高计划”建设的重点任务和主攻方向。其总体规划为“12358”，即确立 1 个目标，重点建设 2 个专业群，打造 3 个示范高地，创建 5 种模式，树立 8 个标杆。

确立 1 个目标。通过“建平台、树标杆、筑高峰”三步走，到 2035 年，建成“中国特色、世界水平”的“支撑高铁建设，铸就筑路先锋”高水平高职学校。

重点建设 2 个专业群，打造 3 个示范高地。列入重点建设的高速铁道工程技术和城市轨道交通工程技术两个专业群，均为学校积淀深厚、条件优越、规模较大、人才培养质量高、服务发展能力强及契合高铁、城轨产业发展需要的高水平专业群。高速铁道工程技术专业群，聚焦高铁高端产业，精准对接高铁智慧建造、综合维修、无人机工程巡检应用等关键技术，成为我国高等职业教育高铁建设类专业群的排头兵，建成中外闻名的高铁施工与维护人才培养培训基地、西北地区工匠精神教育基地和高铁科普教育基地。城市轨道交通工程技术专业群聚焦城轨产业高端，精准对接城轨自动化掘进、装配化施工、动态化监测、信息化管理技术，打造我国城轨工程智慧建造人才培养与创新服务新高地，成为中国职业教育改革的“样板间”和城轨行业的“领航标”，成为“一带一路”沿线国家中国标准的制定者和输出者，引领中国职业教育高质量发展。

创建 5 种模式。（1）“四方联动、六位一体”企校集团化合作办学模式。形成政行企校四方联动，集共建基地、共享资源、合作教学、协同创新、联合招生、合作就业“六位一体”的校企合作新模式，建成国家级示范性职业教育集团。（2）高速铁道工程技术专业群形成“双主体、三融合、四对接”人才培养模式，城市轨道交通工程技术专业群形成“项目载体、信息贯穿、能力递进”人才培养模式。（3）“大师＋名师＋双师”教师教学创新团队建设模式。开展教学团队、教师技术技能和教学能力分层培养、分类管理、分级考核，形成从引进、培养、认定到考核、激励等方面的师资队伍建设标准和制度体系，建成国家级教师教学创新团队。（4）“产教四融、协同创新”科技服务模式。形成“产业技术与专业教学、业务发展与社会实践、产业发展与技术研发、人力资源与人才培养”四融合科技服务模式。（5）“精神引领、六步嬗变”素质教育模式。以窦铁成精神为榜样，以工匠精神为内核，形成“培养标准立素质、培养团队传素质、课程矩阵习素质、实践平台强素质、文化生态固素质、评价系统评素质”的素质教育模式。

树立8个标杆。其内容如下：

（1）学校党建工作新标杆。实施“党建领航”工程，推进三项计划。一是火车头引领计划，建设“学习型、专家型、创新型”领导班子；二是动车组牵引计划，政企校共建马克思主义学院，推动思政理论课改革创新，建设“互联网+智慧党建”信息平台；三是先锋队护航计划，开展“对标争先”，打造省级样板院（系）、国家样板党支部。以此形成党建工作共振效应。

（2）院校治理水平新标杆。按照“外优内美、刚柔并济”思路，优化办学环境，建设依法治校示范校，打造智慧校园，提升现代院校治理水平。推进政行企校四方共建，优化办学环境；美化校园环境，建设魅力铁院、幸福铁院。形成以“一章八制”为核心框架的现代大学治理体系，完善内部质量保证体系，为全国高等职业院校建设提供范式；深化管理体制改革，按照专业群调整设置二级学院，放管服结合，权责利一致，增强办学活力。

（3）国际合作办学新标杆。实施“北联·南输·西融·东拓”战略，形成“盟、院、坊、圈”合作办学格局。成立高铁建设人才培养国际联盟，服务高铁“走出去”。北联：与俄罗斯萨马拉国立交通大学共建萨马拉交通学院，培养国际化铁路人才。南输：面向菲律宾南线铁路、肯尼亚蒙内铁路建设，建设海外“鲁班工坊”两个。西融：选派教师赴德国、澳大利亚、英国等国学习研修。东拓：选派学生赴韩国、日本等国游学研修，面向东南亚、非洲等地，开发“留学陕铁”项目。

（4）智慧校园建设新标杆。实施现代信息技术“五个融入”，即融入基础环境、日常管理、资源建设、课堂教学、师生发展，打造全时域、全空域、全受众的智慧校园。建成高性能云计算中心、IPV6 互联网络、大数据分析与质量监控平台；打造智慧教室和云课堂，推进课堂革命；构建全校师生一站式网上服务大厅，实现集中式受理、一站式服务。

（5）校企合作育人新标杆。构建校企“四级对接”、现代学徒制联动、职教集团运行和实训基地共建四个机制，促进专业人才培养与岗位需求衔接、人才培养链与产业链相融合。建立“互联网+”集团运行管理模式，推进职业教育集团实体化运作，建成国家示范性职业教育集团，校企共建产教融合实训基地、示范性虚拟仿真实训基地，形成校企命运共同体。

（6）学生素质教育新标杆。紧扣立德树人根本任务，推进“三全育人”综合改革。实施“价值引领、精神铸魂、文化浸润、项目实践、行为养成”五项计划，建设“两馆两广场、一廊一基地”，形成“三全育人”品牌、“互联网+素质教育”品牌、“三进三课堂”工匠精神育人品牌、“四融四特”文化建设品牌。

（7）技能人才培养新标杆。紧跟高铁、铁路和城轨产业发展和技术升级，对接关键岗位群，创新专业群复合型技术技能人才培养模式，重构“基础共享、核心分设、拓展互补”的课程体系。创新分层分类培养，深化学分制和弹性学制改革，推行“1+X 证书制度”，构建高校“学分银行”联盟，创新“四融入、三推进”教育模式。高水平专业探索本科层次的职业教育。

（8）精准技术服务新标杆。成立学校产业发展研究院，搭建“二级学院—产业学院—应用技术研究中心—研究所”技术研究组织架构，聚焦高铁智慧建造、“互联网+材料”、工程变形智慧监测、基础设施智能建维一体化等行业产业关键技术等成立 13 个应用技术研发中心，形成服务高铁战略性新兴产业发展、铁路企业技术升级和中小微企业改造升级的技术技能综合服务平台，产出一批高水平科技创新成果。成立铁路培训学院，实施教育扶贫，服务乡村振兴战略。

项目建设周期 5 年（2019—2023 年），预算总投入 5 亿万元，其中中央财政 5000 万元、省级配套 1.9 亿万元、行业企业投入 6000 万元、学校自筹 2 亿元。

陕西省教育厅、渭南市人民政府、全国铁道行指委、中铁一局与学校签订共建协议，大力支持高水平高职学校和高水平专业群建设。学校建立院士专家指导、政行企校联合共建、校内无界化合作的协同推进机制，保障建设顺利、高效推进，确保建成“引领改革、支撑发展、中国特色、世界水平”的高水平高职学校。

第二节 突出职业标准，创设七维度综合实践教学体系

实践教学就是在一定的教学环境下，教师有组织、有目的地指导学生进行与专业实务相适应的具有应用性的实践学习，并在此基础上传承知识，形成技能，发展学生的实践能力与创新能力。学校实践教学始终以培养学生的实践操作能力和技术应用能力为目标，通过建设、发展、改革和完善，建立以培养学生应用能力和实践操作能力为核心的实践教学体系。

一、构建综合实践教学体系

2005 年 6 月，学校对实验实训进行统一管理，成立了实验实训中心，负责实验实训设备的采购、使用、保管和安排实验实训教学，有一支专兼结合的实践指导教师队伍。学校按照“以专为主，专兼结合”的思路，以校内实践指导教师为主体，并从企业和科研院所聘请一定数量的高级技术人员、管理人员、能工巧匠作为学校的兼职教师或客座教授，建成一支有素质、有能力、结构合理、专兼结合的实验实训教师队伍。

学校 2006 年制定了《实验实训室、实训基地“十一五”建设规划》《实验实训管理制度》等 16 项制度，加强对实践教学环节的管理。充分利用校内实验实训条件，加强专业技能训练。制定了《实验开放管理办法》，实行预约制，预约后，学生在课余时间可利用校内实验实训条件提升专业技能。2009 年制定了《职业技能鉴定课程考核管理办法（试行）》，规范了课程范围、收费标准、培训、鉴定等内容。2010 年制定了《实验实训室（基地）管理办法（试行）》，规范了部门职责、设备及耗材购置等内容。2011 年制定了《职业技能鉴定管理办法（试行）》，规范了职业技能鉴定部门职责、组织与实施、费用支付等内容。顶岗实习有效开展，学生职业技能大幅提高。学生顶岗实习，即让学生进入真实职业环境，零距离接触现场，直接参与测量、预算、施工管理等生产技术环节，“边工作，边训练，边劳动，边提高”，学生的职业能力有一定的提高。50%以上签约学生可到签约单位顶岗实习。实践教学课时占总课时的 50%。在最后一学年，学生有 75%的时间可以用来进行顶岗实习或集中的技能强化训练。

到 2013 年，学校有价值 5100 余万元的教学仪器设备，实验实训条件充分，实验实训场所、实验仪器设备管理有制度、有标准、有运行记录，利用率高，安全可靠，所有必修实践实训课开出率达到 100%。学校配备有“双师”素质教师 177 名，其中一级 91 人、二级 66 人、三级 20 人。实践教学始终以培养学生的实践操作能力和技术应用能力为目标，通过建设、发展、改革和完善，建立了以培养学生应用能力和实践操作能力为核心的实践教学体系。

2016 年制定了《实训室（基地）6S 管理实施办法》，全面推行实训基地 6S 管理，明确了实训基地（室）管理的目标和标准，规范了实训设备的布局和师生的实训过程。

2017 年制定了《校内实训基地（室）建设管理办法》，对实训基地（室）的建设原则、建设过程、建设要求、内涵建设、经费管理、项目验收等各方面提出了具体的要求。制定了《实习管理办法》，明确了相关职能部门、个人在实训管理中的具体职责，规范了各类实习的组织、管理、考核等教学环节的实施。以《实习管理办法》为基础，细化了对顶岗实习的管理，制定了《顶岗实习管理实施细则》，进一步规范了顶岗实习开展过程中各方的指导、监督职责。

2018 年 7 月，学校建有校内实验实训基地（室）125 个，实训条件充分，实训场所、实训仪器设备管理有制度、有标准、有运行记录，利用率高，安全可靠。所有必修实践实训课开出率达到 100%。实践教学课时占总课时数的 50%以上。在最后一学年，学生有 75%的时间可以用来进行顶岗实习或集中的技能强化训练，使学生“边工作，边训练，边劳动，边提高”，进一步夯实专业技能。

学校于每年的 11 月开展技能大赛活动，赛项设置逐步对接省赛、国赛和行业竞赛，旨在通过竞赛检验学生的专业技能水平。2021 年学校第 12 届技能大赛预赛参赛规模为 12971 人次，参赛率达 83.95%。

二、建立实践教学模式

一是实习实训平台。按照基地建设企业化和实践教学生产化的建设理念，建成与企业技术要求、管理规范、设备水平同步的五大生产性、共享性实训基地，实施项目贯穿教学模式，将企业真实生产项目作为基本的教学单元和教学内容，学生的职业素养可通过项目和任务的实施得到体验、训练和养成。

二是技能竞赛平台。每年定期举行技能竞赛月活动。围绕职业素养培养，设计高铁轨道精测精调等30余项技能竞赛项目，师生同台竞技，行业专家、企业师傅做裁判，学生参赛率达90%以上。积极选派优秀学生参加校外各级各类技能竞赛，形成“校赛铺面、省赛拉动、国赛创优”三级大赛联动机制。

三是社会实践平台。坚持实践导向，强化感知体悟，以在校三年作为三个培养阶段，设计开发目标聚焦的“校纪校规、专业认知、生涯规划、志愿服务”等11个模块及其对应的127个活动项目，并以项目化形式推进实施，形成了“一年级知素养入脑入心，二年级融素养精准培育，三年级强素养知行合一”三阶段培养路径，实现学生职业素养递进式提升。

四是创新创业平台。制定《创新创业教育改革实施方案》，成立学校创新创业教育工作领导小组、创新教育教研室和创业教育与就业指导教研室，组建“双创”教师团队，每年划拨100万元“双创”专项资金，培育“双创”项目，形成“四融入、三推进”的“双创”教育模式。建成全省高校创新创业教育改革试点系建设单位2个，学生参加中省创新创业大赛获专利9项、金奖5项、银奖7项。

三、开发实践教学资源

加大实验实训中心和实训基地建设力度，建设一批融教学、生产、科研、培训和技能鉴定等功能于一体的开放式、共享型实训基地。形成科学高效的管理体制，建设一支结构合理、动手能力强、综合素质高、“理实一体”的专兼结合师资队伍。目前学校共有中央财政支持建设的实训基地 2 个、省级重点实训基地 5 个。

按照“共建、共管、共享、共赢”的原则，与中铁北京工程局、中铁一局等企业深度合作，通过企业捐赠仪器设备、提供建设资金，新建、改扩建产教融合实训基地 28 个，建成盾构施工综合实训基地、桥梁施工综合实训基地、安全管理综合实训基地，形成覆盖 8 个专业群的集群化、高共享、生产性实训基地，打造人才培养、技能大赛、技能鉴定、科学研究、技术服务、企业培训“六位一体”的实践育人平台。教学科研仪器设备总值达到 2.4 亿元以上，生均教学仪器设备值超过 1.3 万元，校内实践教学工位数 20000 个，新增校外实训基地 120 个，总数达 370 个，建成国家级产教融合实训基地和示范性虚拟仿真实训基地。

创新实践教学新模式，建成顶岗实习管理平台，利用信息化手段实现远程教学、在线指导、监测预警、考核评价等功能，实现过程监控，进一步提高教学质量，创建人人皆学、处处能学、时时可学的智慧学习环境。

学校以教育部现代学徒制试点单位为契机，按照“试点先行、分步推进”的原则，先后与中铁一局、中交天和机械设备制造有限公司、渭南市城市人家装饰工程有限公司等单位合作开展现代学徒制培养工作，累计培养学生 200 余名。在此基础上，不断总结试点专业的培养经验，固化培养成果，指导工程物流、道路桥梁工程技术等其他专业开展现代学徒制人才培养，不断推进双主体育人。

四、打造教练型教学团队

采用“大师引进、双师聘用”的方式，推进专业群结构化教师教学创新团队建设。设立高层次人才引进专项津贴，实行一人一策，引进一批行业有权威、国际有影响的专业带头人和行业领军人才。引进行业领军人才 20 人、技能大师 15 人，充实高层次人才队伍。推荐 5 位高层次人才在全国、全省各类职业教育学会及教指委等机构任职，发挥引领带动作用。立项国家级职教研究课题及省级教研课题 30 项。在世界 500 强企业聘请行业知名专家、企业技术能手来学校兼职任教，在企业兼职的教师人数达到 800 人以上，提升师资队伍整体实力。

教师培养实施分类分层、准入改革、培训提升、双语强化、科研服务、名师培育等 6 项计划，构建专业化、个性化、多元化教师发展路径，建成国家级教师教学创新团队。

一是实施教师分类分层计划。建立层次分明，区别于中职和应用型本科的高等职业教育特色教师专业标准体系，具体涵盖理论知识、实践技能和专业态度三个方面的准则；健全覆盖公共课、专业课、实践课等各类课程的教师专业标准体系。通过构建标准体系，规范教师资格准入、招聘聘用、培养培训、薪酬分配等环节，不断完善教师评价标准体系，提高教师队伍专业化水平。

二是实施教师准入改革计划。探索建立新教师为期 1 年的教育见习期与为期 3 年的企业实践制度，严格见习期考核与选留环节。自 2019 年起，除持有相关领域职业技能等级证书的毕业生外，从具有 3 年以上企业工作经历并具有本科以上学历的人员中招聘教师，特殊高技能人才（含具有高级工程师以上职业资格或职业技能等级人员）可适当放宽学历要求，5 年累计招聘 250 人以上。

三是实施教师培训提升计划。依托“双师型”教师培养培训基地，实行5年一周期的全员轮训制度，专业教师每年至少在企业实践锻炼1个月。充分发挥窦铁成、李昌宁、白芝勇等行业技术领军人物的作用，开展名师带徒，促进骨干教师成长。培养骨干教师100人，“双师型”教师占专业课教师总数的90%以上，教师在国家级教学能力大赛上获奖4项。高速铁道工程技术、城市轨道交通工程技术两个专业群中具有高级职称的教师比例达到60%以上。

四是实施教师双语强化计划。每年举办2期专任教师双语教学能力培训班，培训300人次，提升了教师的双语教学能力，为涉外技术服务奠定基础。优化教师出国培训管理办法，遴选教师赴德国、瑞士、新加坡等国进行学习研修、参加国际学术会议等，打造具有国际视野的高水平创新团队。

五是实施教师科研服务计划。设立青年科技创新人才专项经费，资助骨干教师进行专项课题研究，推动教师立足行业企业，开展科学研究，服务企业技术升级和产品研发，提升技术创新能力和技术成果转化能力。教师获省级以上教学和科技成果奖15项，在核心期刊上发表论文、出版著作300篇（部）。

六是实施名师大师培育计划。通过设立名师大师工作室、名师大师津贴、名师大师绿色通道，支持参加国际、国内学术会议，培养“万人计划”名师或全国优秀教师、黄炎培杰出教师1~2名，省级、行业教学名师5人，形成专业领军人才团队。

构建“技能大师工作室+‘双师型’教师培养培训基地+教师发展中心”的师资综合提升平台。建成国家级教师技艺技能传承创新平台1个、院士工作室2个、技能大师工作室6个；与中铁一局、中国铁路西安局集团有限公司等标杆企业共建“双师型”教师培养培训基地2个；建设集教能训练、研讨交流、技术研发、评估评价等功能于一体的教师发展中心，完善工作机制，为教师教学方法培训、现场实践、技术研发、技术服务搭建良好平台；搭建校企人员双向交流协作平台，完善校企人员双向流动、相互兼职常态运行机制。

五、丰富工匠精神培育载体

在2018年全国教育大会中，习近平总书记着眼我国教育事业的长远发展，对深化教育体制改革做出重点部署，针对教育工作目标、根本任务、教育评价等方面，提出“九个坚持”，凝聚“四方力量”，为教育事业的发展指明了方向和路径。李克强总理指出，职业教育坚持面向市场、服务发展、促进就业的办学方向，深化产教融合、校企合作，培养更多高技能人才。会议内容既高屋建瓴，为教育发展指明了方向，又落地生根，对教育工作提出了具体要求。

陕铁院牢记立德树人使命，以国家优质校、16个“一流专业”和80项创新发展行动计划项目任务建设为抓手，创新人才培养模式，积极搭建政校行企等各方参与的产教融合纽带，推动铁路工程、铁路运输、轨道装备制造三大专业群建设，实现从对接单个企业向对接产业群、从服务国内企业向服务国外公司的转变升级，专业建设标准化、规范化、品牌化日益彰显。

实施工匠精神引领计划。开展工匠精神、劳模精神进校园活动，新建铁路文化广场和铁路文化研究中心、巴山精神文化广场、传统文化广场，校企共建全国铁路先进典型巴山精神教育基地，教育学生传承和发扬铁路人吃苦奉献、爱岗敬业、精益求精的工匠精神。升级改造窦铁成事迹展览馆、中国铁路建设发展史馆。聘请全国劳模、大国工匠、技能大师、优秀校友组建专家报告团，每学期开展专题报告、技能展演、技艺访谈等活动，传播、弘扬工匠精神和劳模精神，指引和激励学生树立职业信心、提升职业素养。

实施实践平台引路计划。以红色基地、二课拓展、社会实践等平台为载体，助推学生在实践中感悟、在实践中提升。与习仲勋纪念馆、杨虎城将军纪念馆、渭华起义纪念馆、陕甘边革命根据地照金纪念馆共建爱国主义教育基地8个，持续面向学生开展理想信念教育和爱国主义教育。办好一年一度的校园科技节、艺术节和体育节，在校生参与率达到80%以上。发挥大学生艺术团、路魂文学社、测量学社、盾构学社、青年志愿者服务队等70个学生社团的作用，让学生在社团活动和社会实践中锻炼成长。

实施技能竞赛引导计划。优化升级现有实训条件，完善国家、省、校三级技能竞赛机制，营造“技高为荣”的浓郁氛围。校赛覆盖所有专业，对接省赛、国赛和“1+X证书制度”设置项目，择优选拔参加国省赛。依托校内外实训基地，强化国省赛赛前训练，提高技能水平，力争让学生在省级以上技能大赛、数学建模等竞赛上获奖500项以上。优化国省赛参赛激励机制，加大奖励力度，实施学分替代，推荐参加国赛和世界技能大赛的优秀选手就读本科层次职业教育。每年评选刻苦学习等“五类十佳”青春榜样50名，组建宣讲团，传递榜样力量，弘扬工匠精神。

实施素质评价引航计划。从思想道德素质、科学文化素质、身体心理素质和发展性素质四个方面构建学生综合素质考评体系，设立素质学分，纳入人才培养方案。学生工作坚持半军事化管理，规范学生日常行为，夯实基础文明教育。依托工业文化研究中心（教育部职业院校文化素质教育指导委员会设立），弘扬铁路文化，涵养匠心匠魂，开展铁路特色校园文化和铁路工匠精神的研究与实践，形成一批可复制、可推广的研究成果和实践范例。

依据职业教育与学生成长成才规律以及职业素养形成特点，系统构建了“一体化设计课程矩阵，协同化设计培养团队，项目化设计实践平台，融合化设计文化体系，智慧化设计评价体系”的学生职业素养培养总体解决方案，实现了全员、全过程、全方位育人，取得了丰富的教育教学成果。成果基于问题导向，研究方法实用、可迁移性强，在本校及推广院校的实施对人才培养质量的提升起到了显著作用，为高等职业院校学生职业素养的培养提供了示范性的教育方案。

第三节　聚焦自我诊改，健全专业质量保证体系

一、诊断改进

为引导学校主动适应社会发展需要，持续提高人才培养质量，应以诊改为手段，在学校、专业、课程、教师、学生之间建立起完整相对独立的自我质量保证机制，强化各层面的质量保证的主体责任意识，健全质量保证预警和激励机制，不断提高队伍素质，形成全面的内部质量保证体系。

（一）诊改脉络

2016 年 5 月，陕铁院被教育部确定为内部质量保证体系诊断与改进工作试点单位。2016—2019 年，学校诊断与改进工作经历了学习研讨、试点探路、全面实施、常态运行等四个阶段，开展了三轮诊改。2016 年集中学习研讨。2017 年构建目标链、标准链，建立“8”字形质量改进螺旋，开展了第一轮自我诊改。2018 年优化完善目标链、标准链，按照“8”字形质量改进螺旋开展了第二轮自我诊改，初步凝练形成了质量文化。2019 年持续推进第三轮自我诊改，不断探索长效机制建设。

诊改工作实施分为六步走。

第一步：有方案。在学校“十三五”规划及专项规划的基础上，制定、修订学校内部质量保证体系诊断改进建设及运行方案、各层面诊改实施方案，包括专业及课程建设方案、信息化建设方案、质量文化建设方案。

第二步：有平台。对信息化建设进行顶层设计，建立并完善各业务系统，打通信息孤岛，开发大数据分析及质量监控系统。

第三步：完善体系。完善诊改组织体系、目标体系、标准体系，优化质量改进螺旋。

第四步：明确建设任务。学校层面各部门围绕部门常规工作任务、党政工作要点任务和上级临时交办的任务三大部分进行任务的细化分解，专业及课程建设围绕专业及课程建设目标进行建设任务的细化分解，教师和学生围绕个人发展规划进行年度目标任务的细化分解。

第五步：开展自诊。各层面及各责任主体按照“8”字形质量改进螺旋实施诊改，依托数据实时进行监测预警，对诊断出的问题及其产生原因进行逐一剖析，通过激励、学习、创新等手段破解问题，改进提升。一轮诊改结束时需要撰写自诊报告，全面梳理总结诊改工作。

第六步：建立长效机制。各层面建立了以“8”字形质量改进螺旋为运行单元的诊改工作机制，出台《“追赶超越”季度考核办法》等激励考核制度，各层面制定诊改实施方案、诊改运行制度等文件 20 多个，保证了诊改的有效运行。每年年初，印发工作要点，与各部门签订目标责任书，明确各方工作目标与标准；年中，依托大数据分析和质量监控平台，结合学校、教务处、系（部）三级教学巡查，学校、质量管理中心、系（部）三级教学督导，推动教学工作，发现问题，及时纠正。

（二）复核结论

复核工作是职业院校教学工作诊断与改进制度建设的重要组成部

分，对于诊改工作的实际开展和质量成效起到重要保证作用。为整体把握复核工作方向、规范复核工作的基本内容和程序，需要研究复核工作操作性文件。根据《关于确定职业院校教学诊断与改进工作试点省份及试点院校的通知》（教职成司函〔2016〕72 号）和《关于商请对教学工作诊断与改进工作陕西试点高职院校开展复核的函》，经请示教育部职成司同意，全国职业院校教学工作诊断与改进专家委员会组织专家对陕铁院诊改工作进行试验性复核。专家组一行 9 人于 2018 年 11 月 25 日起对陕铁院的诊改工作相关材料进行网上复核。12 月 2 日至 5 日进校开展现场复核。在校期间，专家组听取了学校、专业、课程、教师、学生层面的诊改汇报，召开了 18 个座谈会，深度访谈学校领导、职能部门负责人、系（部）主任、专业带头人、课程负责人、专任教师、辅导员、班主任、相关部门工作人员、学生代表等 245 人次，经专家组讨论形成了复核意见。

专家组认为：陕西省教育厅高度重视和强力推进高等职业院校诊改工作，成立并动态调整省诊改专家委员会，科学谋划，制定省级诊改方案及实施细则；统筹规划，分类指导学校开展诊改工作；分步推进，实现陕西省高等职业院校诊改全覆盖；通过邀请专家做报告、开展专题研究、组织交流与复核观摩活动，指导与帮助学校建立教学工作诊断与改进工作机制。陕西省教育厅在推动诊改试点校的工作中发挥了示范与引领作用。

陕铁院的诊改试点工作扎实推进，取得了阶段性成果。学校的诊改工作按照制定方案、局部试点、全面实施、平台建设分阶段推进，建立了诊改制度。启动了学校层面、36 个专业及 666 门课程、教师和学生层面的诊改试点探索实践。通过两年的体系建设和运行实施，学校各层面建立了目标链和标准链，确定了各部门与岗位的工作职责、工作目标和工作标准，明确了各层级的质量主体责任。建立了大数据分析与质量监控平台，部分实现了过程实时监控，发现问题，及时纠正。积极探索学校激励考核机制，不断激发各质量主体内生动力，学校师生员工的质量意识不断增强。学校诊改工作方向正确，理念不断深化，内部质量保证体系基本建立，取得了阶段性成果。

（三）质量基础

学校传承铁路办学特色，遵循高等职业院校办学规律。通过教育部人才培养工作水平评估、省级示范院校建设、国家骨干高职院校建设、陕西省高校巡视诊断工作等重大项目建设带动，学校内涵建设取得重大进展，教育教学质量持续提升，综合实力显著增强，办学特色更加鲜明。

1. 加强了教学质量制度建设

为提高教育教学质量，学校从人才培养目标、教学质量标准、教学质量监控、教学质量评价等四个方面建立了相配套的规章制度，涉及专业建设、专业教学标准制定、教学资源建设、教学检查、实训条件建设、现场教学与顶岗实习管理、教学事故认定、课程建设、教材建设、教学质量评价、毕业生跟踪调查、社会评价等专业建设与人才培养的各方面。

2. 实施了教学质量过程管理

学校从教学质量标准确定、教学过程组织、教学质量监控、信息收集汇总、反馈整改等五个方面对教学管理、教学过程和教学效果进行监控。通过期初、期中、期末教学检查，专项教学检查，顶岗实习巡查，教学督导随机听课，同行评教及学生评教等，加强教学质量过程控制；通过院长信箱、院领导带队巡查、系（部）日常巡查、督导员日常检查、召开教师座谈会及学生座谈会、学生信息员反馈等方式进行信息的收集与反馈；通过麦可思毕业生质量跟踪调查，了解企业对学生的满意度及人才培养质量。

二、专业质保体系

内部质量保证体系建立与运行方案的核心内容应包括建立和完善内部质量保证体系，构建质量改进螺旋，推进信息化平台建设和双引擎建设，诊改实施、进度安排及保障，等等。其核心架构组成可概括为“有基础（质量基础、存在问题）+有思想（指导思想）+有目标+有思路+有体系（总体架构、组织体系、目标体系、标准体系、质量螺旋、智能化信息平台、质量文化、激励机制）+有运行+有安排（时间、任务）+有保障”。

分析学校质量基础及存在问题很有必要，认清自我才能定准目标、找准思路、制定好措施。学校以《教育部高等职业教育创新发展行动计划（2015—2018 年）》《国务院关于印发国家职业教育改革实施方案的通知》《教育部财政部关于实施中国特色高水平高职学校和专业建设计划的意见》等中省有关文件精神为指导，以《2016—2020 年教育事业发展规划》确定的“省内示范、行业领先、国内一流、国际知名”为总目标，聚焦学校人才培养工作和教育教学改革，以提升质量作为学校各项工作的核心，纵向重点打造目标链、标准链，横向重点构建质量改进螺旋。

体系构建及诊改实施是关键。要明确内部质量保证体系，切实履行人才培养工作质量保证主体的责任，遵循“8”字形质量改进螺旋，立足学校实际开展自我诊断改进，最终形成常态化，自主保证人才培养质量。学校构建了“五纵五横一平台，质量文化纵横贯穿”的内部质量保证体系，并进一步明确各部门在纵向五系统的定位。在学校、专业、课程、教师及学生等五层面打造目标链、标准链，按照“8”字形质量改进螺旋全程开展自诊，不断寻找差距，通过学习创新，改进提升，建立更高一层的发展目标。同时，借助学校自己的数据平台，实时监测、分析数据，随时发现问题，及时发布预警，督促相关部门、科室、人员采取切实措施，改进提升。

信息化平台是支撑，没有信息化，诊改工作只能悬于空中。学校按照强基础、促应用、融数据、造流程、塑画像的建设路径，加快智能校园建设步伐。完善信息化基础物理环境，建设业务全覆盖信息化应用系统，丰富教育教学信息化管理，构建统一共享型数据中心，打通信息孤岛，实现一站式访问，搭建大数据监控预警平台，为人才培养质量论证提供依据，为学校发展决策提供数据支撑。质量文化、激励机制建设是推进诊改工作的引擎，激发内生动力，形成诊改长效机制。构建现代大学质量文化建设，着力围绕精神层质量文化、物质层质量文化、制度层质量文化和行为层质量文化四个维度开展工作。

（一）统筹信息化建设顶层设计

按照“整体规划、统一标准、应用驱动，分步实施，业务部门牵头，技术部门保障”的建设原则，遵循教育信息化“完善环境、拓展应用、深度融合”的三段式推进战略，突出以用户为中心的服务理念，以应用促融合，以融合促创新，以创新促发展，全面创新教学、服务和管理模式，加强制度建设，制定网络运行、网络安全、业务系统运行、信息化建设、激励措施等制度文件。

（二）完善信息化基础物理环境

建立标准化数据中心机房、云计算平台，实现校园内有线无线一体化网络全覆盖，具备满足教育教学管理需求的出口带宽；实现网络一体化身份认证，建成满足教学信息化需求的多媒体教学场所，完善视频监控、视频会议、网络广播等硬件环境，建成集成学校主要服务的一卡通应用，全面提高信息化公共基础环境建设。

（三）丰富信息化教学管理

突出以教学为核心的信息化建设理念，聚焦课堂教学，建成贯穿课前、课中、课后的混合式教学平台，先后搭建了仿真教学、智慧职教、顶岗实习，尔雅通识课程、云班课等教学平台，丰富课堂教学信息化手段，实现教学过程的动态化监控，推动课程与教学改革，提升教育教学质量。

（四）构建统一共享型数据中心

制定信息规范、信息编码和数据交换标准，规范数据采集、处理、交换流程，实现对基础数据、业务数据、历史数据与资源的集中存储、统一管理，建立数据交换平台，构建共享数据中心、统一身份认证平台和统一信息门户平台，打通信息孤岛，实现一站式访问，提供个性化信息展示和移动式信息查询路径。

（五）打造移动一站式服务办事大厅

建成线上线下相结合一站式办事大厅。基于碎片化的建设理念，进行业务流程再造，建成网上事务中心，实现在线办理、在线监控、在线评价一站式服务，打破传统业务壁垒，提高业务部门办事效率，实现学校管理工作的数据化和统计精准化，全面提升管理和服务水平。

（六）搭建大数据监控预警平台

利用大数据技术，对学校、教师、学生、课程、专业五个维度进行立体化画像，构建多维度的科学评价体系，实现数据的实时采集、动态监控，利用数据可视化、数据钻取、数据分析、数据预警和状态报告等功能，全面掌握学校人才培养质量状况。

（七）提升信息化素养

注重师生信息化素养建设，开展以深度融合信息技术为特点的培训，帮助教师树立正确的信息化教学理念，改进教学方法，提高教学质量。组织开展信息化教学大赛，以赛促学，提高教师信息技术应用水平，开展管理人员信息化培训。提高业务部门的信息化应用意识和能力。加强技术部门的人才培养，制订技术人员培训计划。

（八）增强网络与信息安全管控能力

贯彻落实国家《网络安全法》的相关政策，健全网络安全工作制度，落实网络安全责任制。实施信息安全等级保护制度，按需配置网络与信息安全防护设备和软件，构建可信、可控、可查的网络与信息安全技术防护环境，建立多层次网络与信息安全技术防护体系，开展网络与信息安全应急演练，提高网络与信息安全应急处置能力。

三、机制引擎

机制引擎建设要厘清组织职责，明确各部门在纵向五系统的定位，夯实主体责任。建立健全制度体系，保障体系有效运行。完善奖惩激励、榜样激励、情感激励及自我激励等多元激励机制，激发师生内生动力，自主不断改进提升。

内部质量保证体系覆盖决策指挥、质量生成、资源建设、支持服务和监督服务五个系统。每个部门和每个教职员工都是质量保障的主体。为激励各内设部门和教职工的工作积极性，应系统构建激励机制，包括聘任激励、绩效考核激励、薪酬激励、培训激励和人才引进激励等方面，通过激励机制，提高学校的竞争力，吸引优秀人才，增强教师的获得感和满意度，激发教职工干事创业的热情。

（一）聘任激励

聘任包括全员岗位聘任和职称聘任。全员岗位聘任每三年进行一次，教职工通过竞争来获得聘任。学校应结合发展实际，科学设定岗位和职数，明确岗位说明书和聘任条件，使教职工明确自己的竞聘目标，同时引入竞争机制，采取部门负责人和教职工双向选择的方式。

职称聘任每年进行一次。学校制定了符合自身实际的职称评审办法和评审条件，先按照程序进行职称评审，对具备任职资格的教职工，再根据职级设置情况进行择优聘任。

（二）绩效考核激励

完善绩效考核办法，强化目标管理和绩效考核。结合学校特点，系统设计，分类制定部门年度考核办法、处职干部考核办法、专任教师考核办法、辅导员考核办法和行管人员考核办法，细化考核标准。将考核与诊改相结合，紧扣实现学校发展目标，明确各主体目标任务完成的标准，将考核与任务完成的全过程相融合，充分激发主体内生动力，促进外部问责向自我问责的转变。

关注事前、事中、事后考核性质量控制。事前制订明确具体的计划。每年年初依据学校年度工作要点进行计划任务分解，明确责任人和时间节点，形成部门年度目标责任书，制定任务完成的考核标准。事中阶段进行反思，调整目标或改进工作。每年 6—7 月，进行半年考核，各部门总结上半年的目标任务完成情况，分析存在的问题和差距，调整目标或改进工作方式，学校给予中期评价。事后诊断改进，兑现奖惩，形成诊改清单。每年年底对照年度工作目标任务开展自我诊改，并形成诊改报告，由被动反馈接受问题转变为主动检查发现问题。学校同时组成考核小组对部门任务完成情况进行年终考核，根据考核结果落实奖惩机制，与部门绩效相结合。

细化各类评选标准，每年开展“最美教师”、师德先进、教坛新秀、教学能手、教学名师等评选工作，选拔和认定专业带头人、骨干教师和“双师型”教师，树立榜样和典型，鼓励教师不断发展。

（三）薪酬激励

优化学校绩效工资分配办法，坚持“效益优先，多劳多得，优绩优酬，合理拉开差距，兼顾公平”的原则；以教学为中心，向教学一线倾斜，设置专任教师特殊津贴；突出工作业绩，设置考核奖；提高部门二次分配的权力，激发部门活力。

对取得重大教科研成果奖或在学校重点工作中有突出贡献的教职工，设置专项经费予以重点奖励，调动优秀教职工的积极性。

（四）培训激励

培训学习是教职工发展的途径之一。学校应尽量满足教职工对培训的不同需求，构建分类提升的培训体系，制定激励办法，完善培训内容，丰富培训形式，采取优惠政策，鼓励教职工参加各类培训和学历提升学习。

学校每年设立专项培训经费，建立教师发展经费保障长效机制。加大教师尤其是中青年骨干教师国内外进修、访问、挂职和交流力度。同时奖励教师攻读博士研究生学位。

（五）人才引进激励

完善人才引进和服务保障办法，加快推进人才队伍建设。根据学校专业建设和发展的需要，将学校紧缺和急需的拥有较高学术造诣、较强专业技能，能准确把握专业发展方向，具有创新构想和创新能力的人才引进学校，为学校的持续发展提供人力保障和智力支持。

出台优惠政策，积极为人才创造良好的工作环境和生活条件。通过特殊津贴、解决配偶或子女工作、提供科研启动费等方式，为人才提供优质服务和人文关怀，激励人才在教学、科研、专业建设等方面发挥引领和示范作用。

四、文化引擎

文化引擎建设要强化质量认同，提升现代质量文化理念，凝聚师生质量共识，构筑质量精神文化高地，形成“质量为本、勇于创新、追求卓越”的铁路特色质量文化。丰富质量载体，营造现代质量文化氛围。规范质量行为，助推现代质量文化形成。突出质量特色，打造现代质量文化品牌。例如，铁道工程技术专业“严守规范、质量为先、追求卓越”，工程测量技术专业“严谨细致、精益求精、无私奉献、开拓创新”，铁道交通运营管理专业“循规遵矩、安全正点、服务周到”。

双引擎建设是内部质量保证体系建设的重要组成部分。文化引擎更是持续迸发内生动力，助推教师成长、学生成才的核心。

（一）质量文化的内涵

质量文化伴随着人类20世纪以来的质量实践活动形成和发展。高校质量文化是指高等学校在长期的教育教学过程中，自觉形成的价值观念、规章制度、道德规范、环境意识及传统习惯等“软件”的总和。高校的质量文化是以人为本的文化，最根本的问题是培养什么人、怎样培养人、为谁培养人的问题。高校质量文化体现着学校的办学指导思想与办学理念，是大学治校理念与治校实践的具体化。

（二）质量文化建设的四个维度

构建现代大学质量文化，着力围绕精神层质量文化、物质层质量文化、制度层质量文化和行为层质量文化四个维度开展工作。精神层是高校质量文化的核心，主要是关于质量的共同理解和看法，是高校进行质量决策和质量管理的指导原则和行为规范。物质层是指高校质量管理实践过程中直观的实物质量、服务质量，是高校质量文化中最表层的部分。制度层是指高校在质量管理过程中形成的体现高校质量意识的各种质量管理制度、质量道德规范和行为准则。行为层是指高校质量理念在质量管理过程中的具体表现，突出表现为高校教职员工和学生的作风与技术操作方面。

（三）质量文化建设的具体内容

（1）建设凸显铁路特色的校园环境，传承铁路精神的质量物质文化。建设具有浓厚铁路特色，并蕴含办学理念、价值追求、工作作风和精神风貌的道路、景观、长廊、广场、教具、设备等，如中国铁路发展史馆、窦铁成事迹馆、校史校情展览馆、巴山精神鼎等。形成高知名度、高美誉度的品牌标志，创建体现高质量形象的“以物保质”的物质文化氛围。

（2）建设以社会主义核心价值观为核心的校园质量行为文化。完善思想政治教育文化育人机制，深入开展红色文化教育活动，拓展实践育人的新途径，加强网络文化建设。通过开展学雷锋示范点、岗位学雷锋标兵、五一巾帼标兵、青年教师论坛等多种活动形式，培养造就一支有理想信念、有道德情操、有扎实学识、有仁爱之心的“四有”教师队伍，最终形成规范达标的行为文化氛围。

（3）构建以《陕西铁路工程职业技术学院章程》为依据的现代大学质量制度文化。以制度管人，以制度服务学生成才、服务教师成长、服务社会需求。构建校企产教融合“四级对接”、专业人才培养规格符合岗位任职要求、课程内容衔接铁路职业标准、实训室（基地）管理全面引入企业 6S 管理标准、教师企业实践锻炼融入技术服务、社会培训、学生日常教育坚持半军事化管理等为主要内容的现代大学制度体系，实现依法治校、制度管事，最终形成一种鼓励先进、鞭策后进的制度文化氛围。

（4）树立质量价值观、质量道德观，塑造质量精神文化。凸显提升师生发展质量，塑造现代质量精神。坚持以人为本，师生德技双修；坚持严以律己，激发内生动力；坚持开放创新，满足各方需求；坚持全面管理，以人人追求卓越为目标。依托青年教师赛教、辅导员技能大赛、岗位技能比武等平台，最终形成一种“想干事、能干事、干好事”的精神文化氛围。

第四节　深化教学改革，创新信息技术与课堂革命耦合模式

信息技术与课程革命的概念源于何处现已很难查明，但可以认为最初是源于课程整合的概念。“整合”一词，源于英语的“integrative”，意为使结合，使并入，使一体化，使其成为一体。这里明确地界定了信息技术与课程整合是信息技术课程与学科课程的整合，即课程的综合化。

学校紧跟教育信息化发展步伐，加大专项投入，加强数字化基础设施建设，营造良好的校园信息化环境。升级校园网主干带宽达 10.5G，实现校园网有线无线网络全覆盖。构建智慧教室、标准化考场，实现物联网技术在学校管理中的应用。深化校园业务系统数据融合，建成集教学管理、学生管理、人事管理等七大服务于一体的应用系统和一站式网上办事大厅，结合移动校园 App，实现“微应用”，提高办事效率，加强工作管理数据化和统计精细化。聚焦教学诊改，打造大数据支撑的校本数据平台，提供对教职工、学生、教学、科研、招生、就业、资产、综合校情等不同主题的分析，为学校科学决策提供数据支

持，逐步实现教学管理智慧化。

一、“互联网+课堂”教学改革模式

课堂是人才培养的主渠道，是立德树人的主阵地，是教育改革的主战场，是教育发展的主动力。为切实提高课堂教学质量，学校紧跟信息技术发展和教学方法变革，建立健全信息化课堂教学制度体系。运用信息技术改造传统教学，促进教与学、教与教、学与学的全面互动，以信息化引领构建以学习者为中心的全新教育生态，开展实时互动、混合式教学、移动学习等信息化教学模式改革。依托2个国家级、6个省级专业教学资源库，60门在线开放课程，以及桥梁、隧道、房屋建筑、虚拟项目部等虚拟仿真系统，结合云课堂等手机移动终端App，推行线上线下混合式教学改革，实现了课堂教学的过程性监控。并将数据自动同步至学校数据共享中心，利用大数据分析平台，从课前、课中、课后三个环节进行“资源丰富度、课堂活跃度、教学满意度”三个维度的分析预警。

学校出台《共享型专业教学资源库建设管理办法》，面向在校学生、教师、企业人员、社会学习者四类用户，从教学安排、教学资源、工程案例、行业规范、在线测试等方面建设线上资源，开发专业教学资源库。出台《精品在线开放课程建设立项评选办法》，以专业核心课和受众面广的专业基础课为重点，开展精品在线开放课程建设，同时开发桥梁、隧道等虚拟仿真系统，模拟真实工作场景，辅助学生在校学习。出台《在线开放课程应用激励办法》，结合移动教学助手，对每学期线上课程应用较好的教师给予1.5～2倍课时奖励。出台《教师考核评价实施办法》，将信息化教学效果纳入年度考核内容和职称评审条件。出台《专业教学资源库课程学分认定实施办法》，鼓励学生利用资源库课程进行线上学习，成绩合格后开展学分替代，延伸学生学习的时间和空间。

强化信息化数据融合，实时监控课堂效果。学校通过建设通识课程平台、智慧职教云平台、云班课教学平台等教学管理系统，实时采集教师的教学行为及师生之间的互动、作业、评价等过程性数据，并将数据自动同步至学校数据共享中心，利用大数据分析平台，对学生的学习习惯和教师的教学应用方式进行课堂画像，实时呈现课堂教学形态。同时分别从资源丰富度、课堂活跃度、教学满意度三个维度设定25个监测点，设置标准值和预警值，进行实时监控预警，服务教学管理，提高学生学习的主观能动性和课堂教学效率。

提高师生信息化素养，推动信息化深度应用。通过课程标准设计、专业能力标准等方面的优化，开设信息技术相关课程，将信息化素养融入学生学习的各个阶段，提升学生信息化应用能力。加大教师信息化素养的培训力度，将信息技术与课堂教学融合，建立健全考核机制，使教师的信息化素养适应信息社会对教育的要求。打造一批信息化专业技术能力强的技术保障团队，定期开展技能培训和技术交流，提高业务水平，提升信息化运行建设过程的保障能力。

建设线上课程300门以上，95%的课程开展信息化教学新模式，构建泛在式在线课堂空间，发挥信息技术手段在资源获取、知识呈现、师生互动等方面的重要辅助作用。创新实践教学新模式，建成顶岗实习管理平台，利用信息化手段实现远程教学、在线指导、监测预警、考核评价等功能，实现过程监控，进一步提高教学质量，创建人人皆学、处处能学、时时可学的智慧学习环境。

目前学校教师形成了基于云课堂混合式教学的使用习惯，95%以上的教师在课堂上开展混合式教学，同时打造了一批高信息化素养的师资队伍。近3年学校教师在全国各类信息化教学比赛中获奖69项，参加全国信息化大赛人数全国排名第七、陕西省排名第一。在2019年陕西省教学能力大赛中，学校9部作品全部获奖，其中一等奖4项、二等奖 3 项、三等奖 2 项，获奖数量和等次在陕西高等职业院校中位列第一。

二、"互联网+实践"教学改革模式

学校学生在铁路建设单位实习实训，因此有着人数多、时间长、地点分散等特点，指导和管理难度大。针对这一问题，学校与企业合作开发习讯云实习平台，制定《实习管理实施细则》《实践教学管理规范》，实行学校、系（部）、指导教师的三级管理，规范实践成绩评定方式，调整为企业评价 20%+在线评价 30%+实习报告 50%的方式，规范学生实践教学管理，为推行顶岗实习实践教学提供制度保障。

通过实习管理平台，学校可以实现网上实习审批，发布专业学习资源和实习通知，指导学生实习；处理学生签到预警，监控学生是否在实习单位；进行请假审批，变更实习单位审批；批阅学生周报月报，掌握学生实习动态；与学生平台互动，对实习进行指导；批阅学生实习总结，进行学生实习考评。学生可以通过手机端实现网上实习申请，办理实习手续；通过手机定位办理签到、实习请假、实习单位变更等手续；提交周报、月报；在平台上与指导教师互动，解决实训疑难问题；查看实习积分排名；提交实习总结。教师在网上评定成绩，全面实现对实习学生进行远程过程性管理指导。

通过实践教学平台，学校制定了实习管理的新制度，创立了"1–3–5"预警机制。学生 1 天不签到预警到指导老师，3 天不签到预警到系（部），5 天不签到预警到教务处。此外，实习平台与学校大数据平台数据深度融合，对接了 13 类实习基础数据，从就业率、实习率、日签到率、周报提交率、月报提交率、教师批阅率等维度进行数据分析，并在教学例会通报顶岗实习数据，对系（部）考核进行评价，强化过程管理。顶岗实习管理平台有效地延伸了实践教学时间与空间，实现了顶岗实习教学的可管可控，加强了教学效果。

三、“互联网＋体育”教学改革模式

一直以来体育教学都是教学改革的盲区，如何推进体育教学改革成为体育教学的难点。为此，学校积极探索信息技术、物联网技术与体育教学的融合，引入“校园智能乐跑”平台，同时配套制定《学院学生体质健康测试实施办法》《学院体育课辅助教学平台跑步管理办法》等文件。明确规定了每学期男女生跑步累计 40 次为合格；跑步次数少于 25 次者，本学期体育成绩不及格；跑步次数越多，分数相应越高；跑步累计 60 次为满分，男生每次不少于 2.8 千米，女生每次不少于 2.2 千米。将辅助教学平台成绩与体育课成绩挂钩，将体能测试成绩与评优评先挂钩，将体育课成绩与奖学金挂钩，积极引导学生走出教室、走出宿舍，走向操场。

学校将体能测试数据与大数据平台对接，体育教学部门通过大数据分析，对学生锻炼数据进行监控，对未达标学生和系（部）进行监控预警。同时体育教学部门和学生管理部门合作，在学生大会上对数据优秀的学生进行公开表彰奖励，激励学生锻炼的积极性，进而提高学生自我锻炼能力，提高体育教学的育人效果。

“互联网＋体育”教学模式改革，使学校真正达到了促进学生强身健体的目的，有效地实现了三个转变。第一个转变：学校操场从空空如也到人满为患。现在每天晚自习后，校园内、操场上跑步锻炼的学生数不胜数。第二个转变：体能测试数据逐年提升。通过引导学生规律性锻炼，学生的身体素质稳步提升，学生的个人体能测试数据和学校的总体体能测试数据逐年稳步提升。第三个转变：体育教学标志性成果硕果累累。近 3 年来，学校多次参加高校体育竞技项目，先后获得了篮球、羽毛球、乒乓球、武术、健美操、舞蹈等项目冠军，并代表陕西省参加国赛，累计获得国家级一等奖 1 项、二等奖 2 项，省级一等奖 67 项、二等奖 56 项、三等奖 40 项。学校学生体育竞赛成绩始终处于全省高等职业院校前列，这在全国高等职业院校中具有一定影响力。

四、“互联网+美育”教学改革模式

近年来，学校为了加强学生美育教育，面向全校学生开设书法、音乐鉴赏、职场礼仪等公共艺术选修课程 10 门以上，刚性规定学生必须选修 4 个学分。持续开展校园文化艺术节、高雅艺术进校园等活动，推进中华优秀传统文化的传承与创新。通过社团活动、社会实践、勤工助学、文体活动等多种形式实现劳动教育和美育的有机融合，实现以劳树德、以劳增智、以劳强体、以劳育美、以劳创新。

1. 开展艺术教研活动，提高教育教学质量

学校艺术教育中心建成了包含形体教室、书法教室、MIDI 制作教室、录音棚等美育教学和艺术实践功能齐全的大学生素质教育基地，占地 400 余平方米。举办了“高雅艺术进校园”“非物质文化遗产——皮影戏进校园活动”等大型艺术交流活动；面向全校开设 8 门艺术教育选修课，提高了学生的艺术鉴赏能力和艺术素养。积极与洋县教体局、渭南市临渭区教育局对接，开展中小学教师艺术领域专项技能提升培训班，对 120 余名中小学教师进行了管乐、油画、钢琴、国画、书法、摄影、合唱、指挥、礼仪等科目的培训，为学校与洋县和渭南市临渭区人民政府“双百工程”结对帮扶工作注入艺术活力。

2. 搭建艺术展示舞台，各类竞赛硕果累累

学校通过一系列二课活动，为学生搭建展示才艺的舞台，积极组织学生参加省市举办的各种校园活动竞赛，取得了优异成绩。学生先后参加了陕西省第三届大学生体育舞蹈锦标赛、第二十六届陕西省大

学生文化艺术节舞蹈大赛、“金蛙奖·未来之星”全国青少年艺术盛典、陕西省大学生健美操、首届全国职业院校学生书画作品展等艺术竞赛，获得各类奖项20余项。原创舞蹈《蒹葭》参加第二届海峡两岸大学生舞蹈大赛，获得表演银奖和作品铜奖。

五、“互联网+素质”教学改革模式

近几年来，学校全面贯彻党的教育方针，围绕立德树人的根本任务，积极培育和践行社会主义核心价值观，激励学生传承中华优秀传统文化，汲取世界先进文化，注重培养学生形成高尚的人格、健康的审美情趣、良好的职业道德、较强的动手实践能力。以职业素质教育为核心，以促进学生思想道德素质、人文素质、专业素质、身心素质和创新创业素质协调发展为主要内容。坚持全员、全过程、全方位育人的原则，有力地推进了大学生素质教育工作。“互联网+素质”教学改革模式主要体现在以下几个方面：

一是加强领导，健全机构。成立了德育工作领导小组，组长由校党委书记担任；成立了素质教育领导小组，组长由校长担任。素质教育由主管学生工作的党委副书记和主管教学工作的副校长主抓，由学生工作委员会和教学工作委员会具体负责实施，各系（部）、团委、学工部（学生处）具体实施，形成了系（部）和职能部门等单位密切配合、协调一致、齐抓共管，全体教职工共同参与的新的育人格局，实现了“教书育人，管理育人，服务育人，环境育人”的全方位育人体系。

二是以素质教育为主线，贯穿人才培养全过程。学校牢牢抓住素质教育这条主线，贯穿于人才培养全过程。在人才培养方案改革中确立素质教育与专业教育相结合的原则，制定了《大学生素质教育实践学分评定暨“第二课堂成绩单”制度工作实施办法》等制度文件。根据不同年级学生的特点有所侧重地安排活动，鼓励学生积极参加各类素质教育实践活动，全面提高学生的综合素质，落实立德树人的根本任务。

三是丰富教育内容，构建素质教育体系。学校以思想道德素质教育为根本，以人文素质教育为基础，以专业素质教育为关键，以身心素质教育为保障，以创新创业素质教育为引领。坚持五类素质的有机结合，构建了包括思想政治与道德素养、社会实践与志愿服务、科学技术与创新创业、文化艺术与身心发展、社团活动与社会活动、技能培训及其他能力这六大类别的大学生素质教育体系。

四是坚持德育为先，努力提高大学生思想政治素质。加强对思想政治理论课教学的引导，积极开展教学改革，扎实推进“三进”工作。加强党校建设，组织学生学习党的基本知识，帮助学生树立起坚定的理想和信念。全面启动易班平台，开展爱国主义教育和社会主义核心价值观教育，深入学习贯彻党的十八大、十九大、二十大会议精神，继续推进“两学一做”学习教育，加强学生思想政治素质教育，落实立德树人的根本任务。

线上通过团干部的“1+100”系统、易班平台、学校及各部门的微信公众号、微博等定期组织开展各类思想教育活动。线下通过思政课堂、主题班会、习仲勋陵园等 10 余个红色教育基地开展思想教育，努力使思想政治理论课教学贴近生活、贴近职业、贴近社会，真正达到使学生入脑、入心的成效。

五是以学生技能实践为本位，加强学生专业素质培养。学校围绕培养铁路工程建设人才的目标，秉承“德修身，技立业”的校训，坚持以校园环境营造技能文化氛围，以教学改革强化职业技能培养，以校企合作融通企业技能文化，以技能竞赛打造技能文化平台，以专业社团拓展技能文化内涵，大力弘扬“崇尚技能、技高为荣”的技能文化理念。近年来，陕铁院学子在中省各类技能大赛中捷报频传，获中省各类技能比赛奖项 100 余项。2017 年 12 月，中国高等教育学会发布的《中国高校创新人才培养暨学科竞赛评估结果》中，陕铁院位列全国高等职业院校第 54 名、陕西省高等职业院校第 2 名。

六是关心大学生身心健康，全面提高大学生身心素质。学校成立体育教学部和心理健康教研室暨大学生心理健康咨询中心等机构。学校投资 100 余万元，建成 450 平方米的标准化大学生心理健康教育中心，聘请校内外二级心理咨询师，形成“宿舍心理联络员—班级心理委员—系（部）心理健康工作站—心理健康教育中心”的四级心理危机干预体系，全面开展团体辅导、个体咨询、心理测评等大学生心理健康教育工作。

开展阳光运动，增强学生身体素质。坚持周一升国旗制度和早操制度，开展“走下网络，走出宿舍，走向操场”活动，组织丰富的文体活动，让学生加强身体素质锻炼。

七是建立素质教育的评价体系，实现评价的科学化。学校建立了学生德育考核体系和综合测评体系，试行了《大学生素质教育实践学分评定暨“第二课堂成绩单”制度工作实施办法》，让学生活动得到客观记录、科学评价，起到促进成长、服务大局、提升工作、融入社会的作用，进而全面促进青年学生健康成长。

八是在素质教育中，突出职业化。学校把职业素质教育作为素质教育的核心，贯穿学生在校教育的全过程，从新生入校就开设职业素质教育课程，加强学生职业道德、择业心理、合作意识、创新意识的培养，着力提高学生适应职业生涯的能力。积极培养学生“弘扬工匠精神，打造技能强国”的职业素质，结合时代发展和铁路行业对技术技能人才培养的要求，探索实施工匠精神“进校园、进课堂、进教材、进社团”的“四进”工程。教育引导广大师生大力弘扬工匠精神，厚植工匠文化，恪守职业操守，崇尚精益求精，着力培养一批肯吃苦、讲奉献、敢拼搏、能力强、技术专的优秀学生。在毕业生中开展就业指导和创业教育。在在校生中，开展职业技能大赛、技术“大比武”

等活动，组织学生深入施工企业参观、实践、顶岗实习，培养他们的职业理想、职业情感、职业纪律和职业技能，提高学生的职业素质。

九是深化“四个融入”，全面推进创新创业教育。学校不断探索，着力构建“四融入、三推进”创新创业教育体系，即把创新创业教育融入办学理念、专业培养、第二课堂和技术服务，实施“意识—知识—能力”三个层次推进，取得了一定效果。利用好大学生创业孵化基地，为学生能力的培养提供条件。开设创新创业课程，举办现代文明礼仪讲座，促使学生养成正确的就业观念，掌握就业技巧。近年来，学生在“互联网+”大学生创新创业大赛中获国家级大赛奖项 1 项、省级奖项 17 项，位列陕西省高等职业院校前二。学校当选陕西省职业技术教育学会创新创业教育教学指导委员会副主任委员单位。

第五节　服务企业需求，创建“三步走”国际合作模式

一、布局登高望远

学校依托“百千万计划”，实施“三步走”。目前，肯尼亚协议 RIT 培训中心已输出优质资源师资专题培训项目，萨马拉交通学院已经建成。它的主要职责是：负责全校国际合作与交流的发展规划；负责组织、管理、实施国际交流与合作的各项工作；负责学校师生涉外活动的审核和备案，为全校师生提供咨询；办理学校职工出国及与港澳台事务有关的手续；协调与服务全校外事活动，为各系（院）教学、科研和国际学术交流提供信息和联系。学校的国际合作与交流工作始终非常重视与校内各院（部）密切合作，这对学校教学、科研工作的提

高起到了有力的推动作用，同时也大大地丰富了学校的教学，开阔了学生的眼界。在同国外教育机构的培训合作中，学校非常注重引入他们的先进管理理念和软件，为提高学校的整体竞争实力创造条件。

（一）教师“走出去”

1. 教师企业实践常态化

实施教师培训提升计划。依托“双师型”教师培养培训基地，实行 5 年一周期的全员轮训制度，专业教师每年至少在企业实践锻炼 1 个月，提升教师的专业教学和实践动手能力。先后与中铁北京工程局集团有限公司、中铁十四局集团有限公司等企业签署校企战略合作协议，共建“双师型”教师培训基地，创新教师实践锻炼管理模式，将学生顶岗实习管理平台扩展应用到教师企业实践日常管理，实行网上签到制度，进一步规范管理，提升效果。

2. 进修和培训力度持续加强

学校教师平均每年参与各类培训 245 人次，培训内容涉及业务能力、专业知识、教学技能等多个方面，进一步提升了师资队伍的整体素质和能力。国际交流与培训不断深化。先后选派 9 名教师参加了国家留学基金委西部项目；选派 155 名教师赴新加坡、澳大利亚、丹麦、新西兰等地研修；选派 41 名教师分 5 期对肯尼亚蒙内铁路员工进行技术培训，积极支援肯尼亚铁路建设。

（二）学生“送出去”

2013 年，学校选派 2 名教师带领 27 名学生（获得一等奖学金以上者）赴澳大利亚坎培门学院进行为期 2 周的学习，旨在提高师生的英语交际能力。行前学校就此次赴澳学习对学生进行 3 次专题培训，27 名学生分别制订学习计划，并组建临时班委会。

2016 年 6 月，学校选派 20 名学生赴俄罗斯符拉迪沃斯托克国立经济与服务大学进行短期交流学习。学校学生学习俄语，并通过制作服装来体验现代设计的相关理论与知识，还参观当地的民俗场所，体验当地社会与生活的各个方面。7月，学校选派20名学生赴韩国东亚大学进行为期21天的交流学习，学习韩语、韩国近现代史、韩国经济、韩国法律等方面的知识，体验当地社会生活、民俗，走近异国文化。

2017年7月，学校选派20名学生赴俄罗斯萨马拉国立交通大学开展为期10天的交流学习活动。研修期间，学生通过课堂学习、室外实践、实地参访等形式，对俄罗斯的铁路发展现状及欧洲历史文化有了进一步的了解。同月，学校选派20名品学兼优的学生赴韩国东亚大学开展为期21天的交流学习活动。研修期间，学生重点学习韩国语言、法律及历史，体验韩国传统文化，了解当地社会风情及经济发展现状等。通过一系列交流活动，学生们在增长知识的同时提升了自身素养，并与韩国师生结下深厚的友谊。

2018年7月，学校2名学生作为陕西高等职业院校代表首次入选中俄青年创业孵化器交流项目，赴俄罗斯进行为期15天的交流活动；选派28名学生赴韩国东亚大学进行短期游学。

2019年，开发“留学陕铁”项目。学校通过健全招生管理培养机制，培养留学生200人以上，疏通留学生本科深造、研究生深造渠道，联合长安大学，采取分段培养、学分互认模式培养留学生。

（三）境外人员“请进来”

2015年，年审外国专家聘请资格证，制定《外教公寓装修设计方案》，完成招标、检查、验收等工作，确定聘请外教1名。

2016年、2017年各聘请外教1名，完成2个外教公寓装修，外教顺利入住新公寓。

2018年，签约印度籍外教1名，并计划签约美国籍、乌克兰籍、俄罗斯籍、尼日利亚籍外教各 1 名，完成 2 套外教公寓装修。同时，规定外教不仅要承担英语课程教学任务，还要积极参与学生竞赛辅导，全面提升外教聘任综合效益，全面服务学校各专业发展与国际化人才培养。

二、实现“借船出海”

（一）抓住优势高校

学校坚持以习近平新时代中国特色社会主义思想为指导，深入学习贯彻习近平总书记系列重要讲话精神，贯彻落实陕西省委、省政府及省委教育工委、省教育厅的各项部署要求，坚持立德树人根本任务，精准对接“一带一路”倡议和高铁“走出去”，牢牢把握职业教育改革与发展历史机遇，紧密围绕建成“省内示范，行业领先，国内一流，国际知名”的优质高等职业学校发展目标，坚持内涵提升、改革引领、特色发展，服务国家战略和行业企业转型升级能力显著提升，在专业建设、人才培养、师资队伍建设、对外合作交流、教科研和社会服务等方面均取得了令人瞩目的成绩，各项事业实现了高质量发展。

1. 高等职业教育类型化为学校改革发展指明了方向

党和国家高度重视职业教育，习近平总书记多次就职业教育做出重要指示，国家先后出台《国家职业教育改革实施方案》《关于实施中国特色高水平高职学校和专业建设计划的意见》《职业教育提质培优行动计划（2020—2023 年）》等一系列重要政策，明确职业教育是一种与普通教育并行并重的教育类型，把职业教育提到了优先发展的战略高度，释放了前所未有的政策红利。作为职业教育战线的骨干力量，学校紧跟职业教育发展新形态，推进职业教育本科层次人才培养，构建中专、大专、职业本科、专业学位研究生有效衔接的技术技能类型人才培养和成长通道。

2. 轨道交通行业持续向好为学校快速发展注入了强劲动力

《交通强国建设纲要》《新时代交通强国铁路先行规划纲要》中明确提出，未来50年，要大力发展国家铁路、城轨交通网。建成以普铁主干线为骨架、区域性铁路延伸集散的现代化普速铁路网，以高速铁路主通道为骨架、区域性高速铁路衔接延伸的发达高速铁路网。到2035年，全国铁路网达到20万千米左右，其中高速铁路网7万千米左右。构建多层次、大容量、通勤式、一体化的快捷城市轨道网。国家目前共有70个城市规划了超过700条城市轨道交通线路，总里程超过2.8万千米。学校作为以铁路工程类专业为主干的高水平高等职业院校，专业内涵发展、招生、就业未来可期。

3. 人才需求层次新要求为学校高质量发展带来了良好契机

铁路行业建造装备、检测监测、运营维护等技术智能化发展及建筑工程“四化”趋势，推动新一轮科技和产业的转型升级，未来高等职业教育需要着重关注新一轮科技和产业革命对人才需求层次、结构与素质提出的新要求。学校作为铁路行业人力资源的直接提供者和区域经济发展的助推器，主动转变教育理念，提升技术技能培养水平，拓宽社会、技术服务广度，深化高等职业教育供给侧结构性改革，积极适应科技和产业转型升级对人才需求层次的新要求。

4. “一带一路”倡议为学校开放发展提供了广阔空间

新发展格局下的国内国际双循环必然会继续推进全面对外开放，持续深入实施“一带一路”倡议共建合作，逐步在亚太经济圈和欧洲经济圈架构起合作与交流的桥梁。国内国际良性循环不仅涉及众多国家和地区，而且涉及世界产业和巨量的要素调动，必将引起已有产业转型升级、产业转移及发展模式、合作方式等的全方位变革。这为学校加快国际化人才培养，为铁路企业“走出去”输送陕铁院人才，输出铁路职业教育发展经验和办学经验，打造中国铁路职业教育品牌，提供了广阔空间。

5. 区域经济发展战略为学校创新发展增添了生机活力

新时代推进西部大开发、陕西共建“一带一路”形成新格局、黄河流域生态保护和高质量发展、“西渭融合”等均提出要加快构筑改革开放和创新驱动新高地，着力推动区域经济发展质量变革、效率变革、动力变革。这必将为学校有机衔接教育链、人才链与区域产业链、创新链，高层次人才引进，多方位就业服务区域经济发展，多层次、多专业人才培养，提供广泛支持和广阔空间。

（二）紧盯重大项目

全校师生勠力同心，拼搏进取，全面达成了“十三五”制定的“省内示范、行业领先、国内一流、国际知名”战略目标，在高质量发展中抢占了快车道，赢得了主动权，办学综合实力跃升全国高等职业院校第一方阵。实现一大“追赶超越”：成功入选56所中国特色高水平高职学校立项建设单位。完成“创新发展行动计划，教育部诊断改进试点”两大关键任务：高质量完成创新发展行动计划建设，优质高等职业院校、骨干专业、生产性实训基地等17个项目通过教育部认定，认定项目数位居全国高等职业院校的第10位；立项并首批通过全国职业教育教学诊断与改进试点复核。实现国家级教学成果奖、国家级教学资源库、国际合作办学三大重点突破；新增国家级教学成果奖5项；牵头立项建设国家级教学资源库2项；国际合作办学迈出实质性步伐，成立省属高等职业院校首家中外合作办学机构——萨马拉交通学院，开展涉外技术培训达5.1万人日。取得专业建设水平、师资队伍水平、科技服务水平、人才培养水平、信息化水平、社会影响力6项指标显著提升：立项建设国家级高水平专业群2个、国家级骨干专业8个；立项建设国家级教师教学创新团队1个，培育全国优秀教师2人，获全国职业院校技能大赛教学能力比赛一等奖1项、二等奖2项；入选全国高等职业院校“育人成效50强”“国际影响力50强”等榜单3

次，《光明日报》《中国教育报》等主流媒体宣传报道学校办学成果500余次。

站在新的起点，学校会继续以习近平新时代中国特色社会主义思想为指导，全面贯彻党的十九大和二十大精神，深入学习贯彻习近平总书记关于教育工作的重要论述和来陕重要讲话精神及全国、全省教育大会精神，科学把握新发展阶段，深入贯彻新发展理念，服务构建新发展格局，紧抓职业教育发展的历史机遇期，主动服务国家“一带一路”倡议和高铁“走出去”。以党的建设为引领，以立德树人为根本任务，以专业群建设为核心，以师资队伍建设为关键，以产教融合为主线，以改革创新为动力，以开放办学为手段，以依法治校为保障，深化新时代教育评价改革，全面提升教育现代化水平和社会服务能力，努力把学校建成支撑现代化职业教育体系的中坚力量，为谱写新时代陕西高等职业教育“追赶超越”新篇章发挥关键支撑作用。

（三）打造自身品牌

学校深入贯彻落实中省文件精神，坚持党的领导，加强党的建设，不断深化体制机制改革，积极推进现代大学治理体系建设，贯彻落实党委领导下的校长负责制，制定、实施学校章程。“党委领导、院长负责、教授治学、民主管理”的运行机制已经形成，为学校事业快速健康发展提供了坚实的政治保证。学校秉承立德树人的根本使命，牢牢把握办学的正确方向，切实加强全员、全过程、全方位育人，使“德修身，技立业”的校训、“吃苦奉献，拼搏争先”的学校精神成为全校师生员工共同追求的价值取向。

乘着“高铁大发展、高铁走出去、职教大发展”的东风，学校全体师生同心同德，开拓创新，聚焦“追赶超越”，深入推进教育教学综合改革，学校事业保持了快速发展的良好势头，打造了全方位快速发展“动车组”。

念好“四字经”，强化特色办学。学校坚持铁路特色办学，始终围绕铁路办专业，念好强、优、精、特“四字经”，开设的43个专业全部服务铁路建设与管理。学校85%以上的毕业生就业于中国中铁、中国铁建及各大铁路局，毕业生一次就业率保持在98%以上，2013年获得全国就业竞争力示范校荣誉称号。据麦可思数据有限公司调查报告，同比全国平均水平，陕铁院毕业生入职月收入高出千余元，工作与专业相关度高出13%。自2014年起，学校每年面向社会公开发布毕业生就业质量报告。报告显示学校毕业生就业率总体稳健，应届毕业生起薪水平不断提高，初次就业率持续增长，与全国其他高等职业院校相比优势明显，形成了陕铁院品牌。地下与隧道工程技术专业教学资源库、土木工程检测技术专业教学资源库被教育部立项为国家级专业教学资源库；工程测量技术专业学生连续五年获得全国技能大赛测绘赛项一等奖；铁道信号自动控制专业学生连续三年获得全国铁路院校技能大赛一等奖，其中两次获得第一名。

坚持两手抓，培育“双师”团队。实施“人才兴校”战略，坚持“内培外引”并重，打造“名师引领、骨干带动、结构合理、专兼结合”的“双师”结构教学团队。搭建提升平台，强化“内培”。学校投入800万元，建成理念先进、设施一流、功能齐全的教师发展中心，建筑面积2800平方米，涵盖17个功能区；成立技能大师、教学名师工作室12个，校企共建“双师型”教师培养基地2个。专任教师每5年须赴施工一线下现场锻炼，时间不少于6个月。“双师型”教师占比达76%。选派教师赴国外学习研修。

制定吸引政策，做好“外引”。明确激励政策，提高薪酬待遇，搭建发展平台，大力引进新教师和高层次人才。同时，实施柔性引进政策，聘请行业内极具影响力的专家担任校内兼职专业带头人，实现借力发展。

打好“组合拳”，深化教学改革。主动适应行业产业提档升级需求，多措并举打好教育教学改革“组合拳”，促进内涵建设提速升级。对接职业标准，升级课程体系。以铁路岗位群任职要求和职业资格标准为依据，基于岗位工作过程优化课程体系；对接铁路行业前沿内容，更新课程内容；引入实际工程案例，106门课程开展项目化教学改革；429门课程开展考核方式改革。深化双证书制度改革，工程测量工等6个工种实施职业资格鉴定与课程考核相结合。牵头制定铁道工程技术、铁路桥梁隧道工程技术、城市轨道交通工程技术、工程物流管理等4个高等职业院校专业教学标准，引领铁路职业教育发展。

对接信息化标准，升级教学形态。建成数字校园，有线无线高承载、全覆盖，32个业务系统数据融合，实现服务管理一卡通、一站式。引入职业院校数字化学习中心，建设国家级专业教学资源库2个，省级专业教学资源库3个；建成国家精品资源共享课1门、省级精品在线开放课程5门、省级职业教育在线精品课程8门。教师在信息化教学大赛、多媒体课件比赛、微课比赛等赛事中共获中省级奖励119项。

对接国家标准，升级双创教育。与中铁一局签订《创新创业合作协议》；企业捐赠基金50万元，共建创新学院；高标准建成大学生创新创业孵化基地。

构建共同体，推进产教融合。学校牵头组建陕西铁路建筑职业教育集团，以职教集团为纽带，创新形成了“四级对接”的校企合作长效机制，构建了多元主体合作共赢的产教联合体和利益共同体。与中铁一局、中铁四局、中铁二十局、中铁北京局、中建八局等深度合作，基于全仿真、高共享、生产性的标准，全面升级、扩建了校内实训基地（室）123个，覆盖铁路线上线下，建成校外实训基地241个。

现已建成轨道交通行业技术协同创新中心，陕西省发改委批建全省高等职业院校中唯一的高性能混凝土工程实验室，中铁一局国家级企业技术创新研发基地，中铁西南科学研究院检测分中心，陕西省重点科技创新团队研发基地，以及建筑装饰设计工作室。技术服务到款额达 2043 万元。成立 BIM 技术应用研究中心，承接 BIM 等技术服务 42 项，获国家行业奖 8 项、省级奖 6 项，BIM 技术应用研究水平全国领先。与中铁一局、中建八局等 9 家企业联合开设现代学徒制班级 12 个，培养学生 503 名。发挥优势，积极承担中共陕西省委精准扶贫任务，对接帮扶洋县和渭南市临渭区，实施了一系列技术服务、人才培训等工作。

近几年学校辐射带动作用明显增强，分别与天津铁道职业技术学院等 5 个地区的 12 所院校签订了对口支援协议。主动服务区域经济社会发展，如为中联重科、陕汽德森等渭南地方大型企业开设订单式培养方案，提供技术服务，为区域经济发展做出了应有的贡献。

（四）实施“三步走”，扩大国际影响

与国家“一带一路”倡议同步，与高铁“走出去”战略同步，按照“走出去，跟上去，派出去”的“三步走”规划，塑造学校国际品牌。

交流研修多渠道“走出去”。选派师生赴德国、澳大利亚、俄罗斯、美国等地进行学习研修。学校学生技能作品参展中国–东盟教育交流周。加入“一带一路”中国–东盟轨道交通教育培训联盟、中俄交通大学校长论坛，均成为理事单位。成功入选教育部“高端技能型、应用型人才联合培养百千万交流计划”2017 年度中方项目院校。

紧密合作多角度“跟上去”。设立国际交通学院，与俄罗斯萨马拉国立交通大学联合培养国际轨道交通人才。先后与德国、英国、澳大利亚、印尼、老挝 5 个国家的教育机构签订合作协议，与东盟 3 国的高校达成合作协议。与北京交通大学签订联合培养外国留学生协议。

精耕细作多方位“派出去”。派出四批共 30 余人次的教师专家团，赴肯尼亚进行铁路员工技术培训，培训员工达 2.5 万人日。派出 BIM 技术研究团队承担马来西亚 BIM 技术应用研究项目。组建中国铁建重工集团有限公司海外订单班，企业提前两年预订40余名盾构施工技术专业毕业生。对外输出了优质资源，提升了学校的国际影响力。

近几年，学校建成国家示范性（骨干）高等职业院校，获批国家优质高等职业院校项目建设单位、教学工作诊断与改进试点院校（全国共27所），承担教育部创新发展行动计划任务和项目80个，领导班子连续三年考核优秀，在全省高等职业院校中位居第一。学校先后荣获全国精神文明建设工作先进单位、首届全国高等职业院校就业竞争力示范校、全国高等职业院校魅力校园、全国首批示范职业技能鉴定站等13项国家级荣誉，以及陕西省五一劳动奖状、陕西省创先争优先进基层党组织、陕西省平安校园、陕西省校园文化建设成果奖一等奖（连续6次）等67项省级荣誉，共有212所国内外院校来访交流。《人民日报》《光明日报》《中国教育报》《陕西日报》及中央政府门户网站、新华网等主流媒体从不同角度对学校进行了535次宣传报道，其中头版报道208次。

学校将实施办学条件优化、治理体系创新、人才培养强化、校园文化打造、社会服务提升、国际合作深化、示范带动领航等七大工程，与党的教育方针同向，与中国高铁发展同步，与世界一流高等职业院校同行，聚焦内涵，"追赶超越"，特色办学，创新发展，全面建成"省内标杆、行业引领、国内一流、国际知名"的高水平现代高等职业学校。

三、跑入提档升级

（一）"三跑"跟进重大项目

学校联合俄罗斯萨马拉国立交通大学、中铁一局集团有限公司等60余家国内外院校和企业，成立了高铁建设国际人才教育联盟，共同研讨、制定国际铁路人才培养标准。学校主动"跑政府、跑企业、跑学校”，与菲律宾国家铁路局、中铁一局集团有限公司、西南交通大学等深度对接，开拓培训项目，制定了符合中国铁路“走出去”企业需要的属地化人才培养方案，协同开展属地化人才培养。2019 年，学校联合菲律宾国家铁路局申报的“鲁班学堂菲律宾铁路建设专业人才培养项目”获得教育部立项。学校以此为契机进一步整合国内外优质资源，积极开拓铁路涉外培训业务，打造陕铁院涉外铁路培训品牌。

（二）“三段”培养双语教师

学校制定了《双语能力教师认定管理办法》《双语课程建设管理办法》，从福利待遇、出国研修、职称评审、评优评先等方面激发教师参加英语培训，提升双语教学能力积极性。学校联合西安外国语大学、西南交通大学等国内一流高校，制定了《铁路类专任教师双语能力提升培训方案》，依次组建校内口语培训班、西外英语能力提升班、西南交通大学铁路工程英语强化班，通过“模块化学习，过关式考核”实现“三校合作，三段培养”，确保参培教师英语能力不断提升，满足双语教学和涉外培训语言水平与专业能力要求。通过 5 年的培养，学校逐渐打造了一支由 35 名教师组成，博士研究生、教授领衔，中青年骨干教师为主体的双语教学团队。

（三）“三方”合作输出标准

创新校企合作人才培养模式，以铁路行业为依托，探索搭建行企校命运共同体、以行业引领、校企双向服务合作的一种新模式。

1. 依托职教集团，深化校企合作体制机制改革

学校密切联系企业，牵头 24 家合作院校、33 家企业、3 家行业协会、2 家科研机构组建陕西铁路建筑职业教育集团，成立“五位一体”校企合作办学理事会，形成“学校对接集团公司，系（部）对接分公司，教研室对接项目部，教师对接工程技术人员”的“四级对接”校

企合作运行机制。定期邀请成员单位召开校企合作研讨会，与成员单位签订订单培养协议，向成员单位推荐毕业生。做到职能部门联合，育人功能对接。

2. 适应现代企业人才培训需求，打造现代学徒制订单培养模式

学校不断深化校企合作，精准开展就业指导，优化毕业生就业管理。紧密联系中国中铁、中国铁建、国铁集团积极开展校企合作，双方就协同育人、订单培养、职业规划、招生咨询等方面进行对接。先后与中铁北京工程局集团有限公司成功签订校企战略合作协议 6 份，与中铁一局集团有限公司等 16 家企业联合开设现代学徒制培养班 36 个，培养学生 2000 余名。另与中国铁路西安局集团有限公司等 25 家企业组建订单培养班 65 个，培养学生 3000 余名。促成中铁一局四公司、中铁一局五公司、中建八局轨道交通建设有限公司等企业来校组建邹超班、刘勋班等 20 余个订单班，学生还未毕业便已就业。学校和企业在合作办学、育人和就业方面取得了实效。

在全国铁道职业教育教学指导委员会的指导下，学校与中国路桥工程有限公司合作，共同制定铁路工务等专业属地化人才培养方案，赴肯尼亚等“一带一路”倡议沿线国家开展铁路技术培训，助力中国铁路“走出去”。自 2016 年以来，学校先后派遣安宁、周永胜等教师赴肯尼亚 49 人次，面向蒙内铁路培训铁路工务、通信等 8 个专业的技术技能人才 700 余名，并作为案例入选“锻造大国工匠　奠基中国制造——新中国 70 年职业教育改革发展历程”。学校涉外铁路培训品牌逐渐被擦亮。

学校国际影响力稳步提升。从 2016 年开启涉外铁路培训至今，学校累计为肯尼亚、菲律宾、马来西亚等国家培训了 700 余名铁路技术技能人才，受到了广泛赞誉。《中国教育报》《中国青年报》《陕西日报》及中国高职高专教育网等 30 余家媒体报道了学校涉外铁路培训成果。涉外培训助力学校连续两年获得高等职业院校国际影响力 50

强称号。

学校的铁路院校引领示范作用凸显。学校制定了涵盖铁路工务、调车、电务、通信等 8 个工种的国际化培训标准，建成了涵盖视频、虚拟仿真等的资源丰富的双语培训资源包 8 个。系列培训标准和资源被山东职业学院、辽宁铁道职业技术学院等兄弟院校在同类培训中采用和借鉴。自 2018 年起，学校成为肯尼亚蒙内铁路技术培训牵头单位，负责统筹管理、培训方案制订、培训组织与实施，并带领西安铁路职业技术学院、辽宁轨道交通职业学院、昆明铁道职业技术学院完成相关培训工作。

学校服务中国铁路“走出去”能力逐步提升。学校成为全国鲁班工坊建设联盟发起单位，与肯尼亚铁路培训学校合作，在肯尼亚共建铁路培训中心，与菲律宾国家铁路局合作开展鲁班学堂项目，与马来西亚吉隆坡科技大学联合成立高铁培训中心。

第七章

心系母校

——支持学校发展的校友文化

校友是学校办学质量的重要体现，是学校的宝贵资源。学校历来重视校友工作，始终把校友工作作为学校工作的重要组成部分，把校友视为深化产教融合、校企合作的重要纽带，把校友发展视为人才培养质量的重要指标。学校注重校友工作的顶层设计。校友工作处专门代表学校负责校友的联络、服务和事迹挖掘，成立了校友总会及全国18个校友分会，专门负责校友的组织、统筹和信息化平台搭建。各二级学院成立的校友工作小组专门负责校友工作的对接、协调和统筹。校院两级工作机制形成了“机制发力，行为规范，环境营造，彼此相亲”的校友工作格局，有效促进了校友工作的开展，密切了学校与校友的联系。长期以来，重视校友工作已经成为学校的传统，足够的经费保障了校友工作的有序开展，完善的工作体制机制、团结的校友精神更好地促成了校友对母校的眷恋，学校也与校友结下了深厚的情谊。“学校关心校友，校友关爱母校，校友支持母校，在校生学习校友”的校友工作氛围已经初步形成。

第一节　注重顶层设计，搭建校友工作平台

培养什么人、怎样培养人、为谁培养人是教育的根本问题。陕铁院作为中国特色高水平高职学校、中国唯一一所公办铁路工程类高

等职业院校，多年来充分依托建校以来积淀的校友资源优势，立足爱国主义思想，聚焦工匠精神要素，形成了“热爱祖国、热爱铁路、热爱母校、精益求精、追求卓越”的校友特质。学校将校友所表现出的精神特质融入“三全育人”模式的改革与创新，不断完善全员、全过程、全方位育人体制机制，以强大合力引导学生形成“以德修身、练技强身、扎根西部、服务铁路”的理想信念；通过校友所展现的精神特质，教育广大青年学子树立正确的就业观、创业观、价值观，激励他们到基层去，到西部去，到边疆区，到祖国最需要的地方去磨炼意志、施展才华、建功立业，让青春在实现中华民族伟大复兴的中国梦中绽放异彩！

一、密切校友联络，创建校友工作体制机制

创建体制机制，保障通畅运行。学校建立了党政领导齐抓共管、校友工作处协调、二级学院全员参与的校院两级校友工作机制，将校友工作列入议事日程。相继出台了《关于加强校友工作的决定》《关于校领导带队定期走访企业校友的决定》《关于表彰校友卓越贡献奖、突出贡献奖和校友工作先进个人的决定》《校友总会章程》《关于地方校友分会成立与运行相关管理规定》等10余项规章制度。成立了陕铁院校友总会，校友总会成立了北京地区、天津地区、广东地区、黑龙江地区、青藏地区、华东地区等18个地区的校友分会，促进校友工作常态化和规范化开展。

搭建交流平台，培育活动载体。学校每年定期召开校友代表大会和毕业20年校友返校日活动，组织校庆日校友联谊活动和各地方校友分会年度联谊活动；召开校友论坛、优秀职教生论坛、师生座谈会、毕业生回访座谈会和班级校友联谊活动；定期印发《陕铁院校友风采录》；定期更新校友文化长廊、窦铁成事迹展览馆中的内容；等等。形

式多样的载体和活动让学校成为广大校友魂牵梦绕的精神家园，极大丰富了校友工作的内涵。

完善环境布置，营造校友文化氛围。近年来，在校园文化建设中，大力弘扬“校友文化聚人心、铁院精神铸英才”的文化理念，以培养符合时代要求的铁路行业人才为切入点，以办学近50年积淀的校友资源为载体，坚持将校友文化元素融入校园环境布置，教育教学过程结合校友成长历程，校企合作着力吸纳校友企业参与，为培养铁路行业企业急需的高素质技术技能型人才创造了良好的育人环境。形成了以学校为核心，以校友会为平台，以师生情为纽带，以校友人脉优势和优秀事迹为吸引，以“相聚陕铁院，见证新母校”活动为依托，以《陕铁院校友风采录》为载体，以提高在校生综合素质为基石的校友文化工作体制机制。

二、挖掘校友事迹，丰富育人素材

在深入挖掘校友典型事迹的基础上，学校着力搭建校友文化宣传主导平台，创新宣传教育方式，旨在以榜样的力量、先进的事迹和建功立业的奉献精神打造思政教育的新高地。

陕西铁路工程职业铁路文化研究中心成立于2019年6月，是集教学、科研于一体的工作机构。该中心隶属于学校马克思主义学院，共有成员15人。该中心依托学校办学资源，面向铁路交通行业，对接铁路行业企业文化，扎实开展铁路文化的理论与实践研究，旨在立足培育学生成长，服务铁路企业，努力成为校企文化融合发展的平台。

目前，该中心主要的研究方向有中国铁路发展史研究、铁路行业精神特质研究、铁路企业文化研究、铁路与经济社会变迁研究。积极开展课程思政，在日常的教学环节中，深度融入具有校本特色的课程思政，积极推动课程思政融入教学活动、渗透教学环节。聘请“最美奋斗者”、全国“双百人物”、优秀共产党员窦铁成等杰出校友全程参与思政课程改革创新（图 7–1–1）；在大学生就业创业指导、创新教育等课程中融入校友建功立业事迹，并全部在智慧职教平台上线。落实落细习近平新时代中国特色社会主义思想进课堂、进教材、进头脑的“三进”工作，校友资源联动课上与课下、混合线上与线下、协同思政课程与课程思政的模式贯穿人才培养全过程。

创新育人载体，丰富育人形式。紧密围绕窦铁成、全国劳动模范聂成玉、全国优秀项目经理刘勃等杰出校友，建成中国铁路发展史馆、窦铁成事迹展览馆、巴山精神文化广场、火车头文化广场、校友林等一系列文化育人载体，组建师生混编的宣讲团队，定期开展学生党支部、团支部主题教育活动；积极邀请全国青年岗位技能能手王刘勋、全国铁路工务系统（高铁线路工）职业技能竞赛冠军张戈亮、陕西省高校毕业生建功立业先进事迹报告团校友代表等每年开展不少于 100 场的“工匠精神在陕铁”“劳模进校园”及优秀职教生讲坛等文化育人活动；窦铁成等杰出校友深入班级、宿舍为学生上党课、讲党章；实施基于校园网、微信公众号和《陕铁院报》等新媒体的校友工作育人正确舆论导向机制，实现校园一景一物、一墙一壁皆能传递优秀毕业生到基层、到西部、到祖国最需要的地方建功立业的文化氛围。

学校设立铁成助学基金、8821 校友爱心助学奖学金（图 7–1–2）、朱国宝等校友爱心助学奖学金等；开展基于校友党员的“一对一”“一对多”结对在校学生的经济和心理帮扶；鼓励优质校友企业优先接收建档立卡贫困户等毕业生就业，精准培养学生的爱国感恩之情。

三、用好校友资源，开创深度产教融合的新局面

学校充分发挥铁路行业背景和校友优势，不断深化产教融合、校企合作，以产、学、研、用为纽带，组建了由政府、学校、高等职业

图 7-1-1　全国劳模、“最美奋斗者”窦铁成宣讲习近平总书记“七一”重要讲话精神

图 7-1-2　陕铁院“8821 校友爱心助学奖学金”颁奖大会

教育专家、企业和校友共同参与的“五位一体”校企合作办学理事会。校领导定期走访校友，与校友企业共建4个“双师”素质教师培养培训基地、4个产业学院、4个校内大型实训基地、151个校外生产性实习实训基地、1个技能大师工作室等育人载体，共同研究行业发展，为人才培养质量把脉。

校企合作模式着眼于学生动手能力的提升，培养学生快速融入铁路企业文化和忠诚服务企业的意识。学校与企业共建以窦铁成、王刘勋等优秀校友冠名的铁成试验班、刘勋班等特色人才培养班39个。此外还联合由校友担任主要负责人的优质央企，共建BIM现代学徒制培养班41个。校友与学校教师协同配合，“双师”带徒、过程共管，双融共育、知行并进的育人模式让“劳动光荣、技能成才”的理念深入学生内心，形成示范效应。

四、凝聚校友力量，谱写技能育人的新篇章

学校始终坚持社会主义办学方向，牢记高质量育人的初心使命。充分利用校友捐赠的火车机车、架桥机、隧道模板台车、高速铁路轨道板等实训教学设施设备（图7–1–3），与由校友担任主要负责人的优质企业高质量建成产教融合共享型和虚拟仿真型实习实训、技能竞赛、“1+X证书制度”和聚焦职业认知、传统文化、志愿服务的技能与实践四大平台。按照与行业技术要求、管理规范、设备水平同步的原则，实施项目和竞赛贯穿的技能培养模式，让在校学生通过与师兄师姐同台竞技，在校友职业理想和职业精神的感召下，带着试验检测、工程测量、识图与制图、结构检算、计算机应用五大铁路职业技能和职业理想顺利走向工作岗位。

学校利用校友、校友企业的资源优势建成陕西省高性能混凝土工程实验室、BIM应用技术和无人机测绘等多个协同创新团队。围绕铁

图 7-1-3　校友援建的高速铁路大型实训工区，承担企业技能大赛

路行业发展和产业转型升级方向，校友、教师、学生共同完成了夜郎河特大桥、郑徐铁路客运专线、北京新机场、北京冬奥场馆的综合管廊 BIM 应用技术和地铁施工盾构机用泡沫剂等 40 余项应用技术成果攻关，有效激发了学生勇于创新、敢于担当和矢志报国的信心与决心。

通过将校友资源中蕴含的立德树人元素融入“三全育人”改革试点实践，丰富的思想政治教育工作更加满足了学生成长诉求和时代发展要求，促进了立德树人根本任务贯穿人才培养始终，实现了从学生入校、专业教育、毕业教育到终身发展分阶段、分层次的育人功能互补，为人才强国战略创造优良的育人氛围，形成了推动育人成效的巨大合力，对提升办学水平和人才培养质量、促进学校高质量发展具有深远的意义。学校全部 7 万余名毕业生中，87%服务于铁路一线（其中近 60%服务于祖国西部）。他们肩负铁路强国使命，用辛勤的汗水、拼搏的精神、坚定的意志和公而忘私的爱国情怀，铸就了新时代一条条“国之重器”，唱响了一曲曲陕铁院学子奉献祖国铁路事业的时代赞歌。

第二节　情系铁路建设，彰显校友引领作用

陕铁院有近 50 年的建校史，共为祖国培养了 7 万余名铁路建设与运营管理的技术技能人才。他们如同天空中耀眼的群星，遍布在祖国大江南北；他们又如同点点烛光，渺小却伟大，朴素却卓越。他们用青春芳华助力中国铁路事业的卓越发展，他们用汗水浇筑铁路强国的伟大梦想。他们中不乏全国“双百人物”、中华人民共和国成立 70 周年“最美奋斗者”窦铁成，驻守玉树灾后重建一线的全国劳模聂成玉，全国优秀施工企业家、优秀央企领头人刘勃，中华铁路总工会火车头奖章获得者刘晓锋……他们中先后有 8 人入选陕西省高

校毕业生建功立业先进事迹报告团。他们用意志和品质诠释着“吃苦奉献，拼搏争先”的陕铁院精神，用实际行动践行着“交通强国、铁路先行”的初心使命，用绚丽青春书写无愧于时代、无愧于历史的华彩篇章。

一、全国“双百人物”、中华人民共和国成立 70 周年“最美奋斗者”——窦铁成

窦铁成，中国共产党党员，陕铁院电力培训班学员。他以顽强的毅力坚持岗位成才之路，从一名普通工人成长为一名学习型、知识型、技能型、创新型电力技术专家，用踏实的工作和过硬的本领展示了当代电力工人的新风采。他累计写下 90 余本 200 余万字的学习笔记，主持并完成 10 万余字的《牵引变电所施工工艺》和中铁一局电力试验所 4 万余字的《电气试验作业指导书》的编写工作，解决现场施工技术难题 69 项，解决送电运行故障 400 余次，获得国家专利 2 项，为企业创造和节约费用 1800 余万元。

（一）挑战自我

窦铁成于 1979 年通过招工考试，被中铁一局电务处录取。1980 年，他以优异成绩取得了参加中铁一局电力培训班学习的机会。每天，他总是第一个走进教室，最后一个离开。周末，别的同学都回家或结伴出游了，他却一头扎进教室，沉浸在知识的海洋里。凭借这股子钻劲儿，7 个月培训结业的时候，他拿到了培训班考试的最高分。

（二）成长蜕变

窦铁成先后参建了京山铁路、京秦铁路、西安地铁等上百个工程

项目。历任中铁一局电务处四队电力工，电气设备安装、试验班班长，电力工高级技师，电力试验所质量负责人，窦铁成技能大师工作室负责人、工匠技师，陕西省总工会副主席。

1983 年，窦铁成满怀信心来到京山压煤改线工程和京秦铁路之间的沱子头变电所，这是他第一次接触变配电施工。望着一寸半厚的各种图纸和两层高的变电所大楼，他不由得感到自己的那点知识根本无法应对。但是倔强的他告诉自己："再难的知识，只要一点点啃，一点点琢磨、分析，总能悟出个道道来。"于是，他白天干活，晚上把自己关在备用调压器房里，对照专业书籍，一张张图纸、一条条线路、一个个节点地分析解读，思考设备如何安装、电缆怎么走。施工期间，他把加起来一寸半厚的 7 套各类不同的技术图纸齐齐地画了一遍。最后，工程不仅顺利完工，还获得了国家优质工程银质奖。

1999 年，变配电设备的测试开始采用电脑分析。已经 40 多岁的窦铁成立刻买来计算机教材，从最基本的原理学起，慢慢地学会了表格制作、工程制图等，成为中铁一局 3 万名员工中掌握计算机设计、用计算机绘制电力图纸的第一人。

在西康铁路秦岭变电所，他利用现场废料，研制了一套煨弯器，提高工效近 5 倍。在浙赣铁路板杉铺牵引变电所，面对国内没有铜板双导线间隔棒这一定型产品的严峻形势，他提出"简化结构，保证功能"的加工方案，并利用自有设备加工出替代产品，保证了送电目标。在北京地铁昌平线施工过程中，他发现地线支架的绝缘装置不合理，于是积极优化设计。他设计出的新产品不但杜绝了加工过程中有害气体对人体的损害，还能提高工效 4 倍。这项技术获得了国家知识产权局专利证书。在西成高铁施工抢工大干期间，他发现设备 A 相的直流电阻差值过大的异常情况，经过反复试验，最终修复设备，避免了变压器烧毁的重大事故。

（三）技能传承

参加工作40多年来，窦铁成主动承担本应由总工程师负责的工作，敢于纠正“洋专家”的错误结论，是工友心中的主心骨、定心丸。2011年，学校成立窦铁成技能大师工作室。作为全国首批挂牌成立的工作室，窦铁成主动担当，发挥劳模的影响力和引领作用。他带领技术攻关小组获得国家高新技术企业认证2项、各类专利42项、工法39项、科研项目奖励48项、BIM大赛奖励11项、软件著作权10项。

为了能将优秀的施工工艺留下来、传下去，窦铁成于工作期间授课和举办专场讲座300余场次，签订师徒协议400余份。学校的孔育琴、郑宾等多名教师有幸成为他的徒弟。他同意在学校成立铁成特色实验班，尽自己最大的力量把所学传授给新时代广大青年学子。

窦铁成在工作上光环无数，曾荣获新中国成立以来最具影响力的劳动模范、新中国成立以来“感动中国”人物和新中国“最美奋斗者”称号，是全国五一劳动奖章、全国知识型职工标兵称号、中华全国铁路总工会火车头奖章获得者，被评为陕西省高技能人才、知识型职工标兵、优秀共产党员、中铁一局建局70年“最美奋斗者”等。可如今的窦铁成，依然保持着劳动者的本色。正如他自己所说：“荣誉只能代表过去。掌声落下，礼服应叠起，勋章该珍藏，鲜花要放下。我就是个工人，只有在火热的工地上，我才能成为人民美好生活的创造者，我的人生才有价值。”

二、全国五一劳动奖章获得者——聂成玉

2010年4月14日，突如其来的青海玉树大地震成为人们心中永远的伤痛。顷刻之间，山崩地裂，桥塌路断，房倒屋塌，昔日美丽的玉树巴塘草原顿时满目疮痍，无数鲜活的生命不幸罹难，直接经济损失达610亿元。受灾最严重的结古镇，平房全部倒塌，楼房倒塌过半，

基础设施大面积损毁，生态环境受到严重破坏。

（一）承担央企职责，彰显铁军精神

此时此刻，陕铁院工业与民用建筑专业毕业生聂成玉挺身而出，他把自己和玉树的命运紧紧地连在了一起。“这是一场没有硝烟的战争，只许胜利不许失败！我们一定要发扬铁军精神，率先完成建设任务，展现我们中铁建工集团企业形象。”这是聂成玉在就任中国中铁玉树灾后重建现场指挥部常务副指挥长前说过的朴实话语。

（二）连续昼夜奋战，疏通救灾通道

玉树地震发生后，为了保证救灾物资运输，决定对西宁北站、平安驿站等车站进行整改扩建。平安驿站改造工程涉及站台墙、水沟砌筑、钢结构雨棚加工定做、安装，包括浆砌片石站台墙 500 余米、土方回填 10000 余立方米、桩基 500 多米、钢结构 100 多吨、混凝土地面 10000 余平方米。工程质量要求高，工期异常紧迫，从设计到施工要在 30 天内完成。

“苦干、实干、拼命干，坚决打赢平安驿站改工程攻坚战！”接到任务后，聂成玉带领他的团队以创纪录的速度解决了电力、通信迁改问题；解决了钢结构图纸问题，确定了优化方案时间和加工定做时间；确定了土方、钢结构、地坪施工队伍；确定了总工期目标和日工期推进计划；完成了对进场劳务工人的三级教育，并按标准化要求对现场进行了布置。

在聂成玉的组织下，全体参建员工展开了 24 小时不间断施工，夜以继日全天候作业。最终，提前 10 天“啃”下了这块“硬骨头”。

（三）多年执着坚守，玉树涅槃重生

玉树州平均海拔 4200 米，高寒缺氧，气候多变，生态环境脆弱，普通人很难适应。长期在高原腹地工作使得聂成玉的体重下降了 30 多斤，缺氧的环境使得他的血压高到 180，但他从没有想过退缩。他积极克服高原缺氧引起的高血压、头痛失眠等身体不适，昼夜穿梭在工地。他母亲病重时，工程正急，他在现场离不开。未能见上老母亲最后一面，他只好泪洒高原，在繁忙的工地遥祭母亲。正是他和他的团队多年的坚守使得青海玉树发生了翻天覆地的变化，他也见证了玉树的涅槃重生。

（四）参与灾后援建，精品人品同在

中国中铁作为四大援建央企之一，承担了玉树结古镇城南片区和下拉秀镇农牧民住房等援建任务，工程共计 65 项，总施工面积达 65 万平方米。中铁建工集团作为中国中铁两家主要参建单位之一，承担了近 6 成的工程任务量。

2010 年 8 月 15 日，玉树县（今玉树市）第二幼儿园、玉树县第二完全小学、玉树胜利路商住组团三个项目同时开工建设。9 月 25 日，玉树县第一民族中学主体结构以“四天一层楼”的施工速度封顶。10 月 28 日，玉树县下拉秀镇第一栋农牧民住房仅用 8 天时间就实现主体封顶。11 月 3 日，玉树县第二幼儿园主体结构封顶。11 月 27 日，胜利路商住组团三区 5 号、6 号住宅楼基础施工完毕。其中胜利路商住组团三个项目的设计方案还得到了青海省委、省政府的高度肯定，被确定为玉树灾后重建城镇住房建设的样板，被誉为“放在任何一个地方都是精品”的设计。

玉树为多民族、多宗教的藏族聚居区，有独特的地域环境和风俗习惯。聂成玉提出了“菜单式”的城镇居民住房建设设计施工方案，严格执行“老百姓的要求就是我们建设结果”的工作思路。这项创新性的举措得到了地方政府和藏族同胞的高度认可。

“条件艰苦我们不怕吃苦，高原缺氧我们不缺精神。高原再创奇迹，玉树再立新功。”这是在中铁建工集团玉树灾后重建现场指挥部的一幅红色标语。坚守玉树期间，聂成玉先后荣获全国五一劳动奖章、青海省优秀共产党员、青海好人、玉树好人等诸多荣誉。他说他更看重“青海好人”的荣誉，因为这是上万名藏族同胞票选出来的。他要将它视为传家宝，以后等孩子长大了，给他讲一讲关于援建的故事。如今，聂成玉已经转战中铁股份有限公司新白广城际铁路的建设工程，担任指挥部副指挥长，在新的工作岗位上继续践行他精品人品同在的人生格言。

三、全国优秀施工企业家、优秀央企领头人——刘勃

中铁四局集团有限公司，是世界500强企业中国中铁股份有限公司的标杆企业和“双千亿”企业，拥有铁路工程、建筑工程、市政公用、公路工程四项特级资质，连续多年位居中国中铁二级企业业绩榜榜首。如何促进这样的优质央企高质量发展，是陕铁院优秀校友刘勃直接面对的课题。

刘勃，中国共产党党员，中铁四局集团有限公司党委书记、董事长，陕铁院桥梁与隧道专业优秀毕业生。曾荣获全国优秀项目经理、优秀施工企业家、中央企业优秀共产党员、江西省优秀企业家等荣誉。

工作之初，刘勃先后担任中铁四局二公司六段技术员、施工室主任、副段长、代段长、段长、渝怀铁路项目经理等职务。这段经历在他的成长历程中举足轻重。这时候的他凭着对工程施工的高度兴趣和热爱，每天对着施工图、测量仪器和工程施工标准认真学习，起早贪黑，不耻下问。制图、测量、试验、核对数据、查摆问题、制定策略等工程施工的流程他逐渐熟练掌握，这为他今后的发展奠定了坚实的基础。

担任中铁四局集团四公司副总经理期间，刘勃主持公司施工生产

工作。他积极分析国内建筑市场的变化，抢抓国内建筑市场发展机遇，掀起大干高潮。他狠抓工程施工进度、质量、成本控制，推行项目精细化、标准化管理，严格落实技术措施、安全措施和管理措施，确保项目内在质量和外观质量相统一，企业产值效益规模迅速提升，为四公司成长为中国中铁三级公司 20 强企业创造了先机。

担任中铁四局集团五公司总经理期间，刘勃全面主持公司工作。他从彻底转变企业管理观念入手，把市场意识贯穿始终，认真分析工程项目自身的市场特性，深入挖掘以管理增效益的因素，切实从管理细节和管理的精细化、格式化入手，增强项目管理预见性，加强过程标准化控制，严格控制项目资金、物资、技术和外协队伍发包合同管理，共同把好工程项目责任成本控制关。同时他还十分注重企业管理队伍建设和后备人才培养，始终遵循“干部是工人培养出来的”思想，定期开展班子成员和管理干部民意测评，指出不足，发扬优点，坚定用制度和管理者自身的人格魅力来影响和带领队伍的信心；在企业中形成了“政治素质好、想干事、能干事、干成事”的人才培养选拔机制，形成了奖惩兑现、奖罚分明的风气，以干项目为平台，大胆给年轻的工程技术人员压担子，使一批优秀技术技能人才快速成熟起来，成为项目获得良好效益不可或缺的最重要因素。在大家的共同努力下，全新的管理理念带动五公司员工精神面貌、工作效率、盈利状况得到质的飞跃。

担任中铁四局集团副总经理、总经理期间，刘勃聚焦加快建成新时代一流现代化企业集团的目标，以党的建设和全面提升发展质量为抓手，坚持改革强局、创新强局、科技强局、质量强局、开放强局、人才强局、文化强局、务实强局的工作思路，逐步健全了标准化、集约化、精细化的现代企业管理模式和区域经营生产一体化的营销管控体系。在做强做稳国内铁路、公路、市政、房建、综合管廊基础之上，中铁四局集团境外业务稳健发展，年新签合同额、年营业额、年利润总额均有明显增长，并在2019年成为行业瞩目的“双千亿”企业，其旗下的一公司、二公司、四公司、五公司等三级公司也多年稳居中国中铁三级工程公司20强。

如今，在中铁四局集团党委书记、董事长的岗位上，刘勃更加锐意改革、大胆创新、攻坚克难、砥砺奋进，不断优化产业结构，推进治理体系和治理能力现代化，书写做精国内、做优投资、做大海外的央企高质量发展新篇章。

四、全国青年岗位能手获得者——王刘勋

王刘勋，中国共产党党员，陕铁院公路与桥梁专业毕业生，现任中铁一局集团第四工程有限公司党委书记。工作期间先后参加了都汶高速公路、映汶高速公路、桃巴高速公路、雀儿山隧道、甘孜州农村通乡公路的施工建设。其所带领的管理团队先后获得国家发明专利1项、国家实用新型专利11项，由其担任项目经理的雀儿山隧道项目连续三年被业主授予优秀项目经理部、信用评价AA级，曾荣获全国青年安全生产示范岗、中国中铁安全标准工地、中国中铁工程项目文化建设示范点及陕西省劳动竞赛优秀班组等殊荣。他本人获得全国青年岗位能手、中国中铁十大杰出青年、中国中铁劳动模范等14项荣誉，并入选2017年陕西省高校毕业生建功立业先进事迹报告团。

（一）执着坚守信念，脚踏实地做事

王刘勋工作后参与的第一个工程项目是都汶高速公路项目。初到项目，他的主要工作就是技术测量。他每天背着十几公斤重的测量仪器跟着师傅从一个山头到另一个山头，肩头磨破了皮，脚底的水泡一茬接一茬，早上蹚着露水出发，白天顶着大太阳在玉米地里来回穿梭，晚上伴着星辰回到办公室整理资料。繁重的体力劳动使习惯了城市生

活的他苦不堪言，心里也时不时地打起了退堂鼓。每当这个时候他就会想人生在世，绝不能只是单纯地活着，而要做一个对社会有价值的人。要想证明自己的价值，就必须坚定信念，脚踏实地做好该做好的事。宁要眉毛上奋斗的汗水，也不要眉毛下遗憾的泪水。执着努力，坚定不移，向着既定的目标前进，才会让人生更有价值。

所以，他暗暗下定了决心，既然已经选择了工程施工这个行当，就要坚持下去，要做就做最好的自己。放下思想包袱后，他全身心地投入到工作中。每天起床后他都要思考：今天需要干什么？今天的工作重点是什么？今天要掌握什么？每天都是带着思考去工作，为自己设置详细的目标，促进自己不断进步。

在以后的日子里，无论在哪个项目，在何种施工条件下，他都以执着和坚持，不断为自己设置新的起点。用了 9 年的时间，他使自己从一个普通技术人员逐渐成长为合格的项目管理者。

（二）直面挑战，勇于担责

雀儿山，是连山鹰都飞不过去的川藏第一险峰，最高海拔 6800 多米。“爬上雀儿山，鞭子打着天。一日有四季，百步不同天。”这是自古以来人们对雀儿山的认识。而雀儿山隧道，坐落在海拔 4300 多米处，全长 7079 米，是川藏公路国道 317 线改建工程的重点控制性工程。他们承建的是隧道出口主洞 3530 米、平导 3576 米及路基 1200 米的施工任务。

2012 年 6 月，王刘勋主动请缨担任雀儿山隧道项目经理。作为一个 30 出头的年轻干部，他将要独自负责具有高海拔、高寒、高风险“三高”之称的雀儿山隧道项目的全面工作。他心里既高兴又忐忑，高兴的是有了新任务可以让他大显身手，忐忑的是听说雀儿山海拔很高，高寒缺氧，内地人去了很难适应。

带着这种纠结的心情，2012 年 7 月，他带领十几个同事作为先期建点人员，翻越海拔 5050 米的雀儿山垭口，来到了被誉为“世界屋脊”的青藏高原，在荒无人烟的雀儿山半山腰安营扎寨。说是半山腰，但海拔也到了 4270 米，已经有头疼胸闷、心慌气短的感觉。从翻过雀儿山垭口，高原反应就无时无刻不在折磨他们。7 月，内地正是最为炎热的时候，但在高高的雀儿山上，还依然覆盖着终年不化的白雪。刚到工地第一天，他和同事们就接受了雀儿山最残酷、最特殊的洗礼。这天夜里，大家在临时搭起的帐篷里好不容易才睡着，一阵狂风暴雨夹着豆粒大的冰雹，噼里啪啦地倾泻下来，头顶上的帐篷就像降落伞一样，连翻几个跟头掉到山沟底下去了。当他们筋疲力尽、气喘吁吁地把帐篷拖上来时，他们身上的衣服和床上的棉被已经被雨水浇得湿透。面对满目狼藉，大家都说不出来一句话，只是不停地擦着脸上的雨水。雀儿山的夜晚，寒冷异常，冻得人直打哆嗦，大家只好挤在一起抱团取暖，天当被子地当床，就这样静静地坐到了天亮……

后来，他才知道，雀儿山一年四季夜晚的气温都没有上过零度。

在建点的那段日子里，山上没有电，发电机还常常罢工，又接连下了好几场大雪，一觉醒来被窝里如同冰窟窿。清理场地时，看似平整的地面表层是泥水，下面是冻土，有的地方还是沼泽。忙活一天好不容易清理干净了，第二天一看又是一片泥水，一不留神遇到沼泽，连挖掘机也会陷进去。没办法，只能填石渣垫地基，前后垫了几万立方米。在这种恶劣的环境下，他暗暗下定决心：在雪域高原上一定要为大家创造一个温馨、舒适的幸福家园，凝聚力量，为打通川西地区的政治和经济通道贡献力量。

到了晚上，在巡视完整个营地，安顿同事们休息以后，他就抱着氧气袋在帐篷内昏暗的灯光下一笔一画地在纸上规划着项目部的建设蓝图，昏暗的灯光一直持续到深夜。他历经数十个夜晚，终于对项目的驻地做出了详细的规划。

他带领项目职工一道硬化、绿化了场地，建成了浴室、图书阅览室、卡拉 OK 娱乐室、台球室、篮球场等文娱场所。面对严寒，给每个宿舍购置了取暖电器。那个冬季，亘古荒芜的高原上，投资 2300 余万元，以高标准建设的 3000 平方米的项目驻地成型了，三层台阶式的坡地、房顶红蓝相间的项目驻地宛如一座城堡巍然矗立其间。

（三）以身作则，冲锋在前

常言道，磨破嘴皮，不如做出样子。在工作中，王刘勋从来都是以身作则，发挥自己的示范带头作用，用行动鼓舞大家树立“钢钎打不进，人也要扎根”和“上得来、站得稳、打得赢”的坚强信念。刚建点时，白天，他在工地上和干部职工一起抬石头、挖树坑、抬水泥，填充基础，搭建房屋，搬运物资，渴了就喝一口冰雪水，饿了就吃一包方便面；晚上，他就到宿舍里，与干部职工和作业队负责人谈心交流，用行动和真情为大家树立榜样、增添信心。面对险情或急难险重任务，他总是冲在最前面，毫不退缩。

在隧道主洞和平导刚掘进时，均面临 130 多米山体滑坡堆积垄，围岩极为破碎，涌水严重，每天只能进 0.5 米。他带领技术人员白天晚上现场值班，打锚杆、引流、初支、喷浆到仰拱、二衬，每个工序都严防死守，确保安全和质量。经过半年努力，终于胜利通过。2014 年 12 月 6 日，正在施工的隧道平导掌子面突然发生了涌水、坍塌险情，钢拱架发生变形，左侧岩体还被涌水冲垮、掏空。发生险情的两天两夜里，他一直坚守在现场，两眼一下都没有合，随时与技术人员研究方案，指挥抢险行动。当险情消除时，他疲惫得一下子瘫软在地上……

（四）注重路地协调，力担社会责任

藏区施工无小事。王刘勋特别注重对内外协调人员进行法制和藏俗教育，加强与业主、监理以及地方政府和群众的沟通交流。在地方群众因琐碎小事到工地闹事、地方运输协会强行运送及阻工事件中，

他始终站在讲政治、讲大局的角度，有礼有节，据理力争，通过政府和法制流程进行解决，防止了事件升级。在大雪封山期间，他们及时组织人员参与清雪除冰抢险，为保障317国道交通安全积极作为。为融洽路地关系，他们还无偿帮助藏民修路盖房、捐资助学等。所有这一切，均得到业主、当地政府和老百姓的高度肯定，为工程推进创造了良好环境。

（五）项目管理见成效，苦心经营硕果丰

干这种“三高”工程，国内外没有任何施工先例可供参考。这对王刘勋和他的团队推进工程是极大的难题。为攻克难关，他积极组织相关人员，理清工程难点，针对涌水、冻土、岩爆、机械改良、季节性冻土、冰水堆积垄、通风供氧等施工技术难题，多方搜集资料学习研究，主动邀请专家，开展科技攻关，在隧道口建起了制氧室、吸氧室，配置了高压氧舱等设施，解决了高原施工供氧难题。先后编制专项安全规范、方案8项，开展施工技术、安全质量培训104次，培训职工、农民工2500余人次。通过科技攻关，形成QC成果7项，发表科技论文5篇，获得国家发明专利1项、国家实用新型专利11项，上报集团公司工法7项，合理化建议66条，发表学术论文5篇。项目取得了经济、人才、社会效益的全面丰收，为高原高寒地区隧道施工提供了强大的科技力量支撑。

2015年12月10日，雀儿山隧道主洞、平导均提前8个月掘进至标段分界里程，路基施工全部完成。但是为了早日贯通隧道，他们坚守高原，继续进行跨标掘进施工。面对队伍调整、机械设备升级改造、400多米断层及通风供氧方案需要进一步完善等诸多困难，他和项目部同事一如既往不屈不挠，凭实干赢得人心，以坚强应对挑战。他们经受住了严峻的考验，攻克了全隧道最大断层和涌水，继续创造着奇迹。截至2016年12月10日，隧道主洞顺利贯通，跨标施工900.5米，独头掘进 4434.5 米，占隧道总长 62.64%。2016 年 12 月 15 日，隧道平导顺利贯通，跨标施工 843 米，独头掘进 4419 米，占隧道总长 62.17%。路基及其附属已完工，剩余路面及其隧道附属工程于 2017 年 9 月全部完成。

一直以来，在他内心深处，坚强始终是他应对所有困难的最有力的武器。掐指算来，截至 2017 年 9 月，他已经在雀儿山项目上带领全体干部职工奋战了 1800 多个日日夜夜。这 4 万多个小时中，充满了风雪洗礼和高反考验，充满了与世隔绝的孤寂和物资匮乏的煎熬，也充满了攻坚克难的挑战和锤炼队伍的责任。此时此刻，他很骄傲，他带领着项目部全体干部职工在困难中挺了过来，一批青年职工的才干在工作中得到锻炼，他们每个人都在工程推进过程中得到了成长。他们以激情、勇气和担当谱写了一曲高原壮歌，提炼出了“坚守高原、挑战极限，穿越巅峰、拼搏争先”的雀儿山精神，他们没有辜负企业领导、川藏政府和人民的期望。中央电视台《中国人的活法》栏目组历时两年为该项目制作的专题纪录片《穿山》一经播出，产生了巨大的社会影响力。

五、中央企业青年创新奖、知识型先进职工标兵获得者——熊选爱

2020 年，国内试车场领域首个省级研究中心落户中铁四局，这与中铁四局集团第一工程有限公司副总经理熊选爱 30 余年用心铺筑中国汽车工业腾飞的跑道，攀登特殊道路施工领域科技高峰的付出是不可分割的。他负责或参与建设的汽车试验场工程连续获得 3 项中国建筑工程鲁班奖、3 项中国土木工程詹天佑奖、1 项国家优质工程银质奖，2 项工程被评为全国用户满意建筑工程。他本人也先后获得铁路青年

七五立功奖章、中华全国铁路总工会火车头奖章、安徽省青年突击手标兵、中央企业青年创新奖、中央企业优秀共产党员、知识型先进职工标兵等荣誉，被誉为汽车试验场的施工专家。

（一）志存高远，苦练技能

熊选爱，中国共产党党员，陕铁院桥梁与隧道专业毕业生，在校学习期间功课总分始终保持全年级第一。上学期间担任班长，积极加入党组织，被评为“新长征突击手”、全国铁路三好学生。毕业时学校有意让他留校工作，但他坚决要求到建筑工地工作。在给组织的请求信中，他写道：“有人说建筑是凝固的音乐，我渴望在建设工地为祖国谱写最华美的乐章。”就这样，他来到了中铁四局集团第一工程有限公司，自此与汽车试验场建设结下了不解之缘。

20 世纪 80 年代中期，我国一直还没有主要用于测试新型汽车综合性能的现代化汽车试验场，汽车试验全靠野外长途拉练，耗时、费力、代价高，缺乏科学性，这严重制约了我国交通事业建设和汽车工业发展。1987 年，安徽定远计划修建国内第一个现代化汽车试验场。当时仅工作一年就担任工程队技术主管的熊选爱，顶着冬日大雪开始了前期筹备工作。定远汽车试验场高速环道平面形状呈椭圆形，总长 4 千米，两端呈盆腔状，圆曲线半径 165 米，横向变曲面由 0 度到 42.3 度，上下高差 7.32 米，共由 82 个不同曲面组成，仅 4 条对称的缓和曲线上的高、中、低三个车道的测量点就有 3 万多个，每个中心点在三维空间的精度误差不大于一支铅笔的厚度。当时，亚洲只有日本建成了汽车试验场高速环道，且技术绝对封锁，没有现成的经验可以借鉴。作为工程队技术主管的熊选爱只有摸着石头过河。他细心编制施工组织设计、内业计算、技术交底、放样实测、立模检测、试验检测、跟踪复测。为了找准测量点，他领着测量人员用精、细、严、密的工作态度，日夜不停地测量、观察、计算，实施 24 小时全天候观测。经过反复计算、研究和勘察，他决定更换先进的光电测量仪，改距离人测为方向距离同步光测，在测量方法上总结出一套“三线交会，双向校核、三维同步”的定位法，终于从根本上解决了误差难题。这一核心技术之后在多个汽车试验场建设中被广泛应用。此后，他又创新了膨胀土路基处理、曲面碎石层坡面稳定技术、陡坡曲面混凝土的活动盖模成型等 8 项新技术、新工艺。1989 年 12 月，该汽车试验场顺利竣工，并拿到了中国建筑工程鲁班奖。

1991 年，熊选爱担任分管技术的副经理，承建当时国内规模最大、设计标准最高的集汽车、道路、交通工程于一体的北京通县综合试验场工程。他带领技术人员大胆创新施工工艺，先后突破了高速环道高坡大陡度曲面钢筋混凝土、盆腔式曲面石灰土等十几项施工技术难关。该工程也荣获国家优质工程银质奖和中国土木工程詹天佑奖。

（二）实现 F1 国际赛车场施工新突破

众所周知，F1 比赛是世界上最为昂贵的运动之一，其赛道工程设计标准之高世界瞩目。2002 年，熊选爱担任上海 F1 国际赛车场工程的总工程师。他带领技术人员先后攻克了技术检测、软基处理、填料改良、轻质材料应用、二灰配比试验等国际性技术难题，创新了一系列新的施工工艺和技术，在国际赛车领域树立起央企形象。德国专家在完工验收时对新闻媒体说：“熊和他的同事，能干好世界上任何复杂的道路工程！”

此后，熊选爱先后负责承建了一汽农安汽车试验场、比亚迪汽车试验场、襄阳国家汽车质量监督检验中心的高速环道、长城汽车试验场等 6 座中小型汽车试验场。他根据各个项目特点，迎难而上，带领技术人员先后攻克了高速环道“白改黑”、特殊道路“白改黑”等多项技术难题，进一步完善了汽车试验场相关建设标准，为铺筑中国汽车工业腾飞的跑道奉献着自己的智慧和青春。

六、开发建设新疆奖章、陕西劳动模范获得者——贺琪

贺琪，中国共产党党员，陕铁院道路与桥梁工程技术专业毕业生，现任中铁一局集团有限公司第三工程分公司项目经理。工作 10 余年间，他自始至终传承着“吃苦奉献，拼搏争先”的陕铁院精神，并以此为动力，不断探索，刻苦钻研，创新实践，再建新功。曾荣获开发建设新疆奖章，陕西省劳动模范、劳动竞赛标兵，中国中铁优秀青年项目总工，中铁一局科技标兵，三公司优秀管理者、先进生产工作者等荣誉，并入选 2018 年陕西省高校毕业生建功立业先进事迹报告团。他坚持在施工一线平凡的岗位上历练、成长，无悔于自己的选择和坚持。

（一）信任

从陕铁院毕业后，贺琪来到国家重点工程襄渝铁路二线工程项目施工一线。初出茅庐的他踌躇满志，认为自己终于能大显身手了。但看到襄渝铁路繁忙的施工现场、艰苦的生活条件，他内心产生抗拒。在和工友们日复一日挥汗如雨的工作中，他慢慢体会到工作乐趣和自我价值，渐渐地沉下心来，慢慢地融入了这份工作。他曾经认真反思是什么让他融入，是企业和同事们的信任给了他要努力干好工作的动力。

白天上工地、晚上做资料是常有的事情。由于生活条件限制，加上人少、工期紧，很多时候项目部一天只送一顿饭，他就吃住在工地上，几天不回项目部。他把一件迷彩服穿过春夏秋冬；他总是在深夜很累的时候接到工地通知去做路基 K30 检测；20 多米的人工挖孔桩验收时，他总是要顺着钢筋笼爬到孔底检查沉渣；他连续打灰 20 多个小时，累了就在工地沙石料堆上睡一觉；狮子湾大桥打垫石时，他在山坡上陪着水准仪一站就是一天一夜；他与施工方为自拌混凝土称重和

抛填片石质量控制而斗智斗勇。

管段内的几座大桥、几孔涵洞、几座挡墙、几段路基……对很多事情他仍然记忆犹新，记忆中的苦和累换来的是个人成长中的巨大收获。三年中，他把吃苦当作历练成长的催化剂，越苦越累，收获也就越多。也正是经过这段时间的艰苦磨炼，他很快成长为一名年轻的技术骨干。

（二）机会

2008 年，因公司要筹备地铁施工建设，他与 10 名技术骨干来到深圳地铁施工现场，实地学习地铁工程施工技术和管理经验。

正是因为有了在襄渝二线的吃苦历练和知识积累，他进入深圳地铁 3151 项目后，很快就被任命为益田站的管段工程师，负责益田站项目的施工管理。

三年中，在责任心和求知欲的驱动下，他虚心求教，专心实践，认真总结。在这期间，他拜会了自 20 世纪 60 年代就在这里钻研施工技术的技术能手张保民师傅和一群朝气蓬勃、奋发向上的工友。在这样的学习成长环境里，他的工作热情就像深圳的天气一样，越热越有干劲。其间，他作为现场技术主管，对任何工作都一丝不苟；每项一线的技术管理工作，他都要亲自干、亲手干，编方案，写脚本，必须亲自一个字一个字地往纸上打，复核文件必须通读、细审。益田站 183 幅地下连续墙每幅钢筋笼的尺寸他都亲自尺量拍照，每次验槽他要亲手测量成槽质量和泥浆参数，在盖挖逆作法中立柱定位作业中他自己下到 20 多米的孔内进行定位锥安装，他上工地检查巡视必须要去离掌子面最近的地方，真正做到心中有数。

为了集体利益，他更是勇担当、不退缩。2009 年 7 月 19 日凌晨，项目部受强台风“莫拉菲”袭击，中心风力达 13 级。一瞬间狂风怒吼，沙石漫天，不一会儿就暴雨倾盆，一片狼藉。他和同事第一时间只记得保住项目重要施工材料。同年 9 月 11 日凌晨，益田站基坑 21 轴坑内 16 米位置突发涌水涌沙，溃塌在顷刻之间。作为管段工程师，他不顾一切往作业面冲，带着工班实施抢险作业。这一次次抢险施救、重建反思的过程，不知不觉中使他积累了宝贵的经验。

他在深圳地铁学习的三年是紧张的，是忙碌的，也是幸运的。他深刻认识到要经历风雨才能有彩虹，才能有收获。

（三）担当

2011 年，由于表现优异，他被调到南宁地铁 1 号线鲁班路站项目部担任总工程师。职务即是担当，他感到了前所未有的压力。

带着众人的期待和疑虑，他走上工作岗位。面对新的职务，他责无旁贷地挑起担子。他之前在深圳地铁学艺所得的经验，使得他在南宁地铁项目中如鱼得水。在深圳的实践经历，让他对地铁施工这个庞大的工程体系，从复杂地质条件、施工组织筹划到工序工艺标准都熟记于心，特别是对南方地区深基坑施工、地下水治理、软土地基处理等一些重大技术问题积累了宝贵的施工经验。

鲁班路站作为南宁地铁工程的首批开工站点，项目建设初期就以创建标准化文明工地、树立南宁地铁标杆项目为目标。作为项目标准化工作的主要实施者，他深知责任重大，于是在工作之余，他带领着对地铁建设陌生而又渴望进步的年轻技术团队，加强对地铁施工知识的学习。2011 年 7 月他编制了《南宁轨道交通工程标准化工地建设标准》，两个月后汇编了《南宁轨道交通工程开工前准备工作清单及办理流程》。这两份编制成册的文件得到南宁轨道公司的好评。

为提升项目技术管理能力，为给项目后期的技术管理工作打下坚实的基础，根据规范和经验，结合南宁地铁的工程实际情况，他编写了《南宁地铁工程工序工艺标准化操作要点》。该文件通过了业主组织的专家评审，在南宁地铁全线推广执行。

在南宁的三年里，他提出的交通疏解一体化合围思路、总结的机械顶管施工工艺标准和成功推广应用的地下连续墙在圆砾层中成槽之“钻抓结合”方法，节约了工期，降低了成本，为企业在南宁地铁提升了知名度，得到了参建各方的认可。

（四）责任

2014 年，随着中铁一局三公司乌鲁木齐地铁项目中标，他由南宁地铁项目调到乌鲁木齐地铁项目，先后担任总工程师和项目经理。

地铁项目进场后，为了抢在全线首家开工，他带领几位同志主动出击，不等不靠。一方面配合业主报送资料，完善手续，另一方面积极与产权单位沟通，争取理解。2014 年 3 月 20 日，乌鲁木齐地铁 1 号线开工仪式在公司承建的区间 2 号竖井成功举行，初战告捷。为了实现乌鲁木齐地铁工地建设标准统一，建设方组织了对围挡方案的评比工作。他编写的《施工永久围挡方案》通过层层评选，获得一致好评，得到了乌鲁木齐建委主要领导、市政府主管部门的认可，方案被定为标准，在全线 18 个标段得到推广。

开工后，项目取得了多个工点在全线最先开工的佳绩。只有他知道项目技术管理的任务之艰巨，他有责任为项目提升技术管理水平而努力。在全线首家开工的区间隧道暗挖施工中，他带领团队攻克了浅埋隧道密实卵石层中超前小导管打设困难、地面绿化灌溉水对浅埋隧道施工影响、超浅埋段隧道暗挖地表沉降控制以及防止卵石地层浅埋隧道拱顶塌方等技术难题。

区间隧道暗挖面对卵石层地层先打小导管，容易扰动围岩而造成隧道拱顶坍塌。为解决这一难题，他每天在隧道内工作七八个小时，观察施工中地层的变化情况。他总结的先喷砼、留套管、打导管、重注浆、控坍塌的“十五字”工法，有效防止了拱顶坍塌现象，确保了安全，又降低了成本。该工法在得到建设单位认可的同时，在全线卵石地层隧道浅埋暗挖法施工中得到广泛应用。3 年间，他创下了全线地铁建设众多的“第一”，为公司在乌鲁木齐地铁市场后期的发展打下了坚实的基础。

（五）建功新时代

回忆工作这 10 多年来，他对自己的经历也有所感悟：在襄渝线时体会了初干工作要能吃苦，以苦作乐；在深圳地铁时学会了业精于勤，实践出真知；在南宁地铁练时就了博采众长，学以致用；在乌鲁木齐地铁时懂得了超前谋划要事，得有思路。现在的他并没有任何骄傲和炫耀，而是感觉身上的担子更重了。因为他知道，只有爱岗敬业、踏实勤奋地干事，才能不忘初心，继续前进，永不退缩，为祖国交通建设事业的高质量发展贡献自己的积极力量。

七、中华铁路总工会火车头奖章获得者——刘晓锋

更换各种类型桥梁支座 570 余个，换梁、移梁 20 余孔，修建棚洞 200 余米，整治隧道病害 30 多座，整治路基病害 2300 余米……2009 年从陕铁院公路与桥梁专业毕业，参加工作 10 余年的刘晓锋，可谓战绩辉煌。

刘晓锋是中国铁路北京局集团有限公司北京工电大修段天津桥隧大修车间高铁施工队副工长，30 多岁的他，干起活儿来早已是轻车熟路。他是中华铁路总工会火车头奖章获得者，集团公司先进生产者、优秀共产党员、技术革新标兵、尼红式青年、十佳杰出青年提名者。诸多荣誉光环加身的背后，是他作为一名铁路青年立足岗位，奉献大修的执着和坚韧。

（一）初出茅庐，意气风发

从初出茅庐、意气风发的大学生，到常年穿梭在各条铁路线上，忙碌在桥梁隧道中的铁路大修人，年轻的刘晓锋心中难免失落。但一次抢险经历，使他的思想彻底发生了转变。

2011 年夏天，京承线一处桥墩由于受到洪水的冲击受损严重，危及行车安全。车间接到防洪抢险任务，立刻选拔精兵强将组成抢险队赶赴现场，刘晓锋是其中一员。在紧迫的抢险任务面前，参加抢修的施工人员昼夜奋战，通过有条不紊的应急指挥和精确高效的施工技术，顺利地对目标桥梁进行了加固，及时恢复了线路。铁路大修职工舍我其谁、无私奉献的精神，刘晓锋看在眼里，记在心头。

（二）技能岗位，磨炼意志

从那以后，刘晓锋开始把条件艰苦、环境恶劣的工作环境当成磨炼自身意志、增长才能的试金石，将枯燥乏味的工地生活变成学习业务、提高技能的“黄金场所”，立志成为一名技术过硬的大修尖兵。

清晨，当别人还在熟睡的时候他已经早早起床，拿起了施工文件细细琢磨，为一天的施工安全做准备工作。当歇工之余，小伙伴们沉迷游戏和聊天的时候，他手上总是捧着“安规”“技规”反复地学、认真地记，力争做到烂熟于心。施工组织、技术标准他早已翻了无数遍，新的工具书在他的手上没过多久就被翻得翘起了角。他经常说：“大修施工是一项综合复杂的施工项目，经常会遇到各种各样的突发状况。我只有将这一万种处理方法都铭记于心，才能够在解决那万里有一的情况时游刃有余、处变不惊。”

对于大修人来说，更换桥梁支座施工是一项简单不过的大修施工项目。但对刘晓锋而言，每一次更换支座都是一次新的挑战与考验。在一次更换盆式橡胶支座施工中，他发现既有梁体螺栓直径为 27 mm，而订做规范支座螺栓孔为 30 mm，这 3 mm 的差距导致梁体无法下落。

刘晓锋平时学习过各项技术标准以及特殊情况的施工案例，他当机立断用事先准备的扩孔钻处理新支座孔径，重新复核无误后，在距离天窗点开通还有 80 分钟的时候，重新起梁进行更换，最终顺利排除了险情。

（三）最强大脑，创新发展

工作中的刘晓锋不只有股韧劲，更有一股钻劲。在既有线换梁施工中，以往的施工工艺都是采用高架台车与走形轨道结合对梁体进行抬升、横移来完成更换的，但对 10 米以上的桥梁进行更换时，传统施工方法已经远远无法满足，并且高架台车过高也会加大施工的危险性。刘晓锋通过勘查现场环境，结合自己的专业知识，创新性地提出用刚性墩结合高架车施工工艺。为了保证施工顺利实施，从施工前准备，到测量放样、施工组织、人员安排、设备机具准备，每一个环节他都亲力亲为。最终换梁施工非常顺利，不但提前完成了施工任务，而且简化了操作过程，提高了安全系数。这项施工改进方案作为创新课题获得了当年集团公司合理化建议及技术改进成果奖二等奖。

从此以后，刘晓锋在创新技改技革的道路上越走越远。封闭时间内长大隧道衬砌加固边墙灌注的施工中，他在既有施工工艺基础上设计的组装脚手架改进装置，大大提高了施工效率，因此获得了集团公司技术革新标兵荣誉称号。在开展技术攻关中，“梁体位移系统的研制”作为 QC 小组优秀成果，荣获北京市优秀 QC 成果奖。在桥梁大修横向移梁施工中，他研制的防纵移滑板装置，提高了施工效率及安全保障。他还研制了走行轨迹观测装置，可用来观测移梁过程，即通过指针在平面走行轨迹上显示的数字保证移梁到位情况。扭转移梁施工的过程及数据收集，通过总结性的报告，为我国铁路既有 32 米预应力混凝土 T 形梁扭转移梁施工提供了可行性研究。职工们纷纷对他竖起大拇指，称他为铁路大修的“最强大脑”。

“将来有一天，我想把自己多年施工中积累的工作经验写成一本书，分享给每一个大修工人，无论什么样的桥梁、隧道病害都能迎刃而解。这就是我的梦想。”每当说起这些，刘晓锋眼里总是闪闪发光。

“有梦想的青春最无悔，在奋斗的青春最美丽。”陕铁院毕业生刘晓锋用他的成长经历对此做出了完美诠释。

八、全路高铁线路工技能竞赛一等奖获得者——张戈亮

张戈亮，陕铁院铁道工程技术专业毕业生，中国铁路西安局集团有限公司延安运营维修段河津西综合维修车间技术员。

2012 年入路。工作中，他勤学肯干，坚持不懈，一遍又一遍学习，从新人到技术大师，就是一个铁路版许三多的故事。他先后组织完成局管内 300 千米的高铁线路精调，确保了高铁的安全性和舒适性。

作为西成高坡的守护者，他在 2019 年高铁外部环境安全隐患大会战中，主动放弃休假，连续工作 60 天，累计消除隐患 316 个，确保了西成高铁运行安全。8 年工作时间也见证了他从线路工到技术员的蜕变。张戈亮曾获得中华铁路总工会火车头奖章、全国铁道团委新线争章、尼红奖章、国铁集团全路技术能手、全路首席技师、陕西省技术能手等称号，并取得了全路高铁线路工技能竞赛第一名的优异成绩。

（一）迷茫之中的醒悟

2012 年 8 月，张戈亮毕业后被分配到陇海线一个沿线工区，成为一名线路工。短暂的兴奋之后，他很快就对每日捣固线路、检查扣件、紧固螺栓等重复作业产生了厌倦情绪，对工务工作的辛苦劳作产生了抵触情绪。现实与理想的差距让他一度心情低落，甚至一蹶不振。多少个漆黑的夜晚，他对着夜空发呆、沉思，一次次地拷问自己：“我的青春在哪里？我的梦想在哪里？我要从哪里站起来？” 他度过了一段矛盾

的时光，直到有一天，他看到了《钢铁是怎样炼成的》，他被保尔·柯察金的故事打动。

回想工区老师傅们默默无闻地干着自己的本职工作，从不抱怨，他们爱工作、爱生活的人生态度使张戈亮决心改变自己。他从适应环境、学好业务开始，做全新的自己，做积极向上的自己。

（二）精益求精的执着

2013 年 11 月，张戈亮有幸被单位抽调参加大西高铁预介入工作，正式“触电”高铁。

高铁维修天窗是夜间凌晨作业，天窗时间长，设备检修标准和要求高，而且需要操作很多高精尖设备和仪器，尤其夜间设备隐患不易发现，很多老师傅都感到头痛。他没有被困难吓倒，坚持在干中学、学中干，虚心请教工长业务知识。一有空就学习《高速铁路无砟轨道线路维修规则》《铁路工务安全规则》等规章制度。慢慢地，他开始独立做方案、算料、标注、改道、回检等一系列精调流程，跟师傅跑遍了每一个道床板，弯腰测遍每一个枕木头，率先掌握轨道板精调作业流程，带头制定出一套更加适合于现场的精调作业方法。在反复锤炼中，他的业务技能得到逐步提升。

付出总有回报，张戈亮在 2016 年全路高铁线路工职业技能竞赛中获得第一名的成绩，被授予全路技术能手的称号。

（三）越是艰难越向前

2017 年 5 月，张戈亮来到西成高铁参加开通前联调联试。西成高铁是国家“八纵八横”铁路网的重要组成部分，是穿越祖国南北分界线的快速通道，确保这条新蜀道的安全运营至关重要。特别是鄠邑至新场街 45 公里连续长大坡道，线路地质条件恶劣，隧道群密集，海拔落差 1000 米，昼夜温差大，线路坡度大，对线路质量提出了更高标准，对设备检养修、应急处置提出了全新要求。面对挑战，作为高铁人，他别无选择，暗下决心做西成高铁的安全卫士，用自己的智慧和汗水，守护这条高铁的绝对安全。2017年年底西成高铁开通在即，联调联试中发现新场街站道岔动力学指标超限，如果不能及时解决将影响西成高铁按期开通。为尽快解决这一棘手的问题，张戈亮从设计原理入手，啃数据，找偏差，分析道岔数据，经过数个昼夜的煎熬，找到问题根源，并与铁科院、施工单位等一起制定优化解决方案，保障了西成高铁按期开通。

（四）汗水浇筑成功路

白天，他学习钻研高坡线路设备特点，查阅高坡铁路资料，向车间干部、技术人员请教遇到的问题。夜间，他放弃休假，主动请战，每月坚持20天以上参加天窗作业，每晚坚持对设备进行徒步检查，参与制定长大坡道区段作业标准7项、安全保障措施8项、高坡技术材料写实8套、内燃机牵引轨道车作业标准1套、长大坡道日常设备检查方案5套，积累了一套行之有效的高坡线路设备检修维护方法。两年多来，他累计发现安全隐患100余处，他所负责的线路区段没有出现一次重大安全隐患，全面助力西成高铁安全运营。

韶华之光，青春之芒。张戈亮将立足岗位，扎根高坡，做高铁线路上一颗默默无闻的道钉，做夜空中最亮的那颗星，以青春之我，创青春之铁路，为新时代高铁发展奉献自己的一份力量。

九、全国铁路青年岗位能手获得者——田帅

田帅，陕铁院材料工程技术专业毕业生，现就职于中国铁路西安局集团有限公司西安工务段临潼线路车间临潼维修工区。工作5年来，他坚持在学习中成长，在工作中进步，不断提升自身职业技能，扎根

铁路一线平凡岗位吃苦奉献、拼搏争先。先后荣获全国铁路青年岗位能手、全国铁路优秀共青团员、全路技术能手、中国铁路西安局集团有限公司技术能手、西安工务段新长征突击手等荣誉。

（一）青涩入路，铁路一线吃苦奉献

田帅 2015 年 7 月毕业，8 月入路。经过入职培训后，他被分配到西安工务段临潼线路车间工作。时值忙碌的秋季大检查时期，检查事关铁路设备安全运行，并为后期维修计划编制提供依据。每天他和新入职的年轻伙伴推着轨道小车，拿着扳手、道尺等工具进行区间检查。看着工友们熟练地操作仪器，读取数据，分析病害，他暗自钦佩。虽然他在学校没有放松学习，也做好了充分的心理准备，但是一天十几公里下来，身体上的劳累和心理上的落差还是令他手足无措，于是暗下决心做一个技术精湛的铁路人。

秋检结束后，他回到了线路养护工区。每天起早贪黑，和师傅们从事重复而繁重的体力劳动。有时候干得手都麻木了，腰也打弯了，但他从没有放弃对理想的追求，始终默默坚持着。没用多久，他就学会了换轨枕、方正、人工捣固、锚固、拨道以及改道等施工流程。在工区的每一天，他一直把“不甘人后、自加压力、扎实工作、挑战自我”作为养路工职业道德的重要内涵，自始至终地贯穿在具体工作中。记得一次在抬轨枕的时候，一个老师傅过来问他：“做养路工累吗？”他说还好，其实内心还是有辛酸难受的。但他觉得现在无论干什么，只要能将工作干好，一切就值了。

转眼在西安工务段已经工作 5 年了，他认为这就是成长。从初到单位的懵懂到逐渐熟悉工作并走上正轨，从初出校园的青涩到逐步锻炼自我、提升职场能力，带给他的不仅仅是简单的工作经历，更是受益一生的宝贵财富。刚工作的时候，远离家乡，远离都市，心里确实不太习惯，感觉看不到人生的方向。但是当看到大家都在默默奉献时，他的精神境界也在不断提高，那就是扎根铁路一线才能学到真正的技术，扎根基层才能成长成才。作为新时代铁路的接班人，他从各方面严格要求自己，一心扎根工区，与铁路为伴。作为一名基层工人，他深知技能的重要性。工作之余，他勤奋学习，在不断加强自己理论知识积累的同时，还苦练职业技能。他在基层工作中脚踏实地、勤学苦练的工作态度，得到了单位领导的认可，入职仅一年他便被评为西安工务段优秀团员，同时被授予新长征突击手称号。

（二）勤学苦练，争做优秀铁路人

2017 年 7 月，抱着向技能大师学习的心态，以及对工作孜孜以求的精神，田帅参加了西安工务段线路工职业技能竞赛。当时参赛的项目是道岔检查、轨检图纸分析、更换护轨。虽说入路已经两年，但他还没有在检查工区的工作经验，特别是轨检图纸密密麻麻，以前更是没有接触过。于是他积极向车间的技术员请教，并结合现场病害，经过核对、检算和一次次的验证，终于对轨检图开了窍。为了不拖累团队综合成绩，他每天早上 6 点准时起床看书学习，晚上总是最后一个回到房间休息。功夫不负有心人，他获得了个人全能综合第五名，被推荐参加西安局线路工决赛。虽然决赛未能斩获名次，但他深深意识到提升技能的重要性。回到工区的他更是以身作则，每当有施工困难或者有新工艺时，他总是第一个站出来。他从开始的不成熟，逐渐成长为大家心目中的小能手。

有了 2017 年的赛场经验和业务知识积累，他毅然决然选择继续参加 2018 年技能竞赛。为了弥补自己知识储备上的短板，他提前在网上购买书籍，积极向老师傅请教实作经验，每天趴在轨道上测量。备赛期间，他每天只睡 5 个小时左右。精诚所至，金石为开。此次竞赛上，他荣获理论第一名、个人全能第二名的优异成绩。同月在西安局第五届职业技能竞赛中获得个人单项第八名。

虽然在技能竞赛中小有成就，但距离他给自己设定的目标还相差甚远。回到工区的他，没有为取得成绩而骄傲，而是继续努力工作。入职之初，师傅讲过的“学业务、练技能”6个字他一直铭记在心，不敢放松对自己的要求。正是由于他孜孜不倦的求知精神和忘我的工作态度，2018年9月，他被提为工区的副工长。从一个刚入路的小青年到副工长，黝黑的面庞上多了几分成熟，当然也多了几分责任。

有了4年的经验积累，他以更加成熟的心态投入到2019年职业技能竞赛之中。此时的他没有了内心的焦躁和不安，在西安局第六届职业技能竞赛中，一举荣获理论实作第一名、个人全能第一名，被授予西安局技术能手和国铁集团全路技术能手称号。

（三）德技双修，青春在延伸的钢轨上闪耀

也许很多人向往毕业后找到一份光鲜体面的工作，一个相对宽松的工作环境。在田帅看来，看着两股笔直的钢轨，听着列车安全驶过的声音，内心洋溢着幸福和自豪感。他很庆幸自己当初选择了陕铁院，学校良好的师德师风、先进的实验实训设备、优越的实训环境，是他业务成长的重要基础。

入路以来，他从一个业务新人到技术能手，他倍感珍惜，不断以自己的专业技能去带动身边的青年朋友和同事。对于列车提速，工务是要害，线路是基础。作为一名线路工，维护好设备质量是他的天职。每一次提速施工都会面临时间紧、任务重的实际问题。为了抓进度，施工队伍往往容易忽视质量、降低标准。这时候他总是不论昼夜值守在施工一线，交底，巡查，监督。他管内的铁路线路5年内未发生任何质量安全事故。

记得2018年夏天，天空骤然乌云密布，凭着经验他意识到这是大雨即将来临的征兆。他便发动所有值班人员，换好衣服，备好防洪工具，提前徒步对工区管辖的区段进行检查。检查到K1044+200处时，他发现因暴雨，路基积水严重，存在铁路运输隐患。他第一个跳入水中，挖开积水，通过引流的方式排空积水，并和在岗的其他人员，对关内所有桥涵、隧道及接合部地段开展全面巡查。雨停了，他还坚持将所有设备再次检查一遍，确保线路没有积水和沉降现象。直到历时15个小时抢险作业全部完成，雨水、泥水、汗水交织的脸庞上，才终于露出了会心的笑容。当别人问他累不累，他看着来回畅通无阻的火车飞驰而过，微笑着说：这是我们的责任，一分使命，一分担当。

（四）回归初心，不负韶华，拼搏争先

伟大的时代需要崇高精神的支撑，伟大的事业需要榜样力量的引领。一直以“纸上得来终觉浅，绝知此事要躬行”作为座右铭的田帅，2020年获得了全国铁路青年岗位能手、全国铁路优秀共青团员两项全路最高荣誉，这既是对他的付出的回报，更是激励他成长为铁路工匠的“加速器”。

不忘初心，方得始终。作为一名铁路工作者，加强修养，苦练内功，方可思远，才能睿智。如今，当看到一列列火车又快又稳地在线路上风驰电掣般行驶时，看到崭新的护网、整洁的路肩时，他倍感骄傲。为了建设安全标准的铁路线路，为了铁路列车的安全运行，他始终保持“干一行，爱一行；爱一行，精一行”的激情和拼劲。这种激情和拼劲是咬住目标不放松的精神，是昂扬向上的斗志、攻坚克难的勇气。

十、全国铁路新长征突击手获得者——马敏

兰新高铁是连接甘肃省与新疆维吾尔自治区的高速铁路，是世界上一次性建成通车里程最长的高速铁路，也是亚欧大陆桥铁路通道的重要组成部分。兰新高铁的建成运营大大提升了中国与中亚、欧洲等

地的铁路运输能力，既可提高新疆经济的集聚力和辐射力，又有利于完善中国向西开放的格局，为构建丝绸之路经济带大通道奠定坚实基础。在扼守河西走廊咽喉的兰新高铁嘉峪关南站，有一名叫马敏的客运主任，2014 年入路，工作中以岗位技术能手为工作目标，遵循“以服务为宗旨，待旅客为亲人”的工作思路，充分把握国家“一带一路”倡议发展契机，不断加强对客运业务知识的学习，锤炼过硬的专业素质，在中国铁路兰州局集团有限公司“飞天馨路·魅力雄关”等服务品牌主题活动中做出了积极贡献。

马敏，中国共产党党员，陕铁院物流管理专业毕业生，曾荣获全国铁道团委全国铁路新长征突击手、中国铁路兰州局集团有限公司创建丝绸之路七大品牌列车活动标兵、嘉峪关车务段优秀共产党员等荣誉称号，并在中国铁路兰州局组织的“我们的价值观”征文比赛和嘉峪关车务段客运技术比武等比赛中获奖。

作为一名客运人员，她始终秉承“人民铁路为人民”的宗旨，她始终以微笑服务旅客，让来自世界各地的旅客都开心而来，满意而归。因此她经常接到旅客的感谢电话，收到感谢信和锦旗。她说：“作为一名铁路职工，同时也是一名共产党员，我必须承担起自己的责任，做一个好榜样！”她的这些行为也在影响和激励着嘉峪关南站的每一名客运员。

在微笑服务和不断弘扬正能量的同时，她尤其注重加强对铁路客运业务知识的学习。在工作中她勤于思考，积极与值班员及各岗位人员探讨现场作业中存在的问题，并提出合理的解决办法。在嘉峪关南站，她和她的铁路职员伙伴们积极为有需要的旅客提供轮椅、预约候车、提前进站等多样化便捷服务，大大提升了嘉峪关南站的社会形象。

在兰新高铁联调联试冲刺和后期运营阶段，马敏作为嘉峪关车务段高铁品牌推进小组成员，和大家一起紧紧围绕安全、经营、稳定、服务等中心任务，大胆创新。他们本着“建好一个品牌，培育一支团队，树立一个标杆，带动一项工作”的思路，以党员先锋示范引领客运工作标准。党员上岗时统一佩戴党员党徽，让党员先锋在服务旅客中发挥好模范带头作用并取得了明显成效。他们成功创建了嘉峪关南站“飞天馨路·魅力雄关”服务品牌，开设了品牌展厅和品牌工作室，以品牌引领，抓点带面，推进各项工作高质量发展，为其成功冲进中国铁路兰州局集团有限公司十大品牌之一做出了突出贡献。

“路漫漫其修远兮，吾将上下而求索”是马敏的座右铭，激励着她向更好的自己出发。一分努力得到一分回报，马敏的工作也得到了广泛认可。在她看来，永远没有最好，只有更好。学不完的知识，走不完的道路。她依旧在平凡的客运岗位上做着不平凡的事，努力奋斗，砥砺前行。

第三节　依托职教集团，校友参与校企合作

教育部《关于深入推进职业教育集团化办学的意见》指出：开展集团化办学是深化产教融合、校企合作，激发职业教育办学活力，促进优质资源开放共享的重大举措；是提升治理能力，完善职业院校治理结构，健全政府职业教育科学决策机制的有效途径；是推进现代职业教育体系建设，系统培养技术技能人才，完善职业教育人才多样化成长渠道的重要载体；是服务经济发展方式转变，促进技术技能积累与创新，同步推进职业教育与经济社会发展的有力支撑。学校把校友作为对外联络的交流和纽带，作为开展校企合作的有力支撑。2012 年成立陕西铁路建筑职业教育集团，通过集团化运作，成立了“五位一体”校企合作办学理事会，形成了“四级对接”校企合作运行机制。自成立以来，充分依托“一带一路”倡议和铁路大发展，校友始终坚

持以完善现代职业教育体系为引领，以提高技术技能人才培养质量为核心，以促进就业为导向，以服务发展为宗旨，充分发挥校友推动和市场引导作用，积极发挥以校友为主体的校企合作办学理事会作用，形成了学校对接集团公司、二级院系对接项目部（站段）、专业教研室对接项目部（车间和工区）、教师对接技术人员“四级对接”紧密型校企合作运行机制，积极探索产权制度改革与利益共享机制建设，共同推进产教融合、校企合作，共同为职业教育集团化办学把脉。

经过10年建设，“五位一体”校企合作办学理事会和“四级对接”校企合作运行机制在集团内部的各成员单位之间得到广泛应用，职业教育与产业发展多维度、深层次有机融合，产业发展与职业教育互利共赢的集团化办学特色日渐彰显，政行企校四方联动的格局已经初步形成。校友在共建产业学院、技术应用研究中心、“双师”素质教师培养培训基地、产教融合实训基地、技能大师工作室，以及联合开展现代学徒制、铁成特色培养、校企联合科技攻关和“1+X证书制度”实施等方面全程、全方位深度合作。顺利完成教育部《创新发展行动计划》，集团案例《“五位一体”、“四级对接”、机制保障》成功入选《全国职业教育集团化办学典型案例》。符合行业实际、富有铁路特色的职业教育集团化办学模式，为深化教育教学改革、增强办学活力、提高办学效益、实现校企一体化协同发展做出了积极贡献。目前，陕西铁路建筑职业教育集团入选全国第一批示范性职业教育集团培育单位。作为牵头单位，学校将更加积极探索新时代职业教育发展新路径，形成“校友关心母校、校友心系母校、校友支持母校”的良好育人格局。

一、校友以理事会为载体，服务学校发展

根据学校发展和专业建设需要，成立了以校友为主体的“五位一体”校企合作办学理事会。理事会对学校发展规划、专业建设、校企

合作、人才培养等事关改革和发展的重大事项，定期开展咨询指导和评议监督。学校相应职能部门和理事单位各职能部门实现功能对接，共同制定人才培养措施，共同实施培养计划。

（一）理事会的组成及职责

理事会由 15～25 人组成。设理事长 1 名、副理事长若干名、秘书长 1 名，分别由陕西省教育厅领导、中国中铁的主要领导担任。理事会成员中政府代表 2～3 人、学校领导 2～3 人、企业代表 6～9 人、校友及高等职业教育专家等 5～10 人。

1. 理事会的职责

（1）整合资源，实现政府、行业、企业、学校等之间的资源共享，争取所在地区政府、相关行业企业、校友及社会各界等对学校办学的关心和支持，为学校发展争取更多的社会资源、创造更好的外部环境。

（2）争取地方政府和行业政策支持，形成政府主导、行业指导、企业参与学校办学的良好格局，增强行业企业及学校服务地方和区域经济社会发展的能力。

（3）通过学校与企业共同制定人才培养方案，共同参与学校的人才培养过程，为学校教师到企业参加项目实践和企业技术骨干到学校担任兼职教师提供方便，保证人才培养的针对性、实用性。

（4）服务行业企业，搭建合作交流平台。开展产学研合作，为企业提供技术服务。同时为企业在员工培训、在职学历进修及技能鉴定和考试等方面提供支持。

2. 理事会成员的职责

（1）政府部门的职责。

负责制定企业参与高等职业教育的优惠政策，调动企业参与办学的积极性；加强对学校办学工作的指导，帮助解决学校的发展方向、办学规模、办学层次等重大问题。

（2）校友的职责。

提供行业发展与人才需求信息，指导学校的专业建设；提供设备、选派兼职教师等参与办学；接收学校教师进行现场锻炼，参与企业实际生产；为学生实习和社会实践提供机会和岗位；吸纳学校参与本企业科研和技术改造项目；推荐企业高水平专家到学校担任兼职教师；与学校和教学专业系密切合作，协助组建院（部）专业建设指导委员会，协助解决专业设置、专业建设和办学质量问题。

（3）学校职责。

主动服务行业企业和地方经济建设，优先提供毕业生，提供业务咨询、技术服务、企业员工培训服务及科研成果转让。

（二）校友会组织机构

每个校友会选派三名人员作为联络员。定期开展调研活动，收集行业动态、企业信息，研究行业发展趋势，为学校发展定位、专业改革、人才培养模式改革提供第一手资料。

校友会设立秘书处，与学校校友总会密切联系，作为学校校友总会的常设办事机构。秘书处负责沟通、协调学校及成员校友的各方面工作，编印校友会工作简报，建立并完善“校友专题网站”和互动交流及办公平台，协调处理日常事务，建议、研究、确定重大投资和合作等事项。

院（部）设立校友办公室，成员由二级学院院长、院办公室主任、各教研室主任、辅导员组成。负责与学校有关部门的统一协调和管理、与院（部）在企业建立的校友工作站联系，确保纵向和横向顺畅交流；负责拟定院（部）校企合作年度工作计划、实施方案并组织实施；积极开发合作单位，丰富合作内容，拓宽校企合作的广度和深度，为学校和院（部）的建设、发展服务；定期调研工作站运行状况，及时解决合作中的困难和问题，推动校友工作健康发展；通过调研提出专业设置意见和专业培养目标，为院（部）专业建设、课程设置、教学内容、教学方式的改革提供决策依据；与工作站一起加强对现场教学、顶岗实习学生的考核和管理；加强与企业工作站的联系，推进毕业生就业；等等。

联系企业设立企业工作站。邀请企业人力资源部、项目部相关人员担任工作站主任和联络员。不定期召开工作会议，及时提供用工需求、员工培训、技术服务、成人教育等方面信息；根据企业需求安置毕业生，安排学生顶岗实习；协调学校为企业进行人员培训；反馈对学校专业设置的意见和建议，为学校调整专业设置和课程及教材建设提供信息；等等。

二、校友积极参与，支持“四级对接”校企合作运行机制

在学校校企合作办学理事会领导下，校友充分发挥自身作用，加大合作内容，丰富合作方式，做到职能部门联合，育人功能对接，形成“学校与集团公司，院（部）与分公司（项目部），教研室（专业）与项目部（工区），教师与工程技术人员”的“四级对接”紧密型校企合作运行机制（图 7–3–1）。

（一）“四级对接”运行模式

1. 学校对接集团公司

以理事会为纽带，以校友为联络员，校级领导包片定期走访企业，及时了解集团公司发展战略，邀请企业领导帮助规划学校发展战略，促进企业与学校在人才培养、师资队伍建设、实习实训基地建设、产学研合作、技术研发成果转化等方面合作项目的实施。

学校教务处与企业人力资源部、工程技术部联合制订人才培养规划。根据企业发展战略，共同研究确定招生专业和招生规模；开展定

向自主招生，确定学生就业方向。

学校人事处联合企业人力资源部制订“双师”结构队伍建设规划，实现学校教师和企业技术人员的人力资源共享。通过教师和工程技术人员的互派挂职，互相补充人力，解决企业技术人员短缺和学院兼职教师聘任问题，让“专家进课堂，教师下现场”；通过教师下企业顶岗实践锻炼等方式，提高学校教师的实践生产能力，让专业教师上得教书课堂，下得施工现场。

学校科技处联合企业科技研发中心开展科技合作。定期收集企业技术发展信息，和企业联合进行横向科研课题申报、研究，促成成果转化；发挥学校人力资源和企业施工经验丰富的优势，联合进行技术攻关，深入企业一线，帮助企业解决施工技术难题。

2. 院（部）对接集团分公司

校友参与共建专业建设指导委员会。通过校友获得企业需求的第一手信息，制定措施吸引企业参与人才需求预测、专业发展规划、落实实习基地和接收学生就业等；定期召开校友参加的人才培养研讨会，根据施工企业需要和人才培养要求，和校友共同研讨专业建设方向，共同商定人才培养方案；共同研究各确定专业方向的课程设置、提高人才培养质量措施等；积极开展订单式培养；加强顶岗实习管理，完善校企对顶岗实习学生的双向培养、指导、检查和考评全程参与机制，实现共同管理。

3. 教研室（专业）对接项目部（工区）

各教研室（专业）与项目部（工区）紧密合作，认真执行专业建设指导委员会制度和专业教师与企业人员的互派交流制度，共同进行课程体系改革及编写相关教材、学材；共同建设校外实训基地，合作进行学生实训教学管理和授课；根据企业不同需求，大力开展个性化的订单式培养和定向培训，积极推行多种形式的校企合作人才培养模式。

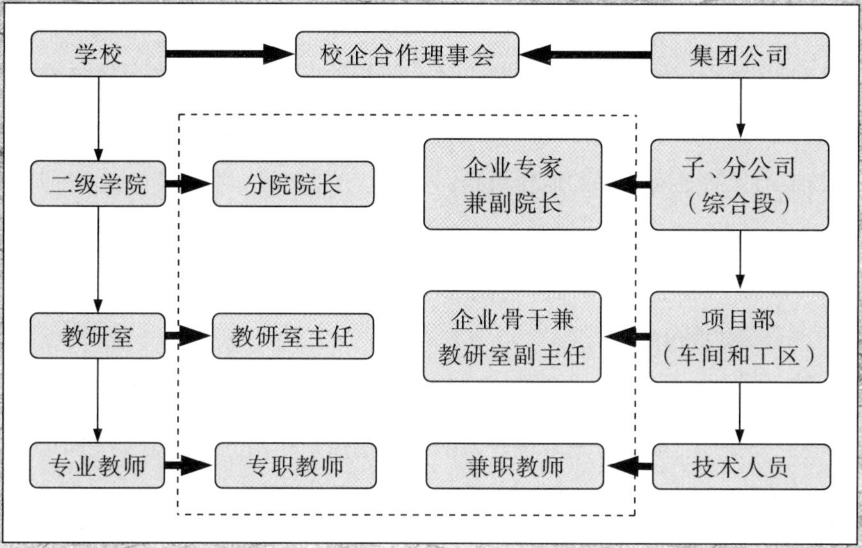

图 7–3–1 “四级对接”紧密型校企合作运行机制框图

4. 教师对接工程技术人员

教师与企业技术人员进行“一对一”或“一对多”的交流合作，在课程建设、教材建设、实验实训基地建设、“双师”结构教学团队建设、顶岗实习等方面，建立有岗位、有待遇、有项目、有任务、有考核、有监控、有效果的运作机制。

（二）“五位一体”合力构建校友工作长效运行机制

1. 经费保障

一是学校每年给各二级学院划拨校友工作专项经费，严格校友专项资金管理，明确校友专项经费的主要用途、使用办法，确保“四级对接”的经费投入；二是保证校企双方合作项目上建设经费和人员的足额投入；三是在保证不减少教师校内收入的前提下，鼓励教师下现场锻炼，为企业提供技术服务；四是向企业兼职教师、企业工作站兼职人员支付劳动报酬，按照每生每年不低于200元标准执行；五是合作企业为创造生产价值的顶岗实习学生支付合理劳动补助，学校为学生办理顶岗实习保险。

学校每年划拨不低于100万元专项经费作为校企合作理事会建设资金。按照建设内容和要求，编制资金使用计划，保证项目建设有序开展。同时积极争取政府政策支持，加大对运行费用的投入。加强同企业的合作，保证后骨干院校建设经费的持续支持。

2. 制度保障

出台《关于加强校友工作的决定》《关于校领导带队定期走访企业校友的决定》《关于表彰校友卓越贡献奖、突出贡献奖和校友工作先进个人的决定》《校友总会章程》《关于地方校友分会成立与运行相关管理规定》等规范性文件和制度，明确校友在校企合作中的责任、权利和义务。

建立学校党委会、校长办公会、校企合作办学理事会共同议事制度。定期研究讨论铁路行业发展对学校办学提出的新要求、学校发展规划调整的新思路、人才培养方向等问题；理事会认为有必要时，召开学校党委、校企合作办学理事会联席会议，研究、讨论和决定重大事项。

建立理事会年会制度。由理事长主持，全体理事会成员参加，每年至少召开一次。总结校企合作办学理事会年度工作，制订下年度工作计划及具体工作目标，着力解决学校发展和校企合作中的突出矛盾和问题。

建立临时会议制度。根据校友工作需要，由理事会秘书处提出，不定期召开由部分理事会成员参加的临时会议，研究学校校企合作中的有关问题。

3. 组织人员保障

设立专门机构，配备专职人员，积极推进各项校友工作。学校成立校友工作领导小组，成立校友工作处，设专职工作人员 6 名；二级院（部）设立校友工作办公室，成员由二级学院院长、学院办公室主任、各教研室主任、辅导员组成。在企业设立校友工作站，由资源部、项目部相关人员担任工作站主任和联络员，确保理事会持续健康发展、“四级对接”顺畅运行。

4. 多措并举切实保障企业利益

（1）全力满足企业发展需求，吸引企业参与校企合作。

①满足企业人才需求。优先为合作企业提供优秀毕业生，积极开展订单式培养，满足企业对人才的个性化需求。

②满足企业技术需求。利用学院专业及资源优势，为企业提供优惠的技术服务、技术咨询等；制定政策鼓励教师参与企业科研项目，帮助企业开展研发及技术创新。

③满足企业培训需求。根据企业发展战略和人才队伍建设需要，适当减免学费，为企业提供优质、优惠的职工培训和继续教育服务。

应企业要求为合作企业开展铁路施工、养护等系列专项培训项目。

④满足企业宣传业绩、提高知名度需求。在学校内开辟企业文化长廊，在校园网上开设企业信息专栏，邀请企业人员进行文化专题讲座，通过各类媒体及时将企业业绩和发展趋势向学生、家长和社会进行宣传，帮助企业提高知名度，扩大企业影响力。

（2）不断加深情感文化交流，推动企业参与校企合作。

不断拓宽校企情感文化交流渠道。以公司周年庆祝活动、工程开竣工典礼、重大节日为载体，联合举行校企联谊活动；不定期组织大学生艺术团到企业进行文艺演出、与企业员工开展友谊赛或技能比武等，丰富企业员工的业余文化生活，增强企业员工的凝聚力，促进校企情感文化深度融合。

（3）充分发挥校友作用，丰富校企合作内容。

以校友会为平台，以师生情为纽带，以“相聚陕铁院，共叙师生情”各届校友周年聚会活动为载体，以建成窦铁成事迹展览馆、开创校友林、设立校友奖学金等形式，充分发挥学校人脉资源优势，调动校友参与校企合作的积极性，利用校友资源，丰富学校和企业在人才培养、实习实训、工地课堂、学生就业等方面的合作内容。

第八章

展望未来

——建设中国特色高水平高职学校

第一节　文化引领梦前行

在“双高计划”建设的背景下，建立现代大学治理体系，打造特色校园文化，利用机制创新整合政府、行业、学校、企业等教育资源，构建产、学、研、用一体化协同创新大生态，通过校企深度融合形成利益结合体、价值认同体、文化创新体。“文化”之“柔”与“制度”之“刚”相济，将学校发展的目标追求、价值观念、素质要求等精神文化内容，凸显于学校制度之中，用文化引领高水平学校和高水平专业建设发展，是高等职业院校实施“双高计划”战略的必然选择。

陕铁院作为中国特色高水平高职学校建设单位，多年来坚持立德树人，突出铁路办学特色，在校园文化建设中传承铁路文化，学生素质培养实施八大工程。即，以思想政治教育和行为养成为抓手，筑牢“立德铸魂”工程；加强学风建设，推进“优良学风”工程；丰富校园文化活动，创新“人文素质”培养工程；加强辅导员队伍建设，打造“良师益友”工程；加强学生骨干队伍建设，推行“榜样引领”工程；拓展规范贫困生资助工作，落实“传递温暖”工程；加强半军事化管理，强化“公寓文化育人”工程；关注学生心理健康，实施“心理阳光”工程。在技能培养中强化五大能力。学校将计算机应用、识图与绘图、测量、试验检测、结构检算作为学生的五大基本核心能力进行重点培养，形成了“办学定位立足铁路行业，开办专业紧跟铁路发展，校企合作依托铁路企业，实践教学强化铁路技能，校园文化融合铁路文化，毕业学生奉献铁路事业”的鲜明办学特色。先后8次荣获陕西省校园文化建设优秀成果奖一等奖，5次荣获校园文化建设国家奖。近几年学校相继举办了第八届全国职业院校“文化育人”高端论坛、教育部职业院校文化素质教育指导委员会组织的《高职院校文化建设与文化育人丛书》编写专家指导论证会。该委员会专家组一致认为陕铁院长期以来高度重视校园文化建设工作，文化育人工作特色鲜明、成效显著，成果积淀厚重。

一、“双高计划”院校文化建设的理论依据

长期以来，相关研究和实践通常以“文化四分法”，即精神文化、制度文化、行为文化、物质文化来定义大学文化，它是一所学校在长期发展过程中的历史积淀。“作为具有文化属性的组织，大学是被其文化决定的，即有怎样的大学文化就有怎样的大学。”“大学文化是大学的灵魂，天然且永恒的文化属性是大学组织的本质属性之一。”在扎根中国大地办好中国特色社会主义教育的要求，以及社会对教育内涵式发展、高质量发展的诉求下，文化在学校治理中的重要地位越来越凸显。习近平总书记强调：“办好中国的世界一流大学，必须有中国特色。没有特色，跟在他人后面亦步亦趋，依样画葫芦，是不可能办成功的。”同理，高等职业院校要办成世界一流学校，形成中国特色，关键就在于专业、人才、资源、制度与文化等要素的品质。其中，文化是“无所不包、无所不在且无所不能”的，它“不仅是大学组织构成及其活动的要素，而且对大学之办学、治校、育人过程中的价值选择、思维模式、制度规范、行为建构、活动方式及环境营造，具有决定性

的影响和引领作用”。没有文化底蕴的学校，不是真正意义上的学校；一所缺乏卓越文化支撑的学校，永远不可能达到世界水平，成为世界一流学校。

习近平总书记关于职业教育的重要论述符合我国基本国情，顺应时代发展趋势，是在继承和发展马克思主义理论的基础上形成的立意深远、体系完整、逻辑严谨的思想体系。习近平关于职业教育的重要论述体现了深化职业教育改革的勇气和智慧。习近平总书记既统领全局，又高屋建瓴地抓住了重点和关键，多次强调在职业教育领域深化体制机制改革，要实现职业教育的长足发展，在实践层面必须探索模式改革，坚持走“产教融合、校企合作，工学结合、知行合一”的道路。在职业教育改革发展中，构建现代职业教育体系必须理顺体制机制问题，“职教 20 条”提出了完善国家职业教育制度体系，促进产教融合、校企“双元”育人的举措，借鉴德国“双元制”等模式，深化职业教育改革，推动加强校企深度合作，进行改革试点，并予以一定政策上的扶植和优惠。在职业教育的改革发展中抓住了体制机制这个主要矛盾，通过创新职业教育模式，探索校企合作的新路径，实现职业教育发展的新突破，进而带动职业教育的全面提升和发展。学校“十四五”期间，在推进“双高计划”建设和职业教育本科发展目标的过程中，需要深入学习贯彻习近平总书记关于职业教育工作的重要论述，为谱写新时代陕西高等职业教育“追赶超越”新篇章发挥关键支撑作用。

（一）高等职业院校文化能够形塑和彰显高等职业教育的类型属性

《国家职业教育改革实施方案》明确了职业教育要办好类型教育的发展方向，从政策层面平息了理论界关于高等职业教育是层次还是类型的争论。但是，高等职业教育作为一种类型要在全社会得到广泛认可还需要时间，特别是高等职业教育的文化身份亟须得到有效证明。高等职业教育作为类型教育从提出到实现，必须全方位“升级”其办学治校的结构与运行方式，首要任务便是塑造高等职业教育的独特文化属性和文化身份。从高等职业教育的特性出发，发挥文化在高等职业院校办学价值确定、制度安排和环境营造中的作用，形成和彰显具有高等职业教育特色的人才培养、办学模式、教学科研等文化特征，从而强化类型教育属性。

新时代职业教育作为一种教育的类型，其最直接也最重要的特质就在于职业教育为区域经济社会发展服务，以服务发展为宗旨，以促进就业为导向。职业教育是与经济社会发展联系最为紧密的教育，二者之间是相互促进、共同发展的共赢关系。职业学校主要是为当地区域经济社会发展服务的，具有地方区域性。地方经济社会的发展催生和壮大了当地的职业教育，职业学校的发展和壮大又极大地促进了地方区域经济社会的进一步发展或行业的发展。因此职业院校办什么专业、专业人才培养的定位，都需要紧密结合当地区域经济社会发展的需要。“以（促进）就业为导向”，在过去、今天和将来，都是职业教育要始终坚持的一个原则，这是由职业教育发展的本质和社会现实决定的。

陕铁院高度重视学生就业工作，全面构建了就业管理规范化、就业指导系统化、就业服务亲情化、就业信息网络化、就业参与全员化的“五化”就业服务体系。实际上，“五化”就业服务体系的内核就是以学生为本育人文化的直接体现。近 5 年来，学校毕业生共计 22419 人，平均每年超过 4400 人。其中 90%以上的毕业生在中国中铁、中国铁建、全国各铁路局等大型国有企业就业。学生专业对口，毕业初次就业薪资平均达到 5124 元，在全国高等职业院校中位列第八，在陕西省高等职业院校中则列首位。单位满意度、学生满意度均超过 95%。学生就业势头良好，招生工作蓬勃发展，优秀校友们最终又通过自己的力量反哺支持学校发展，这正是学校坚持文化育人过程中各方共同努力的结果。

（二）高等职业院校文化能够培植职业院校的独特气质与精神风貌

由于办学历史、办学目标、办学条件等方面的不同，各级各类学校本应呈现千校千面的发展态势，但是长期以来，由于高等职业院校模仿普通本科院校办学，导致了“千校一面”的办学局面。打破这样的局面，强化办学特色、增加院校识别度也是“双高计划”建设的内在逻辑和必然要求。要培育学校的文化个性，通过分类管理、分类发展，对办学的价值选择、情感激励、文化氛围及环境营造、制度设计、组织运行模式、师生行为方式等的影响，形成具有自身特色的学校气质与风貌，进而在总体上形成高等职业院校各自的发展生态，走出职业教育特色发展之路，以更好地适应各方面的需求，提供更为独特的教育服务和教育体验。

（三）高等职业院校文化能够为“双高计划”建设提供源源不断的发展动力

“双高计划”建设面临的一个重要挑战就是避免短期效应。与以往的示范校建设等相比，“双高计划”强调在“按周期、分阶段推进建设”的基础上，实行“动态管理、过程监测、有进有出、优胜劣汰”。长期性、动态性、重视过程发展质量的特性，决定了推进“双高计划”建设，不论是在时间上还是空间上，一所学校及其师生必须形成稳定的价值取向，必须拥有长久作用的动力源泉。而能够给一所学校的发展带来最深刻、最持久影响的恰恰是学校文化本身。因此，高等职业院校只有加强自身的文化建设，才能为“双高计划”建设注入源源不断的动力。

二、“双高计划”院校文化建设的薄弱环节

“双高计划”建设为高校新一轮发展带来了新的机遇。越来越多的

学校开始关注文化建设这个命题，很多学校在探索实践中取得了一定成绩，但仍存在一些不足和薄弱环节，应该引起重视。

（一）重硬件建设，轻内涵挖掘

随着高等职业教育快速发展，学校的物质建设水平逐年提高，校园面积逐渐增大，建筑物也越来越现代化。在基础设施建设的同时，一些学校对大学文化内涵的挖掘较为薄弱。由于文化具有需要长期持续投入、效果不及时呈现、成果显示度不高等特点，少数管理者在物质建设方面下大力气、用狠功夫，但在学校文化建设中，却行动迟缓、支持不力。

（二）重表面文章，轻内涵实质

一些学校虽然比较重视文化建设，但多停留在表面，难以深入挖掘。这些学校多以文娱演出、体育赛事、郊游考察等容易开展且轰轰烈烈的活动为主，而忽视对校训、校史、技能大师等文化重要组成部分的深度认识和深入挖掘。校训是一所学校文化精神的重要标识，但很多学校校训雷同度较高，体现独特的办学理念、人文关怀和文化底蕴的校训较少。这从一个方面折射出国内对高职文化的实质探索不足。

（三）重短时效应，轻长远效益

文化建设需要一代又一代人的守望和坚持。一些学校的大学文化建设难以形成一以贯之的逻辑主线，无论是办学规划、办学理念，还是办学模式、制度设计，多以行政管理的领导意志为主。常出现不同时期的文化内涵侧重点和表现形式大不相同，难以形成连贯性和持久性。一些学校文化建设的内容增多，在短期内有一定的效果，但长期来看，文化精神难以聚焦，引领方向难以一致，更难有时间沉淀、积累和辐射，很难形成独特的制度文化、精神文化、行为文化和环境文化，更谈不上对“双高计划”建设的引领和国内外影响力的提升。

（四）重单打独斗，轻协同作战

文化建设是一项系统性工程，需要学校内部多部门通力协作。目前，有的学校尚未设立专门的文化建设主管部门，经常出现“九龙治水，各管一摊”的情况。宣传部门从思想政治教育方面入手，研究部门从校史方面入手，学工部门从学生活动入手，教育教学、科学研究、国际合作等部门也想借助文化提升“档次”，各行其是，其结果往往事倍功半，难以取得文化建设的实效。

三、“双高计划”院校文化建设的路径选择

（一）增强高职文化的高度自信是“双高计划”院校文化建设的重要前提

党的十九大报告指出：“文化是一个国家、一个民族的灵魂。文化兴国运兴，文化强民族强。没有高度的文化自信，没有文化的繁荣兴盛，就没有中华民族伟大复兴。”“双高计划”建设需要文化自信的支撑，这是由学校的基本职能决定的。

首先，高等职业院校具有培养人才和服务社会的职能。为党和国家培养社会主义优秀人才这一根本任务，决定了学校必须对中国特色社会主义文化保持高度自信，并且在高度文化自信的价值引领下，始终把握社会主义办学方向，自觉以先进文化陶冶学生，培育具有社会主义文化涵养、对社会主义文化高度自信的优秀人才，参与到国家社会经济建设的方方面面。其次，高等职业院校是文化教育与研究的主要阵地之一。作为社会主义高校，高校的文化传承注定只能是中国特色社会主义文化体系下的优秀传统文化、革命文化和社会主义先进文

化，其文化创新的底色和基础也只能是中国特色社会主义文化。处于中国职业教育优先发展序列中的“双高计划”院校，肩负着传承与创新社会主义优秀文化的伟大使命，因此必须以高度文化自信，自觉弘扬社会主义优秀文化，挖掘其时代价值和现实意义，引领社会主流文化潮流。

新时代，高等职业教育正进行着新一轮的发展变革。学校需要将“文化引领”“文化荣校”等作为学校“双高计划”建设的重要战略，坚持社会主义办学方向，培育和践行社会主义核心价值观，不断增强师生的担当精神、使命意识和责任感，铸造一流的学校精神。其中最重要的就是学校必须始终坚持高度的文化自信，重视文化自信的时代价值。在改革实践中，自觉担当起践行文化自信理念的时代先锋，将文化自信的价值引领贯穿“双高计划”建设的各个环节和阶段，以文化自信培育具有中国特色的高职文化和高职精神。总之，高度自信的文化价值取向是“双高计划”院校建设中的重要课题。

（二）彰显高职文化的鲜明特色是“双高计划”院校文化建设的重要举措

特色是学校的生命，办好中国的高等职业教育必须有中国特色，这个特色中最大的一点就是坚持社会主义办学方向。社会主义办学方向是高等职业教育之“本”，中华优秀传统文化是高职文化的“根”，是最基本的“中国特色”。很多高等职业院校的校园文化建设缺乏与时俱进的传承和创新。要么崇古，师生感觉文化氛围晦涩；要么全部是政治文化，缺乏亲和力；要么充斥着时髦文化，弘扬主旋律力度不够。

高等职业教育作为一种跨界教育，兼具职业性和高等性。高等职业院校文化建设要重点做好以下三个方面的传承：

一是要传承现代大学文化。高等职业院校应当站在为国家培养全面发展的职业人才的高度，深刻体会文化所包含的精神价值和代表的生活方式，充分并合理地配置、运用学校作为文化机构所拥有的各种育人要素，营造富有魅力的高职文化。陕铁院在持续推动完善制度文化和打造环境文化的长久过程中，需要不断创建品牌文化，打造精品文化项目，提升的学校文化软实力和核心竞争力，把学校建设成为全国高等职业院校文化育人的标杆，打造出富有陕铁院育人特色、高品质的示范性现代职业教育生态共同体。

二是要传承职业教育文化。从广义上说，职业教育文化是一种文化类型，与其他形态的文化如社会文化、技艺文化、职业文化、企业文化等产生关联和互动。从狭义上说，职业教育文化是职业教育、职业院校在长期发展过程中，所形成的一系列被社会、被师生所认可的具有文化价值的办学理念、办学模式、办学制度、办学行为等。唯有传承好职业教育文化，才能真正彰显类型教育特征。

三是要传承行业文化。高等职业院校之所以区别于普通高校，关键在于它以行业为背景，以产业为依托，并且院校之间所隶属的行业、产业不尽相同。因此，其文化建设应当彰显行业风范，对接行业理念，传承鲜明的行业特色文化。

彰显高职文化的鲜明特色的重要举措包括以下三方面内容：

1. 培育高职大学精神

爱是教育的灵魂，大学精神是大学的精髓与灵魂。高等职业教育作为高等教育一个类型和职业教育一个层次，具有高教性和职教性双重属性。这种双重属性促进特色打造和水平提升。从文化来讲，建设世界一流高等职业院校，必须培育世界一流的大学精神。比较世界优秀大学，大学精神是一种人本精神，即以人为本，这是科技精神与人文精神的核心；是一种实事求是的精神，以求实的精神追求真理，行政权力尊重学术权力。再从高等职业教育来看，大学精神具有产教融合特点，由科学学术走向应用学术。其大学精神是一种“匠”的精神，爱国敬业，严谨专注，精益求精，追求技术创新和技能卓越，培养能工巧匠、大国工匠、国际工匠；是一种“爱”的精神，大学不仅在大楼、大师，更在大爱，属于大众化教育的高等职业教育更需要在太阳底下最光辉的事业中播撒爱的光辉；是一种“范”的精神，既指模型、法则，突出职业技术技能堪为楷模，又指风范，学为人师，行为世范，身教重于言教。

2. 跨界融合职业文化

中国现代职业教育改革的困境归根结底是产业文化缺失和文化错位。产教融合是高等职业教育的生命，也是发达国家职业教育的成功经验，职业教育必须遵循所谓的职业性原则。高等职业教育应把提高学生职业技能与培养职业精神相融合。高职文化在吸收中华优秀传统文化的基础上，需要跨界融合高职专业所对接的职业文化，特别需要创新融合职业技术技能文化，形成校园文化、职业文化、传统文化同时并存又相互融合而成的具有鲜明职业院校特色的新型育人文化。从高职特色文化属性来看，要以社会主义核心价值观为引领，把国家、社会、公民三个层面的价值观与职业院校文化进行融合，以中华优秀传统文化为基础，形成有社会主义特点、职业教育特征和学校特色的“三融”文化育人模式。从融合策略来看，要拓展校园文化的多元功能，融入师生精神文化需求，融入学校办学理念，融合校园生态建设，构建“以学生为中心”的校园文化体系。

3. 建设特色文化体系

文化是大学的灵魂，文化育人是最高级、最具内涵的育人方式之一。办学特色鲜明是落实“双高计划”的目标。这个特色包括中国特色、区域特色、行业特色、高职特色和文化特色。文化特色必须也应该成为办学特色之一。社会主义核心价值观是社会主义核心价值体系的内核。社会主义国家的职教文化应发挥社会主义核心价值观的引领作用，这也是职业教育人才培养的根本要求。从文化内涵来看，校园文化要与德育、思想政治教育、教学等内在育人要素有机结合，将培育社会主义核心价值观落实到教育、教学、管理、服务各环节，明确所有教职工都有德育职责，所有课程都有德育职能，所有活动都要发挥德育作用，形成文化育人内聚特色。从文化外延来看，要推进校企合作育人、家校合作育人、社会实践育人，形成文化育人耦合特色。从文化要素来看，校园文化建设要把社会主义核心价值观融入先进的理念文化、厚重的精神文化、科学的制度文化、优良的行为文化、优美的环境文化和良好的网络文化，使社会主义核心价值观像空气一样无处不在，形成凝聚青少年学生灵魂、激发职业教育活力的特色文化体系，推动职业教育内涵发展、创新发展和科学发展。

（三）注重多元文化的交流互鉴是“双高计划”院校文化建设的重要使命

中国文化提倡“和实生物，同则不继”，即不同的事物彼此和谐才能生世间万物。所有东西都一致的话，世界也就不再发展了。这种和谐传统和宽容心态既为中国的大学学习、借鉴世界一流大学的优秀文化打下了基础，又为大学主动开放、走向世界奠定了文化自信。大学文化的开放包容，促成不同文化根据自身文化基因相互对话、借鉴甚至结合，推动中华文化在世界文化舞台上贡献新思想，共同为解决世界难题做贡献。

高等职业院校的文化建设应该在行业、区域和国际上发挥辐射引领作用，承担好文化传承与创新、国际交流与合作的办学功能。通过积极为国际人才培训，为文化传播与交流等搭建优质平台，联合“走出去”的企业、海外院校输出职业教育的中国方案，主动服务国家“一带一路”倡议等，不断提升中国特色高水平高职学校的话语权和国际影响力，努力打造中国高等职业教育的国际名片。陕铁院主动服务国家“一带一路”倡议，发起成立欧亚交通高校国际联合会、中国-东盟轨道交通应用技术人才培养联盟等四个高水平平台，推动了全国轨道交通类高等职等院校国际化人才培养和广泛的国际交流与合作；建立“以我为主”的国际合作办学新模式，在肯尼亚、菲律宾成立了海外鲁班工坊，与马来西亚吉隆坡建设大学共同培养马方留学生，输出中国职业教育标准，助力中国铁路企业“走出去”，为“一带一路”沿线国家培养本土化人才；广泛开展国际文化交流活动，接待亚非 13 个国家铁路官员代表团等 10 多批国外铁路方面代表团来访，大力传播中华优秀传统文化、铁路文化等，宣传中国高铁的发展成就，助力中国铁路“走出去”，打造中国铁路高等职业教育的国际品牌。

1. 吸纳世界职教文明

改革开放给中国带来了巨大的发展，中国文化在世界舞台的影响力也日益显著。高等职业教育需要紧跟世界潮流的发展。一方面，高等职业教育要以习近平新时代中国特色社会主义思想为指导，坚持“三个面向”和“两为”方针，加强党的领导，贯彻党委领导下的校长负责制，坚持依法治校、专家治学、民主管理，发展好中国特色高职文化，坚定文化自信。另一方面，需要开放校门，走出国门，兼收并蓄，开放并包，理性比较、学习、吸收和消化一些国家的先进职业教育理论、技术和成功经验，快速提高自身，提升国际品位。

2. 扩大国际交流合作

技术技能无止境，文化交流无国界。高等职业教育国际化是建设高等职业教育强国的重要策略，“双高计划”院校必然会走向国际舞台。要敞开胸怀，建立开放性职业教育体系，主动对接国际化合作的职业教育网络。职业教育的国际合作是一个跨越教育界，与经济界合作的行为。要大胆“走出去”，与国外学校和企业广泛开展国际工匠培养、科研合作、标准制订、教材开发、专业认证等合作，深度参与全球教育治理，积极参与“一带一路”倡议项目的产教协同，“引进来”优质职业教育资源，实现优势互补、强强联合，推进职业教育多向涉外办学，推动高等职业教育与国际标准接轨，释放办学潜能，激发办学活力，彰显中国职业教育等文化特色。

3. 打造高职国际品牌

“一流企业卖文化，二流企业卖品牌，三流企业卖产品。”中国如果没有卓越的职业教育文化，就不会有卓越的中国制造的国际品牌。实施战略规划和文化管理，创新驱动“双高计划”建设，提高人才培养水平和质量，主动服务国家战略，提升高等职业教育的国内地位和社会美誉度。积极开展国际职业教育服务与援助，加大师生职业技能、学术、文化的国际交流；拓宽双方学生国外学习、就业的双向互动，总结提炼高等职业教育的典型、模式、经验和特色，形成中国职业教育智慧和方案，塑造卓越高职文化，扩大其国际影响力。主动与中国的出口企业、国外生产企业或国际企业合作，改变单一的资源、劳动力、产品输出模式，将职业教育或培训作为产品链、技术链、价值链的增值环节，按产品寿命周期特点或衍生服务提供一揽子方案，打包形成“产品＋教育”“服务＋培训”“技术＋文化”的国际交流合作新模式，逐步打开国际职业教育市场，提升中国制造的附加值，体现高职特色文化在国际竞争中的软实力，打造高端国际职业教育文化品牌。

“十四五”建设期间，陕铁院要建设与高水平技术大学和本科职业教育相适应的校园文化，突出高等职业院校文化育人属性，增强文化育人能力，全方位建设与之匹配的文化建设制度体系。按照“传承铁路精神、融通校企文化、培育筑路先锋”的思路，秉承铁路半军事化管理优良传统，以校训“德修身，技立业”和学校精神“吃苦奉献，拼搏争先”为内核，在“双高计划”文化建设过程中做到“四个着力”：理想信念教育着力传承铁路精神，养成教育着力发扬铁路传统，素质教育着力满足铁路施工企业对新时代技术人才的职业素养要求，校园文化着力吸纳铁路企业文化。打造具有鲜明铁路特色的校园文化品牌。

第二节　文化赋能“双高”校

大学在国民教育体系和社会发展中扮演着重要的角色，除了文化教育，还承担着文化传承和文化创新的作用，是广大青少年步入社会前的最后一站，是构建社会主义核心价值观的重要一环。大学文化凝聚了一所学校的校风、校训和它独有的办学特色，在学校发展中起到至关重要的作用，决定着学校发展的持久度，影响着广大师生的价值观。大学文化是大学的精髓、灵魂和核心，代表着高校独特的精神标识，是激励大学发展、提升大学办学水平的重要保障。陕铁院凭借着“吃苦奉献，拼搏争先”的学校精神，坚持办学特色，勇做“支撑高铁建设，铸就筑路先锋”的“双高计划”建设高校。

一、文化底蕴助力铁路特色“双高计划”建设

“十三五”期间，学校坚持“校园文化传承铁路文化，开设专业突出铁路特色，实践教学强化铁路技能，工学结合依托铁路企业，毕业学生奉献铁路事业”的办学特色，牢记为党育人、为国育才的光荣使命，服务国家铁路事业发展，形成了以“铁军·精技·匠心”为特征的校园文化核心理念，从精神、制度、环境和行动四个层面取得了显著成效，有力助推学校“双高计划”建设。

（一）坚定办学理念，涵养铁路强国情怀

学校凝练、形成了“铁色”鲜明的“三风一训一精神”的文化谱系。“博爱、诚信、和谐、创新”的校风，引导学生自觉践行社会主义

核心价值观，校准成人成长方向；“严肃、严谨、严要求”的“三严”教风和“勤学、勤练、勤思考”的“三勤”学风，让教师严抓教学质量，学生勤于学习实践。“德修身，技立业”的校训，强调“以德修身，育人先厚本；以技立业，成才须固根”。“吃苦奉献，拼搏争先”的学校精神，教育学生能吃苦、乐奉献、勇拼搏、敢争先。

（二）秉承优良传统，构建铁色制度体系

秉承铁路优秀管理传统，制定《学生半军事化管理》《学生一日准则》《校园6S管理制度》等学生日常行为管理制度96项，坚持每周一升国旗，每周四大扫除，每天检查宿舍内务，每年开展叠军被大赛，开设整周公益劳动必修课，从点滴培养学生劳动精神，提升职业素养。学校牵头组建了国家级示范性陕西铁路建筑职业教育集团，构建了校企“四级对接”机制，与300余家企业建立了校企合作关系，校企联合制定《“双师”素质教师认定》《学生实习管理》等规章制度60余项，实施现代学徒制培养，开设工地课堂，共建产业学院，校企人员互兼互聘、交替授课，教师教研在一线，学生学练在岗位，让铁路文化浸润师生心田。

（三）融入行业特色，营造铁色育人环境

学校把火车头、架桥机、盾构机搬进校园，让1∶1全真模拟建设的高铁工区、高铁隧道矗立校园，以我国铁路干线名称命名校园道路，树立詹天佑、茅以升等先进模范雕像。构建了“三廊三馆两广场”的铁路文化景观群，展现了我国厚重的铁路建设历史和文化内涵，使学生随时都能受到铁路文化环境的熏陶。校歌歌词融入铁路职业特征、职业理想，激励学生争做铁军一员。构建了“三微两网一社区”网络思政育人平台，塑造了以铁路工人为原型的网络文化品牌“铁小匠”，引导学生在校争当铁小匠，走上岗位后争做铁路工匠。

（四）践行知行合一，锻造铁军行为担当

学校实施“两结合三融合”思政工作机制，构建了以立德树人为中心，以思政课、专业课、通识课为同心圆环的大思政格局。建立师德师风考核评价等制度10余项。选树师德标兵、技术工匠，建设叱培洲、白芝勇技能大师工作室。教师常态化进驻铁路企业开展施工关键技术攻关，为企业创造价值超2亿元。构建了第一、二课堂互融的人才培养模式，形成了“一院一品”二课活动特色，组建了高铁学社、盾构学社等各类学生社团近100个，打造青年志愿者服务春运“暖冬行动”、脱贫攻坚等品牌校园文化活动70余项。挖掘宣传校友先进事迹，举办校友讲坛，激励学生奋发进取。在习仲勋陵园等地建立爱国主义教育基地，培养学生奉献铁路事业的爱国情怀。

（五）加强文化建设，彰显文化育人效应

2020年，学校被中共陕西省委、陕西省政府授予文明校园称号。学校是教育部职业院校文化素质教育指导委员会委员单位、工匠精神培育专门委员会副主任委员单位、中国高等教育学会宣传工作研究分会理事单位。学校有1人入选教育部职业院校文化素质教育指导委员会委员，1人入选教育部高校思政课教育指导委员会委员，1人担任教育部职业院校文化素质教育指导委员会校园文化建设专委会委员，1人入选全国高校思想政治理论课教师影响力人物，1人获评全国高等职业院校思政理论课教学能手称号，2名学生入选陕西高校“青春向党”党史学习教育大学生宣讲团，属全国高职唯一。学校获批全国职业院校工业文化研究中心、课程思政研究中心、劳动教育研究中心，是全国职业院校非遗教育传承示范基地和传统技艺传承示范基地。学校承担的网络思政研究项目获批立项2020年陕西省社科界重大理论与现实问题研究年度项目。

学校培育了工匠文化、技能文化、网络文化、剪纸文化等校园文化项目。2 次获陕西高校校园文化建设成果奖一等奖，4 次获二等奖。“传承华阴老腔技艺　曲艺艺术点亮工匠魂”入选教育部第四届“礼敬中华优秀传统文化”系列活动特色展示项目，属全国高职唯一。网络思政成果“出彩铁院人”入选 2020 陕西好网民工程精品项目，属陕西高职唯一。入选全国高等职业院校思政工作创新示范案例 3 项。学校微信公众号连续三次入选“全国官微 10 强”。学校新媒体平台先后 2 次获陕西教育新媒体矩阵建设奖，1 次获陕西教育新媒体运营优秀奖，1 次获陕西高校新媒体运营十佳奖。先后承办了文化育人高端论坛、网络思政育人研讨会、工匠精神在陕铁等全国性活动 20 余次。2021 年举办中共陕西省委宣传部“永远跟党走”党史学习教育宣讲进基层系列活动，属全省高职唯一。在教育部职业院校文化素质教育指导委员会、中国职业教育学会等分享校园文化建设经验 40 余次。

当前中国特色社会主义进入新的发展阶段，国家正焕发出强大生机和活力。面对“一带一路”倡议和铁路行业发展，立足“十四五”发展规划，学校将全面启动全国文明校园创建工作，以习近平新时代中国特色社会主义思想为指导，贯彻落实习近平总书记来陕重要讲话精神及关于高校文化建设的重要论述，坚持社会主义先进文化发展方向，以社会主义核心价值观为引领，以满足师生校友高层次文化需求为出发点和落脚点，遵循文化发展规律，以优秀的精神文化为核心，以优美的环境文化为基础，以先进的制度文化为保障，以高尚的行为文化为表现，以良好的形象文化为展示，努力建设格调高雅、充满活力、富有特色的陕铁院文化，持续优化立德树人育人环境，切实提升学校的文化软实力和核心竞争力，为建成中国特色高水平高职学校提供内在动力和文化支撑。

二、“双高计划”建设提升文化影响力

陕铁院作为一所具有铁路特色的“双高计划”院校，必定有与之相符的特色文化，在“双高计划”建设以及争创职业本科大学中，更应通过机制建设来拓展自己铁路院校文化的影响深度和广度，引领校园文化建设。

（一）总体目标

“十四五”期间，形成适应中国特色高水平高职学校发展要求，精神文化、制度文化、环境文化、行为文化和形象文化整体推进、协同发展的校园文化发展格局。校园文化建设体制机制健全，以学校精神、校训、办学定位、办学理念、治校方略、办学特色等为文化内核的铁院文化进一步弘扬，其引领凝聚作用更加突出，敬业奉献、乐教乐学、爱校荣校、和谐共进的文化生态更加凸显，文化环境及其内涵品位明显优化提升，文体载体和文化建设成果更加优质丰富，文化品牌和文化形象传播更为广泛、影响更加深远，文化育人功能进一步增强。最终实现校园文化与学校发展战略的和谐统一，学校发展与师生发展的和谐统一，文化优势与竞争优势的和谐统一。

（二）具体目标

聚焦1条主线：巩固省级文明校园创建成果，争创全国文明校园。出版2本图书：《高职院校文化建设与文化育人丛书》之《铁色长虹》、校园文化优秀成果汇编。建设3个广场：巴山精神文化广场、铁路文化广场、五育文化广场。取得5项成果：获省级及以上校园文化建设优秀成果奖5个。打造6个标杆：党委中心组工作、新媒体建设、宣传思想工作、文明校园创建、网络思政工作、校园文化软硬件建设。

到 2025 年，把学校建成平安、文明、和谐、美丽、幸福的校园。

（三）主要任务

1. 实施精神文化提升计划

以培育和践行社会主义核心价值观为主线,传承学校“三风一训”，大力弘扬高尚师德，将“吃苦奉献，拼搏争先”的学校精神融入各项工作中，营造浓厚的学校精神文化育人氛围。

加强校风、校训、学校精神建设。充分挖掘学校历史传统宝贵资源，以建校 50 周年为契机，开展丰富多彩的校风、校训及学校精神的宣传教育活动，使“博爱、诚信、和谐、创新”的校风、“德修身，技立业”的校训、“吃苦奉献，拼搏争先”的学校精神成为广大师生内化于心、外化于行的价值追求。

加强师德师风和教风建设。开展师德师风建设系列活动，努力培养锻造“四个相统一”的师资队伍。完善师德师风考核、评价、奖惩长效机制，修订师德师风考核办法等制度。将师德师风作为评优评先的第一标准，实施一票否决制。发挥师德先进人物的示范作用，践行“严肃、严谨、严要求”的教风，激励广大教师争做“四有”好老师，当好大学生的引路人。

加强学风建设。以创建优秀班集体为路径，加强学风建设，营造“勤学、勤练、勤思考”的良好学风。开展读书活动月、学风强化季等活动，营造良好的学习氛围。开展诚信考试宣传月活动，营造良好的考风。深入开展文明班级、文明宿舍创建活动，加强社会主义核心价值观教育，培养“六有”大学生。

加强文明校园建设。对应全国文明校园创建标准及陕西省省级文明校园测评指标，围绕“思想道德建设好、领导班子建设好、教师队伍建设好、校园文化建设好、活动阵地建设好”的“六好”标准，全员动员，全员参与，深入开展文明校园创建工作，迎接省级文明校园的复检，争创全国文明校园。

2. 实施制度文化提升计划

以“一章八制”为统领，构建现代大学制度，形成依法治校、科学合理的管理自觉。完善半军事化管理制度，形成铁路特色鲜明的行动自觉。健全校企合作“四级对接”机制，形成产教融合、校企合作的办学自觉。

加强依法治校制度建设。建立健全以“一章八制”为统领的现代大学制度体系。全面落实学校章程、党委领导下的校长负责制、教职工代表大会制度、学术委员会制度、教师申诉制度、学生申诉制度、信息公开制度等，形成“党委领导、校长负责、教授治学、民主管理、社会监督”的治理格局。深入开展普法宣传教育活动，持续开展“学宪法”“国家宪法日”等活动，全面提升依法治校的文化自觉。

加强半军事化管理制度建设。完善半军事化管理制度，细化学生日常行为管理守则，持续开展升国旗、出早操、内务检查及叠军被大赛等。用好教育部职业院校文化素质教育指导委员会劳动教育研究中心，加强劳动教育，开设公益劳动必修课。大力开展“三走进”“三下乡”等志愿服务活动，打造铁路特色的志愿服务品牌活动。

加强校企合作制度建设。完善校企合作“四级对接”机制，深化产教融合、校企合作。用好国家首批示范性职业教育集团陕西铁路建筑职业教育集团，加强与企业的联系。健全《“双师”素质教师认定管理办法》《学生实习管理办法》等规章制度。实施现代学徒制培养，共建产业学院、技术应用研究中心。持续开展校企人员互兼互聘，教师教研在一线，学生学练在岗位，让铁路文化浸润师生心田，构建校企命运共同体。

3. 实施环境文化提升计划

围绕“三风一训一精神”的文化理念，坚持“校企融通”的建设思路，在校园文化建设和人文氛围营造中融入铁路文化、教师文化、学生文化、思政文化和专业文化等，建成三个文化广场，增强环境文化的渗透力。

加快人文景观建设。建设文明校园、绿色校园、幸福校园。加强学校高新校区校园绿化、美化、净化、亮化工作，突出现代、人文、开放、生态的风格，彰显人文、科学、艺术、职业精神，合理规划布局校园人文景观。

加快文化广场建设。坚持整体布局、分段推进的思路，成熟一个项目落地一个项目，有序推进学校高新校区文化广场建设。“十四五”期间，建成巴山精神文化广场、铁路文化广场和五育文化广场。

加快“一院一品”建设。强化二级学院的文化建设。结合铁路特色、专业文化、教师文化及学生文化等，加快凝练二级学院文化育人特色，构建“一院一风景、一院一特色”的文化格局。

规范学校 VI 标识的应用。严格按照 VI 标识图样、比例、颜色等规范使用，确保 VI 标识的统一性和规范性，塑造学校良好的品牌形象。加大 VI 标识在教学楼、办公楼及学生公寓、餐饮中心等教育教学场所的布置，增强文化渗透力。

4. 实施行为文化提升计划

坚持以文化人、以文育人，全面实施优秀传统文化育人、铁路文化育人、红色文化育人、劳动文化育人、网络文化育人等，践行知行合一，培养德智体美劳全面发展的社会主义建设者和接班人。总结凝练学校的优秀文化成果，力争获省级及以上校园文化建设优秀成果奖5个。

强化传统文化育人。大力弘扬中华优秀传统文化，用好教育部职业院校文化素质教育非遗教育传承示范基地和传统技艺传承示范基地，持续开展“戏曲进校园”“剪纸艺术进校园”等系列活动。

强化铁路文化育人。深入开展青藏铁路精神、巴山精神、测绘精神、工匠精神主题教育活动。深化校企双主体育人，定期邀请优秀校友、大国工匠、技能大师、劳动模范来校做报告，大力弘扬劳模精神、工匠精神。

强化红色文化育人。围绕庆祝建党100周年、国家重大节日及“四史”专题教育活动，充分发挥红色文化资源的育人功能，深入开展主题党（团）日、特色党（团）日活动，激发广大师生的爱党爱国情怀。充分发挥中国铁路发展史馆、习语长廊等校内外红色实践基地育人功能，提升育人成效。

强化劳动文化育人。大力弘扬劳动精神，加强劳动育人队伍建设，教育引导学生崇尚劳动、尊重劳动，健全劳动育人体系，培育大学生的优秀劳动品质，形成“劳动光荣”的校园文化氛围。开展以企业锻炼、志愿服务、公益活动和勤工助学等为载体的劳动育人项目，构建具有铁路特色的劳动育人体系。以技能大赛、“互联网+”创新创业大赛为重要平台，开展学生技能比武和创新创业系列教育活动，提升劳动育人水平。

强化网络文化育人。加强网络文化建设，做强校园六大平台（微博，微信公众号，抖音，陕西大学生在线网与陕铁院共建频道，校园网，易班平台）。联动二级部门，做强校园新媒体矩阵，打造网络文化育人高地。培育一批具有影响力的二级部门新媒体工作室，锻造一支理论水平高、业务能力强的网络文化育人队伍。加强网络舆情监控，净化校园网络空间，提升网络育人水平。

在2021年全国职业教育大会上，习近平总书记对职业教育工作做出重要指示强调，在全面建设社会主义现代化国家新征程中，职业教育前途广阔、大有可为。李克强总理做出批示指出，职业教育是培养技术技能人才、促进就业创业创新、推动中国制造和服务上水平的重要基础。

当前，学校发展势头猛、后劲足、人心齐、信心强，正处于一个大跨越、大发展、大突破的黄金历史期。站在百年交汇点上，面对职业教育发展的未来，陕铁院人胸怀为党育才、为国育才的历史使命，以“吃苦奉献，拼搏争先”的精神，做无愧于党、无愧于人民的事业，把学校全面建成“引领改革、支撑发展、中国特色、世界水平”的铁路高等职业院校，努力成为铁路类本科层次职业教育的先行者、示范者。